保育・看護・福祉プリマーズ 6

幼児の心理と保育

無藤 隆 編

Primers of
Early Childhood
Care & Education
Nursing,
Social Welfare

ミネルヴァ書房

はしがき

　本書は，乳幼児期の保育について心理学的立場とともに保育学の成果を取り入れて，まとめたものです。幼稚園教諭養成および保育士養成課程の，「教育心理学」「保育課程論」「保育内容総論」等の授業で使えるようにしました。それらのことを意識して，とくに次の方針で編集しています。
　1．幼児期の全体をカバーしています。
　2．幼稚園教育要領および保育所保育指針の趣旨を活かします。
　3．幼児の心理の問題をできる限り保育の現場の問題に結びつけています。
　4．保育内容を重視して，各領域の問題を取り入れて，論じます。
　5．執筆者には，保育現場で働いた経験のある人やその指導助言の経験を豊富にもつ方にお願いしてあります。
　幼児の心理自体についてくわしく知りたい方は，本シリーズで同じく無藤編の『発達心理学』を参照していただきたいと思います。新しい「保育心理学」は，心理学のオーソドックスなところにこだわるのではなく，保育現場に入り込み，そこで問題を捕まえ，新たな発想から子どもと保育者を見直します。さらに，その保育がまさに園という場で展開していることを大事にして，園環境のあり方を重視します。それはまた，「環境を通しての保育」の考え方にも見合ったものです。現場から立ち上げていく心理学とはどういうものかを示したものと考えています。
　現在の保育界においては，保育者の援助，知的発達，道徳性の芽生え，園環境の見直し，保育課程の構築と評価，保育者の成長，などが強調され，実践研究や研修も始まっています。その点についておのおの章を立てて，検討しています（道徳性の芽生えは「人間関係」として扱っているので，くわしくは『発達心理

学』の方を見てください)。また，子育て相談なども扱い，保育における教育相談の充実に役立ちたいと考えています。

　保育内容の各領域を取り上げたのも特徴です。健康，人間関係，環境，言葉，表現のおのおのの領域について，単なる教育要領の解説ではなく，実践研究の成果を踏まえ，保育の実践や幼児の心理などの視点から論じています。

　以上のことから，本書は養成課程におけるテキストのみならず，保育者の研修や勉強会のテキストとしても使っていただけると思います。もちろん，授業の参考書や試験のための勉強，さらには自己研修のためにも読めるように配慮しています。とくに順番というものはありませんので，興味を覚えたところから読んでください。

　編者である無藤にとって，こういったテキストをまとめることは，単にそれだけのことではありません。「応用発達科学」という，現場に役立つ知見を追求し，現場に立ち入って，その改善を図ろうとする立場からすれば，テキストによる養成課程への貢献や，現場の保育者が本書などを読み，研修に使ってもらうというのは，その学問の重要な存立基盤の一つなのです。いわば，学問的実践とでもいうべきものなのです。

無藤　隆

もくじ

はしがき

第1章 子どもの生活・遊び・学び ……………………………… 1

- **1** 環境を通して行う保育　1
- **2** 自己抑制　4
- **3** しなやかさ　8
- **4** 知的であるとは　10
- **5** 生活と遊びのなかの学び　14

第2章 保育者の援助 ……………………………… 17

- **1** 子どもの発達の現状をみる　18
- **2** 子どもの心情を察知する　19
- **3** 環境を構成する　22
  - 1 場と空間の構成 22／2 遊　具 23／3 素　材 25
- **4** 子どもとともに遊ぶ　27
  - 1 保育者が遊び方を示す 27／2 遊び仲間として保育者が率先して遊ぶ 29／3 トラブル・いきづまりに際して 30／4 創造性・主体性・仲間づくりを後押しする 32

iii

5 保育実践における間と間合い　*34*

1 子どもと保育者の空間的・心理的な「間」*35*／2 子どもと保育者の関わりの「間合い」*37*

6 事例の見方　*38*

7 保育者同士の連携　*40*

第3章　園環境と保育 …………………………………… *43*

1 子どもの発達と園環境　*43*

2 子どもの動線と園空間の構造　*44*

1 循環，回遊できる場所　*45*／2 隠れる場所　*46*／3 見渡せる場所　*46*／4 つなぐ場所　*46*／5 外に広がる空間　*47*

3 園舎と園庭について　*47*

1 園舎と園庭のつながり方　*48*／2 昇降口　*48*／3 廊下とテラス　*49*／4 階段　*49*／5 保育室　*49*／6 プレイルーム（遊戯室・ホール）*50*／7 静かなスペース　*50*／8 手洗い場・トイレ　*50*／9 園庭　*51*

4 園環境の改善——K 幼稚園のケース　*51*

1 安全対策　*54*／2 窓の新設　*55*／3 デッドスペースを遊び場にかえる　*55*／4 保育室をつなげる　*55*／5 ミニ階段の新設　*56*／6 外階段と入口テラスの新設　*57*／7 地下部分　*58*／8 屋上　*58*／9 園庭　*58*

もくじ

第4章 保育の評価とカリキュラム ……………………… 61

1 保育の評価とは何か　61

1 評価をめぐるイメージ　61／2 評価法の工夫とその課題　62／3 評価観の転換　63

2 計画と評価　66

1 保育者の保育活動のプロセスと評価　66／2 カリキュラム観の見直し　67／3 仮説としての計画　69

3 子ども理解とその方法　73

1 子ども理解の困難さ　73／2 子どもとのふれあいを通して　75／3 記録の工夫　76／4 保育カンファレンスの活用　77

第5章 保育におけるカウンセリング ……………………… 79
心を育てる，心を支える

1 保育者によるカウンセリングの必要が生じる事態　79

1 保育のなかで，子どもの心身の発達状況に問題が感じられるとき　80／2 日常の保育の流れのなかでは対応できないような問題行動を呈するとき　80／3 家庭に問題が感じられるとき　81／4 保護者から相談の申し出があるとき　81

2 子どもの心を育てる——心理的発達と危機　83

1 乳児期：基本的信頼感の獲得　83／2 自律の獲得と母子分離　84／3 良心の芽生えと自主性の獲得　84

3 親を支える　85

1 子どもと親の関係が健全であるための基本　85／2 つかず離れずの関係から支える　86

v

4 園と他機関の連携　　*87*

1 家族を介しての連携から地域のネットワークを作り上げる　*87*／2 統合的アプローチ　*89*

第6章　知的発達と保育 ……………………………………… *91*

1 「知的発達」の意味　　*91*

1 「頭の良い」人とはどんな人？　*91*／2 どうやって「頭の良い」子に育てる？　*94*／3 知的活動の過程に注目するのか，結果に注目するのか　*95*／4 保育者間で，あるいは保育者と保護者との間で「知的発達の意味」を話し合う　*96*

2 知的発達と保育者の関わり　　*97*

1 子どもは何に好奇心を抱くのか，保育者はいかに関わるのか　*98*／2 探求心の深まりと保育者の関わり　*99*

3 仲間集団における知的発達　　*102*

1 共感し合う仲間　*102*／2 モデルとしての仲間　*103*／3 認め合う仲間　*103*／4 一人の保育者対複数の子どもとのやりとりの特徴　*104*

第7章　文字は遊びの道具？　生活の道具？ ……………… *107*
文字の獲得の保育

1 文字環境との出会い　　*108*

2 「聞く─話す」の読み聞かせ　　*110*
　　──前読み書き能力として

1 文字への興味・関心のはじまり　*110*／2 文化差を越えて　*112*／3 個人差がある文字の獲得　*113*

3 「読む—書く」の獲得過程——文字の獲得　*114*

　　　1　園生活における「読み」の獲得過程　*115*／2　園生活における「書き」の獲得過程　*120*

　　4 幼児期の文字環境への配慮——文字の獲得にむけて　*122*

第8章　乳幼児が数量を理解する過程とその援助　…………　*125*
数量の獲得の保育

　　1 数とは何か，量とは何か　*126*

　　2 数量に関する感覚とことばを獲得する過程　*127*

　　3 集合の個数を把握する過程　*129*

　　4 数字の使用と大きな数との関わり　*131*

　　5 2数の比較判断と数の保存　*132*

　　6 集合の合成，分解とたし算・ひき算　*135*

　　7 連続量に関する経験と援助　*138*

　　　1　体積と量感覚　*138*／2　重　　さ　*139*／3　長　　さ　*139*

　　8 援助に関する留意点　*140*

第9章　身体運動の保育　………………………………………　*143*

　　1 幼児の運動能力の現状　*143*

　　2 幼児期の運動発達の特性について　*145*

　　　1　幼児の運動能力について　*145*／2　大人の運動能力と子どもの

運動能力の違い *146*／3　動きの発達　*150*／4　幼児期の運動能力を高めるには　*150*

3 幼児の運動遊びを通して育ってくるもの　*152*

1　体を動かしたくなる気持ち　*152*／2　運動有能感　*153*／3　ルールやきまりの形成　*154*／4　「からだ」を通してのコミュニケーション　*155*／5　遊びの重要性　*156*

4 運動遊びを高める保育環境の構成の重要性について　*156*

1　動きを引き出す環境　*157*／2　動きたい気持ちを高める環境　*157*／3　運動有能感をもてるような環境　*158*

第10章　人間関係の保育　*161*

1 領域「人間関係」　*161*

2 子どもと保育者との関係　*163*

3 子ども同士の関係　*169*

1　仲間入り　*170*／2　いざこざ　*171*／3　ふざけ　*172*／4　仲間とのやりとりの実際　*172*

第11章　環境と保育　*183*
子どもを取り巻く環境と子どもの発達は
インタラクティブなコミュニケーション

1 保育における環境とは　*184*

2 自然環境と保育　*188*

1　身近なところから四季の変化を感じよう　*189*／2　栽培活動や飼育活動で自然の命と関わってみよう　*190*／3　身近な自然の素材, 水, 土, 砂に親しんでみよう　*191*

3 文化的環境と保育　*192*

　　1　物との関わりのなかから　*193*／2　情報がつくる環境のなかから　*194*／3　子どもの読書環境に思いを馳せる保育　*195*／4　地域社会に目を向けていく保育を　*196*

4 数量・図形・標識・文字への関心と保育　*196*

5 子どもと保育者の信頼関係が基盤となった保育環境を　*197*

第12章　ことばと保育　*199*

1 基盤にある発達　*200*

　　1　コミュニケーションの場にいること　*201*／2　シンボルが形成されること　*203*

2 ことばで伝え合う過程　*206*

　　1　親しい人との関わりのなかで　*207*／2　保育者に求められるもの(1)　*208*

3 ことばで伝え合う場をつくる　*209*

　　1　さまざまな関わりのなかで　*210*／2　保育者に求められるもの(2)　*212*

第13章　表現の保育　*215*

1 歴史から学ぶ（本邦最初の幼稚園開園以降）　*215*

　　1　唱歌の誕生　*215*／2　童謡の誕生　*218*／3　新しい遊戯　*219*／4　昭和時代（第2次世界大戦まで）の唱歌の誕生　*220*／5　昭和時代（第2次世界大戦まで）の童謡の誕生　*220*／6　戦後の子どもの歌　*221*

2 音楽教育の先達から学ぶ　　222

1　ジャック=ダルクローズ　222／2　コダーイ　223／3　オルフ　223／4　ペイプ　223／5　小泉文夫　224／6　シェーファー　225／7　藤田芙美子　225

3 各人の音楽経験から学ぶ　　226

4 文化から学ぶ　　229

第14章　保育者としての成長 …………… 231

1 保育の場の特徴と保育者の問題解決　　231

2 経験をつむことによる保育者の変容　　233

1　保育者自身が語る変化の認識　233／2　保育者としての変化のきっかけ　235／3　経験による変化の内容　236

3 経験者のスキャニングの特徴　　237

4 保育者の対象理解の過程　　239

1　対応のむずかしい幼児との出会い　239／2　幼児とその保護者との関係　241

5 保育者の個と集団の関係についての認識　　243

6 保育者の成長と枠組みの変化　　245

7 保育者が関心を向ける課題　　246

第1章
子どもの生活・遊び・学び

……この章では……………………………

本書全体の序論として，保育とは何かを論じる。幼児期に固有の教育的営みとして保育は行われる。家庭での親のしつけとは異なり，小学校以上の学校教育とも違う。幼児期独自の特徴がある。それは，子どもにとって，学ぶということが遊びや生活と切り離されることがないということである。まわりにあるどんなものにも子どもは興味をもって取り組む。そこから学びはおのずと成立していく。そのプロセスを，幼稚園教育要領や保育所保育指針の考え方をとらえつつ，検討していこう。

………………………………………………

1　環境を通して行う保育

　幼稚園教育要領・保育所保育指針に示された保育の考え方とは，「環境を通して行う保育」を元にしている。つまり，子どもが日頃接する園の環境に子どもにとって意味のある活動が生じるきっかけや素材となるものを置き，また接して関わることのできる人びと（同年代の子どもや先生）がいて，そのものや人を子どもが選び出し，関わり，活動することで，成長が遂げられていくととらえている。何かの対象（ものや人）に関わり，活動すれば，子どもの力が発揮され，さらにその力が伸びていく。ただ，その際に，与えられるのではなく自分から選び出すことで，関わる意欲が増すだけでなく，充実感が深くなり，自

信や自己尊重感が育つのである。どんなものにも関われるという自信は，家庭から外の世界に広がって，種々の人やものに出会う幼児期にこそ育つべきものだし，それがその後の成長や学校教育のもっとも大事な基盤となる。さらに，手順までが細かく与えられるのではなく，自分が選んだものについてどう関わるかが自由ななかで，関わり方の工夫が生まれ，その工夫を通して知的な発達が促される。

　だが，もちろん，そのような適切な関わりが可能になるためには，ただ，子どもを園の環境に置いておけばよいのではない。子どもが関わることができて，関わってそのものの可能性を引き出し，意義あるやりとりや活動を実現できねばならない。そのために，そういった可能性をもった素材を豊富に園に置いておかねばならない。たとえば，動植物であれば，花壇の草花に限らず，そこに入って草を採ったり虫を探したりできる草むらや木立，花が咲いたり，落ち葉が散ったりする落葉樹，実の生る木，畑・田んぼ，小動物，さらに水辺（池や小川）などがあるとよいだろう。季節の折々に子どもの注意を引く変化が生まれる。見るだけでなく，触ったり，味わったりが可能である。遊びのなかで用いることで，遊びが発展する，などの特徴がある。落ち葉にしても，何種類も木があれば，落ち葉の色や形も異なり，散る時期も少しずつずれていく。遊びのなかで互いに比べることも自然に生じる。

　園によく置かれている積木や巧技台や紙，砂などは，それ自体に遊び方が決まっているというよりは，子どもがイメージをはたらかせたり，組み合わせたりして，遊ぶものである。その可能性を引き出すには子どもの側に相当に工夫が求められる。それに対して，ブランコや滑り台はある程度は遊び方が決まっており，上手にブランコをこげるように練習して楽しむものである。上達する工夫もあり，成果が目に見えることから自信をつけるという意味もあろう。だが，いずれも初歩的な関わり方でも楽しめるということに園に置かれるものとしての意味がある。

　しかし，園に置かれたものを子どもがすぐに使って楽しめるわけではない。使い方がわからないといったこともあるが，それ以上にある程度の技能を必要

とする。紙を使って何か作るとなれば，道具を操る技能と共に作り方の手順とかどんなものができるかのイメージも必要である。子どもがいきづまることも多い。一度遊び方を見出すと，そこに固定してしまい，発展しないこともある。また，子どもが見かけだけで近づかないといった食わず嫌いもよく生じる。やれそうにないとか，どうやってよいものか分からないときに，すぐに近づいて試す子もいるが，かえって止めてしまう子どももいる。そういった折りに保育者の支援が必要になり，やり方を教えたり，ヒントを出したり，見本を示したり，またそれを他の子どもとの関係に持ち込んだり，さまざまなはたらきをこなすだろう。

　園の環境の設定と，子どもがいきづまったときのヒント・援助と，この２つが保育者のはたらきの主なものである。おのおの固定的には決まらない。遊具のように簡単には入れ替えられないものであっても，ときに新しく入れたり，古いのを取りやめたりすることがある。ブランコの２本の鎖を外して，代わりに１本の綱をぶら下げれば，ターザンロープのように子どもがぶら下がって遊べるものに変わる。まして，紙や道具類は始終入れ替えたり，子どもの興味や成長の具合に応じて入れ替えることもある。子どもへの援助の仕方でも，その子どもが一人で発見できそうか，多少ヒントを出せば後は一人でできるか，まわりの友だちと一緒にやれば手伝ってもらったり見習ったりするかなどによって，手伝いや助言の明示の度合いは変わる。そばにいる子どもがどういう状態にあるかでも助言は変化する。

　環境を通して行う保育は，子どもが環境から自分の遊びを作り出す力を信じながら，環境を豊かなものとする努力を保育者が惜しまないし，いつどうやって助けたらよいか保育者の出番を絶えず見計らっているのである。放任でもなく，押しつけでもない保育は，園の環境とそこでの子ども・大人の関係の総体に視野を広げつつ，その子どものこれまでの育ちとこれからの成長を見通して，進めるものなのである。

2　自己抑制

　幼児期の発達の基本を，子どもの自己の充実・発揮から，それを自己抑制していけることととらえることができる。そうすると，保育は，もっとも基本的には，幼児期の自己の成長の発達に応じていくことである。幼児期の自己はまずその目を外に向けていき，やりたいことを見出し，多くの事柄に関わる積極性から，広がっていく。自己発揮や自己主張を育てることと要約できる。その過程で次第に，自己を拡大するだけでは実は思うことも実現できないことに気づいていく。感情に振り回されていては，かえってやりたいこともできない。目の前のことに引きつけられているだけでは，本格的にやりたいことは形にできず，時間をかけるしかないこともわかる。それが自己抑制の発達である。

　自己抑制とはやみくもにただ自分を押さえつけて我慢することではない。時に理由がわからなくても，たとえば静かにしなくてはならないようだから黙るといったこともできるようにならなくてはいけないし，退屈であってもじっくりと人の話を聞きながらその意味を把握するように努めるといった態度も形成されなければならない。ただ，そのためには，そういったことが可能になる以前に，自分のしたいことをするためには我慢したり静かにすることが役立つという経験を繰り返しする必要がある。

　訳もわからずに大人の言うままに我慢する経験を繰り返すことは自己の発達の基礎となる自己の拡大の経験と自分を主張する態度を台無しにしてしまい，芯の弱い人格を育ててしまう危険がある。だがまた，自己の拡大だけでは，自己中心性が補整されず，わがままなままであるだけでなく，もっと大事なことは，子どものまわりにある多様な人とのつきあいやものとの対応が疎外されてしまい，その後の発達に必要な経験を乏しく貧しくしてしまうことになる。自己主張と自己抑制のバランスを通して，子どもがまわりの世界に関わることが広がり，対象に応じたきめの細かい対応が可能になっていくことが必要なので

ある。

　そのために，園では子ども同士の遊びをたっぷりとできるようにする。それもすぐに保育者が介在することなく，見守り，子ども同士の交渉に委ねていく。保育者をそのようすを見守りつつ，行き詰まったときにヒントを出したり，一方的に力で言い立てる子どもがいたら，押しとどめて，ことばによる交渉を少しずつ可能にしていく。

　子どもは，友だちと遊びたいという一心で少々のことなら我慢するようになる。だが，ただ相手の言うことに従っていたら，遊んではもらえるかもしれないが，自分のやりたいことができない。一人で遊んでいれば，やりたいことができるようだが，友だちと遊ぶからこそ一人でできない・思いつかないほどに遊びが膨らみ広がっていく。一緒に楽しく遊ぶためには，互いにアイディアを出して，その相互交渉の過程から新しい遊びを生み出していくのが一番だとわかっていく。それは子ども同士の遊びの成立であり，人間関係の成り立ちなのだが，そこに道徳性の始まりの根幹がある。道徳性とは人間同士の倫理的な関係の取り結びという問題であり，それは園における大勢の子どもが縦横の関係を日々作り出していくなかではじめて見出されることだからである。

　道徳性は直接には人間同士の関係にあるが，人とものとの関係においてその根底にある形に出会うことになる。対象に合わせてみずからを変えるというはたらきは道徳性そのものではないが，その芽生えにおいて重要な意義を担う。動植物にせよ，積木などにせよ，こうしたいと思って，その通りになるわけではない。たとえば，幼児がウサギに関わるとして，はじめはたしかにぬいぐるみの人形のように取り扱って，飽きたら放り出すかもしれない。だが，何度も世話したり愛護しているうちに，ウサギなりに大事にするやり方がわかっていく。チューリップの花びらを摘んで遊んでしまえば楽しいが，もう二度とその花びらでは遊べないし，美しい姿を鑑賞できない。積木を積んで背の高い塔を作りたいと思えば，ていねいに端を合わせて積んでいかねばならない。いい加減に積んだり，焦って急げばすぐに崩れる。ものに応じるとは，根気も必要だし，その特性に応じた応対の仕方をわきまえねばならない。もの相手にかんし

ゃくを起こしてもばかばかしいことは幼児でもすぐにわかるので，もの相手の方が人相手以上に，対象に応じた関わり方をするべく，自らを抑制していく機会となる。

　自己抑制を学ぶことに並行して，どんなときにどのように自分を抑制するか，どのような振る舞い方が望ましいかについての社会的な約束事を幼児に伝えていく必要がある。つまり，ルールやマナーを教えることである。その中心が家庭にあることはいうまでもない。自立のための生活習慣のマナーなどはまず家庭でのしつけが基礎となる。園はさらに集団生活や家庭外の社会生活のしつけを受け持つ。3歳児の保育の拡大に応じて，また少なからぬ家庭でのしつけの力が衰弱していることの結果として，排泄，衣服の着脱，食事等のしつけも園の仕事として入ってきた。だが，もっと大事なものは社会的生活を送る上でのルールである。遊具を独り占めせずに交替で使う，使ったおもちゃを片づける，危険なことはしない，ものを乱暴に使って壊さない，人が話しているときには静かに聞く，皆が話したいときには順番にする，などきりがなくたくさんのルールがありマナーがある。家庭や地域で子どもの数が減り，子どもどうしで遊ぶ機会が減ったために，そういったことを学ばないままに園に入ってくるから，園の指導は以前にも増して大事なはたらきを担うようになった。

　園では折に触れてそういったルールやマナーを子どもに言い聞かせる必要がある。だが，そうすぐには子どもはできるようにならない。すぐに我慢を学べないということもあるが，それ以上に，楽しいこと・やってみたいことをやることと両立させる手だてを学ぶのに時間がかかるからである。たとえば，片づけは誰だってやりたいことではない。おもちゃを持ち出して遊ぼうとするときはいそいそとするだろう。これから楽しいことが待っていることがイメージできるし，そのために何が必要かもわかりやすい。片づいているものを取り出すことはすでに整理されているから簡単だ。片づける方はそれと反対の動きだが，むずかしい。まず，散らかっているからそれを集めることが大変だ。片づけた先に楽しい活動が待っているわけではない。どこに何を置くかもよくわからないことがある。だから，毎日保育者が子どもと一緒に片づけつつ，手早くやれ

るようにもっていく必要がある。片づけた後のすがすがしさや片づけて次の活動がどのように始まるかのイメージは一朝一夕にはできない。だが，諦めてしまっては下手すると大人になるまで片づけは身につかない。

　多くのルールやマナーを身に付けることは日々のことであるからかえって，他のもっとやりたいことの一部となって実践できるようになるまでには数か月ないし数年の時間を要する。ルールやマナーにかなっていないやり方でそれまでやってきて，それで何とか通じてきたし，大人が処理してくれていたからである。そこをいきなり正しい形に移行しようとしたら，子どもは混乱し，いじけてしまう。子どもの積極的な活動への意欲を保ちつつ，よりよい形でやってみたいと思うように仕向けるのには，毎日ちょっぴりずつの指導がいることになる。

　その際にまわりの大人や年長の子どものすでにルールやマナーにかなった振る舞いに接することが決定的な意味をもつ。ルールやマナーは文化の一部として日々身の回りで実践されているから，「なぜ」ということなく，受け入れられ，子どもの身となるのである。その点でモデルとなる保育者の振る舞いに心したいものである。

　道徳とは，倫理的にしてよいこと・するべきことと，してよくないことを判別して，前者を実践できるようになることである。だから，自己抑制やルールの獲得の上に，倫理の判断と実践が進められねばならない。といっても幼児のレベルでいえば，大人から見てどうしても嫌だと思える行為について，それが嫌だ，止めてほしいと伝えるということであって，それ以上の理屈はむずかしい。だが，幼児は大人に信頼感を抱いている限り，嫌だと言われれば止めようと努力する。自分にとって危ないことをしたり，暴力を振るったり，人を怒鳴りつけたり，悪口を言ったりしたなら，保育者は，緊急なことならまず止めて，それが嫌なことだと伝えるべきである。

　だが，幼児が問題のあることをするとき，しばしば子どもにとってやってみたいことであったり，その前にもっともな原因があったりする。たとえば，相手から無理難題を言われてかっとなって暴力を振るったりしているかもしれな

い。危ないことは子どもの冒険心のあらわれかもしれない。そういった主張や正義や冒険や好奇心の表れであることに配慮して，その適切な表現の仕方を示したり，危なくない遊び方を指導したりすることがともなわないと，大人の見ている前では従っても，かげでは別なことをしているといった腹背的なことになりかねない。あるいは，せっかくの好奇心や冒険の芽を摘んでしまう。たとえば，アリが行列を作って歩いているところを踏んでいる子どもがいたとする。残酷だからといってただ止めるだけでは，虫への興味は育たない。アリの生態の面白さを見られるような援助を保育者がしていく必要があるのである。

3　しなやかさ

　保育内容健康では，子どものしなやかさを育てるというねらいいが上がっている。それは単に健康ということに止まらない成長の狙いであり，かつとりわけ幼児期において大事にしたい事柄である。心身のしなやかさを言い換えれば，柔軟性，弾力性，回復力などといえよう。最近の心理学でいう「レジリエンス」(resilience)である。強さとは異なり，竹のように雪の重みにたわみつつ，雪が解ければ元に戻る力である。幼児はそもそもしなやかなものであるが，個人差も大きい。さらにいろいろな場面でしなやかに振る舞えるように育てていく必要もある。

　身体のしなやかさを考えてみよう。たとえば，屈伸のように身体が柔らかく曲げることができるというはその一つだ。だが，もっと広くいえば，身体の持つ運動的多様性を開発し，引き出せることである。そもそも，さまざまな遊具や鉄棒などの体育の道具も，また他のスポーツなども，それ自体が楽しいこととは別に，身体の可能性を広げるものである。ボール投げをすることはそれ独自の動きを可能にして，伸ばしていく。同じ走るにしても，まっすぐ走るのと，曲がりくねり走ることと，鬼ごっこのように短い距離を行きつ戻りつして，急に走り出し，ストップする動きをすること，あるいは，いくらでも長く走ろう

とすることなど，それぞれに違う動き方である。その上，まわりに何があるか，行き先はどこか，ゲームのルールは何か，足下はどうなっているのかなどが園のどの場で活動するか，その日の天気，その他によって，ずいぶん変わるから，そのつど，それに応じていかねばならない。いちいち考えるというよりも自然に身体が動くのである。走っているときに突然横から他の子どもが飛び出してきたり，跳んできたボールにつまずいたり，瞬間的によけたり，身体を立て直したりする。

　手先の動きにしてもそうだ。はさみで紙を切ること一つとっても，紙の質や切る形や線の長さ・大きさや曲がり具合，はさみの切れ味などで切り方は変わる。慣れてくればそれを意識したりもしないし，うまく切れなくても，意図的に切り方を学び，適用するよりも，試行錯誤しているうちにいつの間にか上手に切れるようになっているのかもしれない。

　何か達成しようとするにしても，ただ力を入れて頑張るのではなく，ときに力を抜いて，動きをスムーズにした方がよいかもしれない。身体をほぐすことで，かえって，むずかしい動きが可能になる。

　同様の観点から，心のしなやかさをとらえてみることができる。自己抑制の項で論じたように，自分の心を充実するようにしたいことをするのであるが，すべてが通るわけではない。社会の規範もあり，相手との競い合いもあり，そもそも成り立ちようもない願いもある（満月を取ってくれろと泣く子かな，という句にあるように）。幼児にできもしないむずかしいことを願っても無理だし（オリンピック選手の真似は無理だ），毎回，取り合いや競争やゲームで勝とうとしてもできるわけもない。仮に勝ったとしても，その分，相手が負けているとすれば，だんだん遊んでくれなくなるだろう。どこかで我慢したり，あきらめたりしなくてはならない。だが，あきらめるばかりであれば，自分の思いは満たされない。どこかで形を変えて満たしていく必要がある。

　まったく無理なことはあきらめて，気持ちを切り替える。負けたら，新たにまた挑戦してみる。嫌な気持ちをほぐし，忘れたり，見方を変えて，がんばるエネルギーとしたりする。長い目で見直し，実力をつけようとか，今度こそと

運に頼るとか，誰か味方につけるなどの作戦もあろう。嫌なことでもよいところがあるかもしれない。面白くなるかもしれない。少し忍耐すれば後でよくなることだってある，と自分に言い聞かせもする。

　心の立ち直りをよくして，柔軟に視点を切り替えられるようになると，しなやかさが増していく。一方的に場面に適応するのではなく，自分の都合に合うように働きかけつつ，長い目で見て対応していけるようになる。

　心と身体のつながりにも注意を払う必要がある。大人でも密接なつながりがあるが，幼児はとりわけつながりが深い。気分がすぐれなければ，表情にも歩き方にもあらわれるだろう。心と身体の結びつきをスムーズにしつつ，どちらかでも元気になるようにすることを，しなやかさの一面としてよい。しなやかさとは，まわりに開かれ，また自分の心に開かれ，心と身体とまわりの環境との連絡がスムーズであることをいうのである。

4　知的であるとは

　子どもの知的な発達を促すためにはどうしたらよいのだろうか。文字の読み書きをドリルを使って覚えさせたり，足し算やかけ算ができるように小学校でするような筆算を早くから教えるのがよいのだろうか。

　たしかに，文字の読み書きや計算をドリルで教えれば，ある程度は覚えるに違いない。だが，それが本当の意味で知的かといえば，疑わしい。暗記という作業は知的なはたらきには違いないのだが，決してその中心ではない。知的な発達とは考えるということで可能になることだからである。暗記とははじめ多少は考えるけれども，後は繰り返しとなる。かえって考えたりすると，同じことを繰り返そうとしないので，暗記しにくかったりもする。

　考えるというのは，小さい子どもの場合には，興味をもってどうしてだろうと不思議に思ったり，何かをやろうとしていきづまり，どうしたらよいのかと工夫するといったことによく出てくる。そこで子どもは頭をフル回転せざるを

えなくなる。

　たしかに小学校では読み書きや計算の暗記をする。少々早く幼児期にそれをして，基礎を固めれば，高度なレベルに早くいけるのではないかという見方もあるかもしれない。けれども，小学校なら読み書きを覚えることは，本を読んだり，作文を書いたりすることに並行して進められる。計算が筆算でできるようになれば，応用問題をすぐ解いていく。幼児の段階では，絵本を読むことはしても，長い文章を書いたりはあまりしない。計算を使って問題を解くこともあまりない。

　それ以上にそもそも，細かい記号の意味や操作をいちいち暗記して間違いなく使えるように習熟する練習という課題にまだあまり向いていないということがある。仮にある程度それが可能な子どもであっても，それ以前に記号の実際での活動のはたらきを分かっていくとか，記号を使う楽しみを覚えないと，暗記してもそれを実際の活動で使おうとしない。たとえば，文字の読み書きを正確にできるようになることも大事だが，それ以上に絵本に親しむとか，名前を文字で記すとか，文字に限らず絵文字とかその他の印が社会生活で使われていることに気づくといったことが大事なのである。その上，これまでの経験からいっても，字を読むくらいならともかく，きちんと書くとか，筆算ができるといったことは，小学校で十分間に合うし，効率もよい。

　もう一つ大事なことがある。知的なはたらきは子どもを囲む文化的な環境と切り離せないということである。今の日本の社会で幼児が文字に興味をもつのは自然なことである。まわりを見れば，いくらでも文字はあふれている。その興味を大切にしていけば，無理にドリルをしなくても，文字の興味はいくらでも広がっていく。今回，保育内容「環境」に文字の取扱いが含められたことには大切な意味がある。

　だが，そもそも，幼児期の知的な発達において文字の教育が決して大きな比重を占めるものではない。はるかに大きなことは，日々の遊びや生活のいちいちの局面で，そのやり方を子どもが理解し，自分なりに工夫を加えていくところにある。子どもの活動を観察すればすぐにわかるようにその際に話しことば

は大きな意味を担うが、書きことばは決して大きいものではない。子どもがゲームをするのにいちいちマニュアルを読むだろうか。人のやっているところを見ているうちに興味をもつだけでなく、その勘所を覚え、さらに人から教わり、適当なところで出発して後は自分たちで工夫していくに違いない。

　幼児教育のなかでとくに知的な発達が促される場面とはどういうところだろうか。もっとも基本的に言えば、何かやりたいことがはっきりとあって、そこで障害にぶつかって、でも、やりたいことを達成するために何とかそれを克服して達成する。その克服の過程で工夫が生まれる。だから、まず、やってみたいことが明確になければならない。そして、次にそれを達成するための過程が工夫を呼び込むことになる。たとえば、積木を使って、自分のイメージする「お家」を作るのでも、野菜を育てるのでも、その野菜を用いてカレーを作るのでも、そう簡単にはイメージ通りにならないものを、何とかならないかと、考えるのである。

　もちろん、幼児が工夫するといっても、問題を目の前にして沈思黙考するといったことはない。戸惑ってどうしようかと思い悩むことはあるが、頭の中でさまざまな解決を考えるよりも手が先に出る。試行錯誤してみたり、他の子どもに相談してみたり、先生に聞いたり、とりあえず諦めて次の機会に回したり、あっさり最初にやってみたいことを変更して今できたところから発想したりする。そういった試行錯誤ですらないような無駄とも思える時間がたっぷりと用意されているのが園である。そこで困難を突破するのは随分時間を要する。それは仕方のないことである。楽しいことが第一であり、むずかしいことはすぐに諦める。

　だが、同じような遊びに毎日のように子どもはかかわっていくものだから、再三再四同じような問題に出会わざるを得ない。その内偶然もはたらき、他の子どもの知恵もはたらき、そういえば年長の子どもがやっていたと見たことを思い出すこともあり、たまたま先に行く解決を思いつく。だが、別な方向に進むのでもよいのである。特定の問題が用意されてかならず解かねばならないというのではない。どんな方向に進んでもそこで新たな工夫を要することに出会

第1章 子どもの生活・遊び・学び

うことになる。

　その上，工夫を要するようにならなければ遊びにも飽きる。園にある遊具も環境の諸々もテレビやディズニーランドのように手を代え品を代えてお客さんを喜ばせるものでない。子どもがその素材の価値を引き出し，自分で工夫を入れていかないと面白くはならないものばかりなのである。積木でも砂場でも木や草もそれ自体は愛想なくそこにあるだけである。ボタンを押せばすぐに面白いことが湧いてくるわけではない。だが，そういったものに慣れ，工夫を凝らし工夫に工夫を重ねるおもしろさに子どもが目覚めれば，事態はまったく変わる。愛想なくても子どもが求めればいかようにも変貌し，質量ともに豊かに活用できる素材があることで，子どもの遊びはまさに知性の発揮の場となるのである。

　もう一つ，子どもの知的なはたらきを刺激するものとして，子どもが工夫を凝らすということよりも，それ自体が子どもの不思議だという驚嘆の思いを引き出すものがある。多くの自然物がそうである。身の回りのどんなことにも不思議は隠れている。秋になり葉が色づき散っていく。冬になって，水たまりに氷が張る。そういった変化に子どもの目が向く。「不思議だな」と思う。そういったことはかならずしも子どもが何かをしたいと思って，そこに工夫を加えようとして生じるわけではない。いわば先方が勝手に変わるのであり，その変化に子どもが気づき，驚くのである。そういった驚きにも知的なはたらきはある。そもそも驚くとは以前からの期待に反することが起こったことへの気づきによる。その驚きがさらなる探索につながっていけば，たしかに知的なはたらきを育てる経験となっていくだろう。だから，驚くことに留まっては不十分だ。けれども，驚きと感動がなければ，先に進みたいという思いは生まれない。保育としては驚きを可能にする出会いと，さらにその探究を可能にする設定とが必要である。

　作るといった作業でも，保育室や庭にあるものをただ眺めるのでも，いろいろと不思議なことが出てくる。クレープが焼けたり，野菜の芽が出て花が咲いたりする。不思議な驚きを生みだす。「わー，すごい」と思わず声が出る。「あれー，どうしてだろう？」と疑問も出てくるかもしれない。たとえば，氷に触

って冷たいと思ったり，その上で滑って面白がることや，滑り方の工夫をするところに知的な芽があるのだが，それを不思議と探究という方向にもう少し刺激できる。疑問をもって，考えてみて，さらなる不思議を探すことである。

　そのためには，大人からの刺激となることばの応答も必要となる。子どもがまだうまくことばにしない不思議の気持ちを発展させる保育の工夫がありそうだ。不思議なところがはっきりと見えてくるような工夫も試せる。絵本などで自然の不思議さが描かれていたり，ものの作り方が書かれているのに接して，そこから実際にはどうなのだろうと思って活動していけば，そこに知的な広がりがある。何かを発見して，もっとくわしく見てみたいと思い，調べだせば，高度な知的はたらきが可能となる。たとえば，落ち葉を集めだして，色や形がいろいろとあることに気づく。たくさんの種類を集めて，分類してみる。色合いも大きさも手触りも多種多様だ。別に木の種類を教えたり，落葉のメカニズムを知ることが大事なのではない。子どもが興味をもったことをさらにくわしく調べる活動に展開することに意味がある。自然の不思議さの多様な姿がわかることが大事なのである。その不思議さはもちろん自然に限られない。子どもが深くかかわるなかで対象が変貌した姿を次々と示すところに子どもの探究を促す秘訣がある。

5　生活と遊びのなかの学び

　幼児の生活にとって，すべては遊びであり，その遊びに学びがあるのだという。正確にいえば，狭い意味での遊びは生活の一部であり，たとえば，食事をしたり，トイレに行ったりすることが遊びとはいえない。実際，子どもが食事中にふらふらと立ち歩いたり，食べ物を食べずにごっこを始めたら，「遊ばないで食べてね」と注意をするだろう。だが，幼児にとって遊びが生活の中心であり，その遊戯的楽しさがすべての生活の底流にあってこそ，子どもは生き生きと振る舞い，そこから意義のある学びをすることができるのである。

園の生活では，子どもが比較的自由に選んで活動する場合と，ある程度保育者がしつらえて活動する場合とがある。たとえ，後者であっても，そこに子どもにとって，自由感や必要感があり，活動しているうちに遊戯的楽しさがわき上がってくることが必要なのである。生き生きとした子どもの姿が現出するかどうかである。遊戯的ということを，ふざけたり，笑いが起こったりというだけのこととしてとらえるのではなくて，真剣であるのだが，そこに心身の流露の滑らかさとはつらつさが見られることを指している。思いつきで動いたり，ある目標を定めてそれに向けて努力したり，正確に繰り返すように努めて注意を集中して逸れないようにしたり，その過程はさまざまである。だが，共通に，子どもが熱中してくると，活動にのめり込み，乗ってきて，懸命でありながら，軽やかに動き出す。

　次第に今していることが上手にできるようになる。振る舞いが熟達し，洗練されていく。と同時に，そこで自分の振る舞い方や相手・ものの動きの特徴について気づきが生まれる。「そうか，こうやるのか」「こんなふうになっているんだ」と思う。その気づきの重なりから次第にまわりのものについての認識が育っていく。その認識の育ちは，同時に，そうやってまわりにはたらきかけ，関わることのできる自分の存在についての感触を得ることでもある。自分の存在感を感じ取り，物事への積極的な態度を身につける。むずかしいことやできないことはたくさんあるけれど，でも，頑張ればできるとか，いつかはできる・わかるようになる，今でも少しはできて，それでも結構おもしろいし，と感じられるようになるのである。つまり，それが遊びにおける学びの成立であり，自己の成長と切り離すことができないことがわかる。

　そういった子どもの活動と学びは，他の子どもとの関係において，また大人による支えと大人との交渉のなかで，また園に置かれたものが総体としてもつ可能性が具体化するところで，生じていく。それらはさらに，家庭と地域の文化の一部として働き，そちらで学んだことと園で学ぶことが並行し，共鳴し，絡み合い，子どもの成長の全体を可能にしていく。園でいかに教わろうと，家庭や地域で実践していなければ身につくものではない。家庭で得たものはよし

につけ悪しきにつけ変えることはきわめて困難だ。だが，同時に，園でのはたらきかけが子どものよさを引き出し，家庭がもっている力とあいまって子どものよき部分を支えていくことも可能である。どんな場にも多様な面があり，一概に悪いとかよいといった一面だけでないからである。

　その上で，子どもは大勢の子どもとともに，保育者が加わりつつ，いわば小さな文化を日々園に創り出していく。子どもが制作物をするとして，その制作は保育者の見本や教示や助言により刺激され整えられる。他の子どもの制作物に影響され，あるいは直接に助けてもらう。さらに制作は園の諸々の活動のなかで孤立しているのではなく，たとえ，部屋の制作コーナーや制作の時間になされたとしても，他の場や時間の活動と接合し，影響し合う。子どもの作るものは，保育者の見本に従い，あるいは他の子どもの真似だとしても，完璧にその通りに作る技量ももたず，偶然に頼るところも大きく，思いつきで動きやすいのでもある。他の活動と入り交じりつつ，絶えず新たなものにと変貌し，新たな活動へと生まれていく。子どもが園のものと人の総体のなかで日々作り出すことがすなわち学びの過程なのである。

第2章
保育者の援助

……この章では……………………

日々の園生活で保育者は，子どもたちと遊びながら教育的にかかわっている。一人ひとりが個性の異なる子どもたちとの言動から，その子どもの心情を読みとり，保育者自身の心を寄り添わせるのは，頭で考えるほど容易ではない。「援助って何だろう」という素朴な問いを，読者一人ひとりが自分自身に発するきっかけにしてもらいたい。また，事例を読むことは，「望ましい保育実践のお手本」を知ることではなく，読者自身の見方・考え方の個性を自覚するチャンスであることをも体得してほしい。

……………………………………

一言でいうならば，幼稚園・保育所において保育者が行う言動はすべて子どもの成長発達への援助であり，かつそうあるべきものである。けれども現実には，真摯に子どものためにと考えて行った言動が，かならずしも適切な援助行為とは言い難い結果になることも，しばしばであろう。だからこそ，保育者の言動が子どもにとってよりよい援助になりうるよう，保育者には保育実践を通して考えるべきことがあるのである。

本章では，保育実践の具体的な事例をできるだけ多く引用しながら，保育者の援助とは何か，という命題について読者にいくつかの見地から問題提起を行いたい。引用した事例はかならずしも「このような場面ではこう対応するのがよい」という模範的なモデルというよりは，「自分ならこうしたのではないか」「なぜこの保育者はこのようなはたらきかけを行ったのだろう」と，読者の身

に引きつけて考えをめぐらせていただければ幸いである。

1　子どもの発達の現状をみる

　子どもたちは，それぞれが家庭生活において培った個性的な生育歴を背負って幼稚園・保育所に入園してくる。少子化の著しい現代においては，入園した時点で兄弟姉妹がいない子どもも相当数いる。一人っ子，もしくは少数のきょうだいの場合，家庭生活はその子ども中心であることが予想できるだろう。つまり多数の子どもたちは，その子どもの育児に専心する母親との密な母子関係を核に，家庭生活が成り立ってきたことになる。そうした子どもたちにとって幼稚園・保育所は，同年齢・異年齢の子どもたちが集う目新しい生活環境となるだろう。この目新しい生活環境は「お友だちがいる！」うれしさと，同時に「思うようにできない」もどかしさや口惜しさの葛藤を生じさせることだろう。この葛藤が，子どものこれから始まる社会化の第一歩でもあるのである。

　保育者は迎えた子どもたちを前に，まず一人ひとりの子どもの発達の現状を読み取ることが求められる。一人ひとりが異なる個性と，個性的な生育歴をもっているのに，保育者があらかじめ計画した日課を何がなんでも実行するわけにはいかない。そんな保育は，集団という鋳型にはめ込んで，一人ひとりの子どもの個性的な成長発達の可能性を摘んでしまうだろうからである。

　子どもの個性的な発達をみるということは，第1に，その子どもの発達の現状を読み取ること，第2に，その子どもに今，またはこれから必要なものは何かを探ることである。子どもたちと日々園生活を共にしながら小さなやりとりをていねいに積み重ね，子どもの行動や心の動きをとらえていく。それは日々の園生活においてともすると，その日その日の印象として保育者の記憶から消え去ってしまうささいな出来事の集積である。けれども，このささいな出来事と，そこから保育者が感じ取った子どもの個性的な発達の現状と課題を，保育の課題として一つひとつ位置づけていくことが，長期にわたる保育にとても重

要な意味をもってくる。

　そこで保育者は，保育後にその日の保育実践を振り返って考える。あるいは思い出した事柄を記録に記す。忘れ去ってしまう前に，今日の小さな出来事を自分のことばと感性で，残る形に留めるためである。

　記録を書く場合，書式は自分の書きやすさ，後で読み返すときの読みやすさを基準に，自由に項目を設定することから始めればよい。記録が溜まっていくに従って，以前の記録を読み返し，今の（読み返した時点での）子どもの発達状況と保育のあり様とを比較したり，保育者自身の感じ方や考え方，子どもへのかかわり方の変遷を流れとしてとらえ直すのに役立つだろう。それと同時に，書式を変更したり，記述項目や内容を見直す必要を感じることもあるかもしれない。また他の保育者と記録をもちよって，保育実践を互いに検討し合う機会ももてるようになる。そうなれば他の保育者の記録の取り方や，記録を通して伝わってくるその保育者の保育実践に，学ぶことも多いはずである。

　子どもの発達の現状といってもそれは，日々刻々変化してゆく「今」の現状に向き合うのであるから，記録をつけていると，記録を書いた時点での子どもの現状とその後の変化の様子が理解できるのである。保育者は，常に「今」の子どもの発達の現状に対して適切な援助ができるよう，長いスパンで個性的な発達の変化を流れとしてつかみ，その流れのなかにその子どもの「今」を位置づけてみることが重要なのである。

2　子どもの心情を察知する

　家庭生活において子どもたちは，どちらかといえば子どもの心情を常に好意的に解釈してもらい，そのときどきの心情に即したかかわりが保証されている。それに対して幼稚園・保育所では，子ども同士の幼いかかわりのなかで互いに衝突したり，我慢しなければならない場面を数多く経験するだろう。

　大きく変化した生活環境のなかにあって，子どもたちの心にはさまざまな未

経験の感情が起こり、またその感情も変化していく。子どもの行動を心情の表現としてとらえると、一日の園生活の流れのなかで子どもたちは実に多くのことを表現しているのである。保育者は一人ひとりの子どもの、その時その場面における心情を、子どもの表現を通して感じることができるのであるが、その表現は見る者にとって理解しにくいことも、また見落としてしまうほど小さく弱い場合もある。

【事例1】 小花に水を入れて先生に見せる（3歳女児　7月）

> 　みさこは幼稚園へ登園する道で、小さなピンク色の花を摘んだ。日頃からみさこは道で摘んだ花を持って登園することが多い。そんなとき保育者は、小さな花器に水を入れみさこが持ってきた花を保育室の花台に飾る。
> 　その日みさこは、自分のカバンを棚にしまって手洗いをすませると、水道で小花の花弁の中に水をこんもりと入れた。しずくを乗せて光る小花をじっと見詰めながら、みさこはそろりそろりと歩き出す。保育室の中ほどに立っている保育者の側まで進むと、みさこはそっと顔を上げ「お水入れたの」と言った。
> 　保育者はみさこの声に振り返り、姿勢を低くして「ほんとだ。よくこぼれないね、入ってる」と興味深そうに小花を覗き込んだ。みさこは一瞬保育者と目が合ったが、手元が気になって緊張しているのか、表情は硬いまま再び水道までそろりそろりと歩き出した。
> 　水道に戻ったみさこは小花の水をあけ、花器の中にその一輪を収めると、他の女児のところへ行って一緒に人形遊びを始めた。

【事例1】の保育者の援助についての考察

　保育者にとって朝のひとときは忙しい。次々に登園してくる子どもたちを迎え入れ、必要に応じて朝の身支度（カバンを所定の位置に置き、排泄や手洗い等をすませる）の手伝いをしたり指導することもある。送ってきた保護者の話に立ち止まって耳を傾けることもある。【事例1】の保育者もちょうど、他児の母親の話に応えているところであった。

　みさこの動きは小花の水をこぼさないように慎重をきわめており、歩き方も

人目をひく大きな動きではない。保育者にかけた声も決して大きくはなかった。雑然とあわただしい雰囲気の朝の保育室で，小さな呼びかけにも気づいて反応できる心のアンテナが保育者にあったからこそ，聞き取れたようなものである。そして保育者の返したことばは，ことばを発する余裕もないみさこの心情や，みさこの発見した小花のいつもと違う姿への驚きと感動を，もらさず代弁しているといえる。

　おそらくこのときのみさこは，小花に水が溜まったという大人からみればささいな現象に目を見張り，窓際の水道でその水がキラキラ光っているようすに心を動かしたのだろう。観察者の目には，みさこがその発見と心情を，誰よりも保育者に見せたくて，伝えたくて，懸命に歩いて移動しているように見えた。

　保育者はそうしたみさこの発見と驚き，伝えたかった心情を受けて，共有していると考えられる。保育者がみさこの心情を代弁することで，みさこ自身が自分の思いを少しでも自覚することができ，受けとめてもらった満足感がもてたのではないだろうか。

　みさこのとった行動は，「保育室内では水遊びをしない」といった約束事をもち出せば，保育者はみさこを制止することも可能であった。もちろん，水遊びといえるほどの水を使用したわけではないことも，保育者の考えに含まれていたかもしれない。だが，それより3歳児の7月であることを考えれば，身のまわりの現象に目を留め，何かをやってみて心を動かし，それを他者に伝えようとするみさこの姿を受け止めることの方を保育者が選択したと考えられよう。このとき保育者の注いだ温かい眼差しは，今後のみさこを無形に援助したといえるのではないだろうか。

　保育の流れは，小さななにげない場面の積み重ねである。保育者も気づかないまま過ぎてしまうような，子どもの表現に満ちた数時間である。だからこそ保育者の感性に，繊細なアンテナを用意して子どもたちの表現を受けとめたいものである。

　けれども保育者は，子どもたちの表現に気づくだけでは不十分なのであり，

子どもの心情を感じ取って自らも共感し，さらにそのときのその子どもにとって適切な応答をすることが援助として求められる。保育者が大上段に構えて子どもの言動を「良いこと」「悪いこと」に振り分けようとしていると，子どもの言動（表現）の本当の意味を見損なってしまう。

　今，この子どもが何に注目し，そこから何を感じているのか，保育者が自分の心をその子どもの心に寄せて感じ取る。事の善し悪しという物差しで判断を下す一歩手前に，このような心的プロセスを経ることで，保育者の援助はよりスムースに子どもの心情に届くようになるだろう。

3　環境を構成する

1　場と空間の構成

　子どもは大人が考えもつかない場や空間に自分の居場所を見出したり，遊び空間として積極的に活用することがある。家具と家具の隙間，廊下の曲がり角，階段の踊り場，机の下など，幼稚園・保育所の空間はすべてが子どもたちの遊び場であると考えていいだろう。

【事例2】　棚と壁の隙間に（2年保育　4歳男児　4月）

　けんたは入園以来，まだ自分の好きな遊びを見つけることができずに，毎日もてあましながら過ごしているようである。保育者がけんたの興味を引きそうな遊びに誘っても，首を横に振るだけで誘いに応じようとしない。近くで他児が遊んでいるとけんたが視線を停めている姿は見られるが，いざ誘われると尻込みして他の場所へ行ってしまう。保育室の棚と壁の隙間に一人ではまり込むようにして座り，空想にふけっているような表情で過ごしていることもある。

　ある日保育者は，この棚と壁の隙間にウサギのぬいぐるみを座らせておいた。ウサギのぬいぐるみは，前日けんたが持ち歩いていたものである。登園してきたけんたは，隙間に入ろうとしてウサギのぬいぐるみを見つけた。けんたはぬいぐるみを

手にとって,しっかり抱いて隙間に座り込んだ。保育者がそっと近づいてみると,けんたは小さな声でウサギのぬいぐるみに話しかけている。

　保育室の別の場所で,女児2名が人形あそびに興じていた。保育者は女児たちに「あそこにウサギさんが隠れてるよ」と教えた。女児たちはすぐに隙間に駆け寄り,けんたの抱いているウサギのぬいぐるみに,自分たちの持っている人形で話しかけた。

　はじめは戸惑っているようすだったけんたも徐々にウサギのぬいぐるみを通して応答し始め,しばらくすると隙間から出て女児たちと一緒にままごとコーナーで人形遊びをし始めた。

【事例2】の保育者の援助についての考察

　けんたの園生活に,何かきっかけをつくって遊びを導入したいと考えている保育者だが,この場合,保育者は自分がけんたに直接はたらきかける方法から,けんたがなじんでいる空間とウサギのぬいぐるみに願いを託す方法に変えているのがわかる。今のけんたにとっては保育者の存在よりも,安心できる居場所とウサギのぬいぐるみの方が,誘い水としても適していると判断したようである。

　けんたが今求めているのは,安心して過ごすことのできる空間と,その空間で時間を共有できるぬいぐるみであることを見極め,けんたの思いに即して空間と物を使ったことが,けんたの心を保育の場に向かわせたといえるだろう。

2　遊　具

　幼稚園・保育所に用意されている大小さまざまな遊具は,登園してきた子どもたちの目を引き,遊びの導火線になりやすいものである。どの遊具をどこに置いておくかによって子どもの遊びは違った様相をみせるため,保育者は日頃から保育室内外の遊具を点検し,置き場所や置き方に工夫が必要である。

　誰がどの遊具に興味を示しているのか,またその子どもの遊びはどのように展開しそうなのかを保育者は予想して,日々環境を構成していくのである。朝の登園時に子どもたちをどのような環境に迎えるか。そういった保育者の環境

構成から，すでに保育は始まっているといっても過言ではない。

【事例3】 ジャンプとポーズを楽しむ（3歳男児　5月）

> 　さとるはヒーローになりきって高い所から飛び降り，ポーズを取ることにここ数日間熱中している。さとるにはジャンプやポーズを他者に見せるという意識はなく，一人でジャンプしポーズを取ること自体が楽しくて仕方がないようすである。
> 　保育者は，さとるが製作机や飛び降りるのには危ない台の上からもジャンプしようとするため，さとるから目が離せない。そこで保育者は，ウレタン製の大きい積木を用いてジャンプ台をつくり，その上からジャンプするようさとるを誘った。階段を上って橋を渡り，先端に立ってジャンプする，という大掛かりなジャンプ台である。さとるはジャンプ台を見ると大喜びで，すぐに飛びついた。他の男女児も7，8名加わって，ジャンプとポーズで次第に盛り上がってきた。
> 　子どもたちのようすを見ながら，保育者は用意してあったビニールで手早くマントをつくり，ほしがる子どもたちに装着させた。動くと背中でヒラヒラするマントを付けた数人は，しばらくジャンプ台でジャンプやポーズを楽しんだ後，園庭へ飛び出していった。さとるほか2名の男児は，引き続きジャンプ台で遊んだ。

【事例3】の保育者の援助についての考察

　【事例3】には個の充実が他児の遊びをも触発し，遊びを共有するに至るプロセスが読み取れる。保育者がそのプロセスのすべてをあらかじめ予測していたか否かは明らかでないが，マント用のビニールが数枚用意されていたことからも，マントが他児の目を引くであろうことは予想して，さとるの他数名分のマントの材料が用意してあったと考えられる。

　危ないからといってすぐに制止するのではなく，危なくない形でさとるのやりたい遊びが続けられるように目をかけ，手をかけた保育者の援助が，遊びの発展をもたらしたようである。

　誰かが楽しんで遊んでいる場は，他児にとっても魅力ある環境になり得ることがわかる。保育者の環境構成は，当初の目的が一人の子どものためであったとしても，クラス全体を視野に入れてなされることが重要である。ことに大型

遊具を設定する場合は，広いスペースを占領することもあるので，他児がどの場所でどのような遊びを展開しそうなのかを保育者が予想して，遊びが抵触し妨げ合うことのないように配慮する必要があるだろう。

3 素　材

幼稚園・保育所という子どもの生活環境には，遊びに必要な素材，あったら役に立つ素材，今まで出会ったことのない新鮮な素材がたくさんある。心を惹かれる魅力ある素材と出会うことで，意欲的に子どもが遊びを創り出し展開していけるよう，保育者が自ら集め，子どもたちと一緒に試してみると，遊びが予想を越えて充実し展開することもある。既成の材料にとらわれず，自然物や紙片なども遊びの立役者になることを保育者が実践のなかで子どもに示していけば，子どもがいつしか探索力と創意を発揮して素材の工夫をするようになるだろう。

【事例4】　ひな人形づくり（5歳児クラス　2月）

　この幼稚園では毎年2月下旬になると，各クラスでひな人形づくりが始まる。年齢によって用いる素材や製作レベル，保育者の指導の程度は異なるが，どの年齢・クラスでも一斉活動として製作を行うことはしていない。保育者が誘って，興味をもった子どもから順に製作机にやってきてつくる。今年もひな人形づくりを始めたクラスが出てきた。A保育者の5歳児クラスでもひな人形づくりが始まった。
　5歳児は例年の目安として，紙粘土を使った立体的な製作をしている。紙粘土の扱い方や具体的な製作手順を保育者に教わりながら，製作机に集まった子どもたちは楽しんで雛人形をつくった。保育者はふと，足元に落ちていた色紙を丸めてぼんぼりをつくってみた。するとそれを見て興味をもったのりこは，保育室の材料棚からアルミホイルを持ってきて丸め，自分もぼんぼりをつくった。「ぼんぼりがあった方が，本当のおひなさまみたい」「本当に光ってるみたいできれい」と，製作している子どもたちが口々に褒める。
　あやは材料棚から薄紙を持ってきた。「この柔らかい紙で（ぼんぼりを）つくって，まわりにアルミホイルをつけたら？　ふわっとするんじゃない？」と言う。周囲の子どもたちはイメージが湧かないらしく，顔を見合わせている。あやは，保育

者の「あ，いいかもしれない。ちょっとやってみせて」ということばで，薄紙を使ったぼんぼりをつくり始めた。でき上がると，周囲の子どもたちが次々に「触らせて」と言い，あやのぼんぼりに手を触れにくる。どの子どもも「ほんとだ。柔らかい」「本物のぼんぼりだ」と言った。あやはうれしそうに微笑んでいる。
　製作好きなたくやと，ひな人形づくりを楽しみにしていたまこが，あやと同じ薄紙とアルミホイルのぼんぼりをつくり飾った。

【事例4】の保育者の援助についての考察
　保育者は一応型どおりのひな人形づくりを指導しているが，目に入った素材から湧いたイメージを，自由に即興的に表現している。教えた通りに製作させるという雰囲気は，まったく感じられない。それどころか保育者自身が，豊かな表現力をもって遊び心を発揮しているのである。
　子どもたちの新しい発想は，まさに保育者の醸し出す雰囲気から生まれたとも考えられるだろう。特にあやは自分の知っている物（ぼんぼり）を，その物の感触を手がかりに自らの手で再現している。そのとき，他児の同意が得られなくて実行に移す勇気がもてずにいたあやを，一人励ました保育者が側にいたから実現できたのであった。保育者は，薄紙を使うというあやのアイデアに賛同しただけでなく，あやが自分のイメージを頼りに，新しい素材にチャレンジしようとする創造力を励まし実現させたかったのだと思われる。

　子どもの遊びに取り入れられる素材は，イメージをもって周囲を見渡せばいくらでもある。保育者が日常の保育場面でみせる「これを使ってやってみよう」という姿勢が，子どもの遊びに自然に伝播するのである。また逆に，「やってみよう」とする心情が育てばイメージが膨らむのである。子どもにとって新しい素材との出会い，その素材を用いてイメージを表現する創造力は，過度の緊張と規制のなかでは育み難いことを，端的に示唆する事例である。

4　子どもとともに遊ぶ

　小学校以降の教育が「生活の教育化」であるのに対して，幼児期の教育は「教育の生活化」であるといえる。幼稚園・保育所が子どもと保育者の生活の場であるということは，保育者の行う保育実践は教育的配慮に基づいた生活実践に等しい。子どもの生活は基本的生活習慣の確立を目指すほか，遊びに終始することを考えると，教育的援助や指導も遊びを通して行うことがもっともであると理解できよう。保育者はさまざまな教育的配慮をしながら，子どもたちとともに遊んでいるのである。

1　保育者が遊び方を示す

　幼稚園・保育所という新奇な環境で，大勢の同年齢・異年齢の子どもたちとともにある場で，どのような遊びを，どのようにして展開しうるのか，保育者が遊びをしながら示すことがある。保育者が始めた遊びを真似ることから子ども自身の創造力が加わって，独自の遊びが開けることがあるのである。
　以下に紹介する事例は，まさに「学び」の端緒が「真似び」であることの例証ともいえるだろう。

【事例5】　5歳児の映画遊びを真似る（3歳男児　5月）

　男児3名が保育室の壁際についたてを運んできて，その後方に並んで立った。3名は「映画始まりー」「映画始まりー」と口々に周囲の人に呼びかけている。遊びに来ていた4歳女児2名が客席に座った。男児たちはついたての後方の壁に取り付けてある黒板に，チョークで絵を描き始めた。しばらく描き続けているが，映画のストーリーを意識した絵とは思われない。
　少し離れた所から他児の遊びの手伝いをしながら，保育者は映画の遊びを気にしてチラチラ目をやっていた。客席の女児たちはそろそろ退屈し出した。女児たちは映画とは無関係なおしゃべりをしたり，座ったまま時々手脚を曲げ伸ばししたりし

ている。

　保育者は人形を手に持って,「私もやりたーい」と言いながらついたての後ろに回った。男児3名も先生からめいめい人形を受け取り,客席に向かって立った。男児たちが人形をついたての上で動かし始めたのを見届けると,保育者はその場を離れ,急いで色紙の草花をつくってついたてに貼ったり,竹の子（園児が家から持参した小さな竹の子2本）を草の横にテープで付けたりした。そして衝立ての後ろに戻り,人形を使って「あ,竹の子があるぞ。ちょっと触ってみよう」などとストーリー性のあるセリフを投げかけ,男児たちとのやりとりから少しずつストーリーを構成していった。

　男児3名も保育者がリードするストーリーにのって人形を操り,映画らしくなってきた雰囲気を楽しんでいるようすであった。お客の子どもたち（前出の4歳女児2名ほか3歳児3,4名）も,途中で出入りしながら最後まで誰かしらが観ていた。

【事例5】の保育者の援助についての考察

　【事例5】に出てきた3名の男児は,実は映画を共通イメージとしてもっていたわけではない。3名のうち1名（おさむ）だけが前日,5歳児クラスへ行って,5歳児たちの映画遊びを観客として観てきたのである。おさむが「映画やろう」ともち掛けたのがきっかけで,他の2名は「よし,やろう」と請け合ったものの,あとの2名は実際,映画遊びがどうしたらできるのかについて具体的なイメージがあったとは思えない。ただ,提案したおさむが日頃からリーダーシップを発揮しているという仲間関係の影響もあって,おさむと一緒に何か面白そうなことをするんだという期待感でおさむの提案にのったのではないかと保育者は考えていた。

　それで保育者は,映画遊びを成立させるには何か自分が援助する必要があるだろうと感じて,映画遊びのようすを,他児とかかわりながらも絶えず気にして見ていたのである。そして,いつまでも映画が始まらずお客が飽きてきた頃合いを見計らって,自ら遊びのメンバーになったと解釈していいだろう。

　男児3名は,ことにおさむ以外の3名は,遊びながら映画遊びの何たるかをおぼろげながら感じ取っていったのである。保育者が仲間入りしてリードしな

ければ，映画は成立すらしなかったと思われる。

　子どもの遊びに保育者がどのような立場からかかわるかは，子どもの発達状況によりかなり異なる。おさむらがもし4歳児か5歳児であったら，保育者の援助はまったく異なる様相をみせたと思われる。保育者は観客の側に回って場の雰囲気を盛り上げたり，客席からストーリー展開に一石を投じるなどの援助があったかもしれない。この場合は3歳児の5月（まだ入園して間もない）という時期であり，遊びを知ることと新しい環境に親しむことが同時進行できるよう，保育者はあえてリードしたのではないだろうか。

2　遊び仲間として保育者が率先して遊ぶ

　保育者は子どもとの関係において，実に多くの顔（側面）をもっている。先生として子どもの遊びを援助（後押し，手伝い）することもあれば，子どもの視点にともに立って自らが遊びに熱中することもある。子ども同士のトラブルや行詰まりに気づいていてもあえて遠くから見守ったり，気づかない振りをして子どもの力に任せることもある。押すか引くか，手出しするかしないか，そのときその場の直観で判断している場合が多いが，それは場当たり的な勘とは明らかに異なる。長期的な眼で日々読み取ってきた子どものようすから，今その子どもに必要な援助は何なのかを，保育後の時間等にじっくり考え，見通しと目当てをもって毎日保育実践に臨んでいるからである。

【事例6】　爆弾をつくって遊ぶ（5歳男児　6月）

　まさやは物をつくって遊ぶことが好きで，保育室に用意されてあるさまざまな素材を工夫し，自分のイメージした物をつくり，遊んでいることが多い。特定の友だちと遊ぶというよりは，物づくりが園生活の主流で，物づくりを通してその場に居合わせた他児と遊びを共有するか，一人で自己充実している姿が目立つ。
　この日のまさやは，赤の色画用紙を用いて棒状（先が少し曲げてある）の爆弾をつくった。爆弾を手に持って保育室や廊下を走りまわり，人に向けて「バーン！」と叫んでは逃げる。しかし周りの子どもたちはそれぞれの遊びに熱中していて，ま

> さやにはあまり反応を返してこない。
> そこへ保育者がやってきてまさやに「あ，いいものがあるの。まーくん，ちょっと待って」と言った。保育者はそのまま材料室に入っていった。材料室は保育室の近くにあって，子どもは入らないことになっており，保育に使う材料が保管されている。まさやはポカンとしたまま材料室の前で待っていた。出てきた保育者は，濃いピンク色のスズランテープを持っており，「つけていい？ これ」とまさやに尋ねた。まさやがまだポカンとしていると，保育者はヒラヒラと紐が下がっていたら「バーン」と打ったときに火薬が爆発したように見えるのではないか，と説明した。まさやは半信半疑のようすで「ああ，そうねえ」と答える。保育者はさっそくまさやの爆弾にスズランテープを付け，「ほらね？ バーン」と撃って見せた。まさやはようやく合点し，紐のついた爆弾が気に入ったらしく，しばらく保育者と交代で撃ち合った。まさやは次第に気持ちが高揚し，撃ち合いにも熱が入っていった。

【事例6】の保育者の援助についての考察

　5歳児まさやの一人遊びを何とか充実させたいという保育者の願いは，保育者がまさやの遊びに入り込んで遊び仲間としてともに充実を実現する，という行為にあらわれた。この場合，他児を誘い込む方向での援助も考えられるけれども，担任保育者は3歳児からまさやを受けもってきており，長い眼でとらえてきたまさやに対し，今は自分のイメージをより実現できることの方が大切であると判断したのだろう。

　保育者がいつのまにか自然に遊び仲間になり，保育者自らも主体性をもって爆弾遊びに興じたことで，まさやのイメージはより現実性を帯び，楽しさも増したようである。またまさやにとっては，自分のつくった物で「誰かと一緒に」遊ぶ喜びも味わえたようである。

3　トラブル・いきづまりに際して

　幼児期の子どもの特性から考えても，また幼稚園・保育所の玩具・遊具が数に限りがある点から考えても，子ども同士のトラブルは物の取り合いが多い。3歳児では友だちの持っている物が単純にほしくなり，「取った」「取られた」の争いが多発するし，年齢が上がるに従って遊びに要する材料が多岐にわたる

ようになるので，自分の遊びでの必要性を主張するより高次元の物の取り合いが起こるようになるのである。

【事例7】 積木が足りない（5歳男児4月）

> ホールで大型積木を使ってたくやはロケットを，その横でしんごは家をつくっている。保育者はホールで他児のごっこ遊びにかかわっている。保育者は2人の製作物の規模からして，あれでは大型積木が足りなくなるだろうと予想しながら時折見ていた。
> 　保育者の予想通り，「できた！」と声を上げるたくやの側でしんごは，渋い表情で立ち尽くした。しんごはしばらく考えた末，保育者に「（大型積木が）足りなくて（家が）できない」と訴えた。薄い四角（立方体を半分に切った直方体）が足りないのだと言う。残っているのは立方体が1個だけである。
> 　保育者はまずたくやに，薄い四角をくれないかと頼んでみたが，たくやは譲らない。そこで保育者は「見ててね」とたくやに言って，残った立方体を手に取り，たくやのロケットの薄い四角が2個重なっているところと取り替えようとしだした。たくやはとたんに怒ってホールから出ていってしまった。
> 　しんごと保育者はたくやを追い，謝りながら，壊しているのではなく形は元のままだと説明する。やっとたくやにホールへ戻ってもらうと，保育者が立方体1個と薄い四角2個が同形であることをていねいに説明し，たくやの承諾もなく組み替えようとしたことを謝った。しかしたくやは「見たくないよ」と，そっぽを向いている。
> 　保育者は今度はしんごに，薄い四角はもう残っていないから，他の物で家の続きができないかと相談した。それを聞くとたくやも「大きいブロックがあるよ」と，すかさず提案する。しんごはしばらく考えて思い直し，大きいブロックを工夫して続きをつくることにした。保育者とたくやも手伝った。

【事例7】の保育者の援助についての考察

　保育者はしんごが「積木が足りない」と訴えてきたとき，しんごの家は確かにまだいくつかの積木が必要だが，一方たくやのロケットには積木の無駄な部分がないことをも察知した。たくやが譲らないのも，しんごが要求するのも，どちらももっともな状態であると考えたわけである。そこで保育者は第1に，

立方体1個と薄い四角2個を取り替えるという合理的な方法で，双方の製作を実現しようと試みた。けれどもそれは，その方法をたくやが理解し納得してはじめて可能になることに保育者は気づかされる。たくやは理解も納得もしなかったからだ。

そこで保育者は，しんごに譲歩を求める。しんごが意外にすんなりと譲歩を受け入れたのは，それまでのたくやと保育者の交渉過程を見ていたからとも取れるだろう。つまり，たくやのロケットはすでに完成しているし，それでもなお保育者は一生懸命しんごのために交渉してくれた。残念ながら交渉は決裂したが，保育者の好意的な努力とたくやの思いがしんごに伝わった結果かもしれない。しんごは別な材料で工夫してみる気持ちになったのである。

【事例7】は，物の取り合いといってもどちらか一方が物を「取った」悪者というわけではない。この場合の保育者のかかわり方にも，他の可能性がいくつか考えられるだろう。保育者の状況理解と判断，3歳児からのかかわりの歴史性が，ここでのかかわり方を決定したのである。

4　創造性・主体性・仲間づくりを後押しする

本節で紹介した3つの事例を振り返ってみよう。どの出来事にも，育ちゆく現在進行形の子どもの姿があらわれていると同時に，一人ひとりの子どもに対する保育者の願いやかかわりの意図を読み取ることができると思う。

子どもは，生活者という意味で大人と何ら違いはない。どの子どもも自分の生活の主体である。家庭においても幼稚園・保育所においても，そこでのメンバー（集団）との共同生活をつくる担い手である。共同生活（集団生活）をするということは，集団をよりよくするために自分の個性を目立たぬように，自分の思いや考えを押し殺すことでないのは，いうまでもない。自らも共同生活の一人の主体として個性を伸びやかに発揮し，集団をよくしようとするのと同様に自分自身の存在感をも大事にすることが重要であり，またメンバー各自がそうすることができなければ「よりよい集団」とはいえないだろう。

「個」か「集団」かといった二者択一的な発想が保育実践に長年もたらして

きたのは，振り子の両極の勢力争いでしかなかったように思われる。「個」を大事にすれば自ずと集団のあり様を考えないわけにはいかないし，「集団」形成を目指すにはまず個の充実が求められる。どちらも尊重し調和的に育っていくことを目指すのが保育の教育的意義だということは，保育者一人ひとりのなかで何度でも確認していくべき点といえるだろう。

　【事例5】の映画遊びでは，子ども（男児3名ではなく3名のうちのおさむ）に映画遊びのイメージが形成されたプロセスを把握していて，そのイメージが3歳児の保育室で実現できるよう，手だてを示していた。子どもが主体的に創造性を発揮して，自分の好きな遊びに専心し展開できるようになる前段階の援助といえる。主体的に活動すること，創造性を発揮することは，単に子どもを放任しておけばいつのまにか育つ側面ではない。自分自身が生活の場の一人の主体であることを一人ひとりが認識し，遊びを中心とする生活を創造していけることに気づかせること，そこには生活を創り出す楽しみを共有できる仲間や大人（保育者）がいることを実感できる環境づくりをすること…。大人である保育者が意識的に，かつ生活の自然な流れのなかでそれができるとき，保育者の行う行為は子どもの成長発達への援助となる。

　また，遊びは物や空間（園舎・園庭・保育室等）が用意されていれば必ずどの子どもも始めるというものでもない。その場で，その玩具や遊具で，そこのメンバーで，楽しんで遊んでいる人（他児や保育者）の姿が刺激になってはじめて「ここで遊びたい」という気持ちを起こす場合もしばしばである。その刺激というのは，遊びたくなるような状況，雰囲気といってもいいだろう。【事例5】におけるおさむ以外の男児2名は，おさむが強いイメージを内包して誘ったことが刺激となって，映画遊びについての共有イメージもないまま，映画遊びにのったのである。

　【事例6】のように，一人遊びで充実している5歳児の場合でも，そこに遊び仲間として保育者が加わることによって，遊び自体の魅力が増すことがあるのである。

　さらに遊びは，仲間と遊びを共有するきっかけになることも多々ある。一人

で自分の好きな遊びにじっくり取り組んでいる子どもの姿が他児の目を引き，一緒に遊び始めることもあるし，ごっこ遊びなど，ある程度の人数を要する遊びを数人で創り出せるようになってくれば，遊びを媒介に仲間を募ることもあるはずである。

　【事例7】のたくやとしんごは同じ大型積木を用いて，それぞれロケットと家をつくっていたのだが，場所も近接していたにもかかわらず交流はないまま遊びが併行していた。きっかけは材料が足りなくなるというアクシデントではあったが，保育者を仲立ちとする交渉を経てはじめて，相手の遊びを知り，別の材料を提案したり続きを手伝うかかわりが生まれたのである。

　保育者の援助は場の偶然性や子どもの動きに応じるもので，決してあらかじめ描かれてあったシナリオどおりに行うのではない。しかもその場の状況を瞬時に察知し，子どもの心情を読み取って，今なにをすべきかを判断し即実行しなければならないのである。保育を生活のなかで行う教育であると考えれば，保育者の役割（援助）は非常に複雑で多岐にわたる。

　子どもとともに生活し遊びながら，今この子ども（あるいはこのグループ）に必要な援助を適確に行うのはたやすいことではない。保育者の援助がより適切であるためには，いつも実践に問題意識をもち，目の前に立ち表れる状況に細やかな配慮をもって向き合える保育者としての「自分づくり」が求められるのである。日常の保育で一人ひとりの主体性を尊び，創造性の発揮による自己充実を促し，友だちと楽しんで遊べる心情と状況を育むことを保育者は常に心に留めるべきであろう。

5　保育実践における間と間合い

　保育における子どもと保育者の人間関係は，一般論として多くを語ることができないほど，その場の状況や偶然性の影響を受け，また「この保育者」と「この子ども（または子どもたち）」の固有な関係性を築いていくものでもある。

そして関係主体（この保育者とこの子ども，あるいはこの子どもとこの子ども）に固有な関係性が創られていくプロセスには，相互にやりとりを交わす行為の「間合い」――タイミング――と，両者の空間的心理的距離としての「間」が，目には見えない重要な役割を果たしているのである。

1　子どもと保育者の空間的・心理的な「間」

　幼稚園・保育所で子どもたちは大勢の他者に出会う。園での共同生活は当然，保育者や他児と空間的な「間」を共有することを意味する。子どもたちは他者と「間」を共有する心地よさ，楽しさをも徐々につかみ取っていくだろう。しかし入園当初は好きな遊びを見つけることができないことも多く，また見つけられても，遊びに従事することより保育者のそばにいること（保育者との「間」を縮めた状態を保つこと）の方が大事で，保育者が移動するたびに遊びを放り出してまでついて行こうとする子どもも少なくない。むしろどこの幼稚園・保育所でも入園後しばらく見られる光景である。新しい環境でとまどいが強く，精神的に保育者の存在に頼りがちであるため，保育者のそばに身を寄せていることで安心感を確保しようとするのだろう。

　そのような不安と安心の間を揺れ動く状態の子どもに対して，保育者は無理に子ども同士の遊びを押しつけたりせず，気長に待つ姿勢でかかわっていく。子ども自身が保育者との「間」の広がりをすんなり受け入れられる状態になるのを，待つのである。そして少しずつかかわり始める子ども同士の関係の変化を，温かい眼差しで見守り，「間合い」を取りながら必要と思われる援助をしていく。こう考えると，保育実践は非常に気長で，成果の見えにくい教育であることに気づく。

　けれども子どもと保育者の関係は，直線的に「間」を広げる一方とはいえない。人間の発達過程を象徴的に表す線がそうであるように，人と人の関係性もまた行きつ戻りつ，広がっては縮み，少しずつ少しずつ，後からみれば着実に広がっていったという変化を遂げるようである。保育者から片時も離れられなかった子どもがいつのまにか，保育者の姿が見えなくとも遊びを見つけて取り組

めるようになっていく。そうなれば保育者の援助を求めなくとも自力で活動の場を広げていけるたくましさを見せるようになってくる。

　一方，入園当初から自分のことは何でも自分でやる子どもに，保育者が「関係の深まりにくさ」を感じる場合もあるようである。不安定さを表現せず，保育者を頼らずに，目新しいものへの好奇心で動き，活動の場をどんどん広げていくような子どもである。幼い3歳児の場合はなおさら，保育者が身の回りの世話をすることなどが，関係を深めるきっかけになる場合があり得る。それは，幼児期の子どもに大切な人とのつながりを育てるために，子どもが本当は保育者と心をつなぎたがっているようすを少しでも感じたら，声をかけたり身体接触をするなどして「間」を縮めてみるのである。保育者が日常の実践で払うきめこまかい心遣いに支えられて，子どもたちは成長発達する力を発揮し，基本的生活習慣をはじめ人間関係に関するさまざまなことを身につけていく。子ども自身のそうした発達的変化が，幼稚園・保育所を子どもにとって居心地の良い空間にしていくことだろう。

　しかしだからといって保育者が，ひとたび子どもができるようになったことに対しては決して手を貸さないとか，「あなたはもう先生がいなくてもお友だちと遊べるでしょう」とかたくなに前進向上を子どもに求めるのは危険である。何かができるようになること（進歩）が，その子どもの生活にとってどのような意味をもつのかを保育者は考え，ときには一見後退に見えるようなことでも，その後の意味ある進歩のためにあえて，行うべきこともあるからである。

　また，そうした保育者の行為に対する子どもの態度・反応から，その子どもの求める「間」の取り方を確かめる。保育者の援助行為は子どもとの日常的な他愛ないやりとりを通じて，常に一人ひとりの子どもの心地よい「間」を探りながら，試しながら，方向性を見出していくのである。

　子どもは入園以前の生活で，家族をはじめとする身近な人びととの間に，互いが心地よい「間」を経験的に獲得している。そして幼稚園・保育所でも，そのままの「間」の取り方で他者と関わろうとする。だが新しい環境では，以前と同じ「間」を保てない状況が多発する。ことに子ども同士の関わりがそうで

あろう。そうかといって，いつもかならず保育者と一対一の心地よい「間」がもてるわけでもなく，子どもにとっては過ごしにくさを感じる時期があるかもしれない。そのような子どもの状況を察知すると，保育者の側があえてその子どもとの「間」を縮める関わり方をするだろう。保育者との心地よい「間」を確保できるよう配慮するのである。

2　子どもと保育者の関わりの「間合い」

「間合い」は人と人が関わるタイミングと考えればいい。子どもと保育者が「間合い」を取るには互いに相手をよく知り，呼吸を合わせてやりとりしようという心情的な歩み寄りが必要となる。そのためにはまず保育者が，一人ひとりの子どものすでにもっている「間合い」に沿って，やりとりを重ねようとすることから出発しなければならない。子どもへの援助がより適切な行為となるために，保育者が自分の出番の「間合い」をはかることも，保育者として大切な役割の一つである。そうした保育者の配慮の積み重ねによって，やがては子どもの側にも相手との「間合い」を取って関わろうとする心情が芽生え，育つことが期待できるのである。関係主体の片一方の者が行動を意識的に調整し，相手に同調することが，ここでいう「間合い」ではないのである。

「間合い」は相互の心情的歩み寄りを前提とした，関係主体に固有な創出的関係性の表現である。したがって，保育者が子どもたちとの関係性を長い目でみて着実に築いていこうとする，不断の心構えが必須なのである。子どもと保育者の心をつなぐ「見えない糸が作られるのには，互いに受けとめ合う往復運動がなされることが必要」だといわれるように，相手と折り合って生活をともにしたいと思う双方の心情を下敷きに，空間的な「間」と時間的な「間合い」の取り方を互いに整合して（息を合わせて）いく。そのプロセスにおいて関係性は次第に形成されるのである。

人と人の心をつなぐ糸が目には見えないからこそ，実践場面での細やかな配慮や日々の省察など，目に見えない保育者の努力と感性が，関係性を創り出し，形成するのに重要になるのだろう。[(2)] 目にははっきり見えないところで，何かが

37

着実に育つという点は，保育の教育的特質そのものと合致するところである。

6 事例の見方

　本章で取り上げた事例は，各項目の主旨に沿って解釈したものである。しかし事例は本来，見る角度や解釈する人の考え方によっていろいろな意味づけが可能なので，ここに挙げた事例もまた，別な読み方ができるはずのものである。

　たとえば【事例5】でおさむたちが5歳児の映画を真似ようとした場面も，本章では，保育者が3歳児おさむらにどのような関わりをしたかという視点で当事例をみてきたのだが，同じ事例を5歳児と3歳児の異年齢交流のあり方として読んでみることも可能なのである。また，当事例の保育者の関わり方にも，別な可能性を指摘することはできるだろう。

　【事例7】の積木が足りなくなった場面に関しても，同様のことがいえるはずである。たくやに対して最初は少々強硬な交渉をもちかけた保育者が，たくや・しんご双方のようすをみながら交渉の方向をたくやからしんごへ移している。「私ならこのときこうしたのではないか」と他の保育者はいくつかの関わり方を想定できそうな事例であった。

　しかし，事例というのは，そこに記述される子どもや保育者の言動からすぐに善し悪しを判定できない性質を本来的にもっている。記述された行動やある程度推察できる心情は，確かに現実のものではあっても，その現実を現実ならしめた「共同生活における関わりの歴史」の全貌は記述の域を越えているからである。そこに至った園生活の全体性が，事例の現実を決定しているといっても過言ではないからである。人間関係の長い，他愛ない経緯を経て，その場面での子どもと保育者の関係性があらわれたともいえるだろう。

　事例には紙面の制約で場面のようすと，読み取りに必要な最小限の背景が記されるだけである場合が多い。したがって共同生活における関わりの歴史を読み取ることは困難である。だから，事例を手がかりに保育者の保育行為や子ど

もの行為の意味を検討する時にはその点も含め，記述された内容からは何が読み取れて，何が読み取れないのかをも検討することが必要となるだろう。読み手に提示される情報にはあらかじめ制約があり，したがって解釈には限界があることを認識していれば，事例は生きた現実として多くの人びとが検討し合える共通の土俵となりうるのである。

　事例の制約による解釈の限界を認識して事例検討に臨むとして，それだけでは他人の保育実践を題材にするメリットはさほどなさそうにも感じる。共同生活におけるかかわりの歴史が読み取れない他者の現実を話題にしなくとも，保育者には自らの実践を記述した事例が手元にたくさんあるだろうからである。自分の保育記録を自分一人で読み返し検討すればいいとも思えるだろう。

　事例には関係主体の歴史性が読みにくい性質があることは前述の通りであるが，読み手は自分自身の実践の歴史と現在に引き付けて読むことができる。たとえば【事例6】の5歳児まさやの一人遊びについて，まさやが3歳児からどのような園生活の経緯を経てきたのか，保育者や他児とのかかわりの変遷はどうだったのかについて事例には記されていないが，読み手である保育者は，自分の園の，または担任しているクラスの具体的な〇〇君・△△ちゃんのようすに重ね合わせて「自分だったら…」と考えることができるだろう。

　事例は読み手の知らない他者が生きた現実である。しかも現実の一角しか，読み手には提示されない場合が多い。けれども自分とは違う他者が生きた現実だから，実践中とは異なる落ち着いた心境で，冷静に検討に臨むことができる部分もある。客観的な眼で自分自身の実践を問い直すことができるのも，また事実であろう。

　事例の検討は複数の人間が共通の土俵で各自の見方，考え方を交換し合えるのが最大の利点かもしれない。自分の実践を振り返り，真摯に検討する際の，ともすると一人よがりになりがちな視点に新たな見方を加えることができたり，自分の偏った視点に気づかせてくれる契機になることがあるのである。事例に表れた現実を他人事として批判する視点ではなく，読み手自身の実践の現実を事例に映しみる見地から読むものである。

7 保育者同士の連携

　幼稚園・保育所にはたいてい，学年・クラスがあって，クラスごとに担任保育者がいる。その場合，担任保育者がクラスの子どもたちの日々の変化にもっとも気づきやすく，実際に対応するのも担任保育者である場合が圧倒的に多いのは当然のことである。しかし，だからといって担任保育者がクラスの子どもたちを自分の行動範囲に囲い込んで，自分一人で担任の子どもたちのすべてを掌握しようとしても，それは実際に無理なことである。まして他の保育者が自分のクラスの子どもにかかわるのを拒否したり，自分が他のクラスの子どもには知らんふりというのでは，その保育者の資質を問われるのはもちろんのこと，園全体として温かい保育環境から遠ざかってしまう。

　同じ園の保育者同士が互いに連携して，よりよい保育を園全体の問題としてとらえ，取り組む方が，保育という目に成果の程が見えにくい教育方法において自然なことであろう。近年は保育者同士の有意味な連携の重要さが多々指摘されている。クラスのなかに担任保育者とクラスの子どもたちが閉じた世界を硬く硬く形成するのではなく，クラス意識を育む一方，園全体に開いた雰囲気のなかで遊びを展開できるよう，保育者相互が連携し合っていくことは先行研究がすでに明らかにしている。保育を共同で進めていくという保育者の意識が，子どもたちの遊びの可能性を広げ，子どもたちは園内でより多くの人間関係と価値観を経験できるのである。

　以上は園内で保育を連携することの重要性であるが，この他にも，保育者は他園の保育者とつながりをもち，互いに学び合うという広い意味での連携もできる。各種の研究会で事例を持ち寄って検討し合う場合には，自分と類似した場面経験に対する，他の保育者の異なるとらえ方や対応の実際を知り，その人の価値観に刺激されて自らを改めて振り返る機会ももてるだろう。逆に自分の事例を提出すれば，他の保育者のさまざまな視点から，保育実践に埋め込まれ

た自分の価値観に気づかされることもあるかもしれない。

　保育者同士の連携は，園内の保育における連携でも，互いにもたれ合い，責任を薄め合うことではない。むしろ他の保育者の責任をも分かち合い，補い合って子どもの成長発達をクラスの枠にとらわれずより広く深く助長しようとする意識が前提となる。担任だからできることもあれば，担任にはかえって見え難い部分があるのだから，担任保育者としての責任の自覚と，連携できる他の保育者との信頼関係がどちらも大切なのである。

　また他園の保育者との連携は，園での保育実践を見えない部分で支える「保育者としての自分づくり」といえるだろう。保育は保育者一人で成り立つ営みではない。子どもと，他の保育者と，さらに多くの人びととのつながりの上に具体的な園生活の場が創りだされ，関係主体に固有な関係性が紡ぎ出されるのである。

注
(1) 「生活へ教育を」という考え方は，日本の幼稚園教育の初期を理論と実践の両面から支えた倉橋惣三が提唱したものである。倉橋の記述は以下の文献に掲載されている。倉橋惣三　1965　「幼稚園真諦」『倉橋惣三選集』第1巻　フレーベル館　pp. 25-29.
(2) 「見えない糸」については津守真の記述を参照した。津守真　1999　「見えない糸」『人間現象としての保育研究』　増補版　光生館

参考文献
秋田喜代美ら　1995　「コンサルテーションによる保育環境の構成：保育研究会の継続的検討」『保育学研究』**33-2**　70-77.
浜口順子　1999　「保育実践研究における省察的理解の過程」『人間現象としての保育研究』増補版　光生館　pp. 155-191.
河邉貴子　1995　「保育の記録とエピソードのとりだし」『発達』**64**　ミネルヴァ書房　13-17.
河邉貴子ら　1995　「座談会'保育における記録の役割'」『保育研究』**16-1**　建帛社　2-19.
宮原修ら　1993　「保育者の自己教育力〈心情・意欲・態度〉」『現代保育』7月号　チャイルド本社　4-17.
武藤安子　1990　「経験の連続性の読みとり」『保育研究』**11-2**　建帛社　2-8.
小川清実　1990　「ごっこ遊びにおける見立ての構造について」『保育研究』**11-2**　建帛社　9-16.
佐伯胖　1987　「『子供を理解する』ということ」　村井潤一・森上史朗(編)『保

育の科学』 別冊発達6 ミネルヴァ書房 pp.78-85.
田中三保子・田代和美ら 1996 「保育カンファレンスの検討」『保育学研究』 **34-1** 29-42.
戸田雅美 1999 「保育行為の判断の根拠としての'価値'の検討：園内研究会の議論の事例を手がかりに」『保育学研究』 **37-2** 55-62.
吉村真理子 1995 「保育の観察と記録をどう生かすか」『発達』 **64** ミネルヴァ書房 36-42.
吉村真理子 1995 「保育者にとって記録とは」『保育研究』 **16-1** 建帛社 20-27.

第3章
園環境と保育

……この章では……

環境を通して行う幼児教育を目指すとき，生活の場となる園には子どもの自発的・能動的な遊びや活動が次々に展開し，豊かな経験の場になることが求められる。園環境には，園舎や園庭のような大きい空間から，保育室のコーナー，遊具やおもちゃも含む物的環境と保育者や子どもの人間関係，保育方法のような人的環境，飼育動物やダンゴムシも，園生活に関わるすべてのものが含まれ，それらが互いにからみあって，複合的な園環境を構成している。本章では園環境を園庭と園舎の配置や構造という物的・空間的な側面からとらえ，子どもの発達を促す環境のあり方について考える。

1　子どもの発達と園環境

　幼児期の子どもは日々の生活のなかで自ら身体・五感を使って自由に遊びまわり，さまざまな体験を重ねることによって，生活に必要な事柄を身につけていく。自分が生活している場所についても「ここは～をするところ」「～はどこでする」というように各場所の特徴をとらえ，そこに適した活動をし始め，場所の使い分けができるようになる。このように体験を通して身近な空間についての認識を広げていく段階である。したがって子どもが生活する幼稚園・保

育所の物理的空間的環境のあり方は，発達の上からも重要な意味をもつ。

現象学的地理学者のレルフは『場所の現象学』(1991)のなかで直接経験によって意味づけられた空間を「場所」とよび，物理的空間的まとまりと，社会・心理・情緒的なものとの深い関わりを指摘している。ある特定の場所に愛着（親近感）をもち，強い絆で結ばれるということは人間の重要な欲求であり，場所に愛着し根づくことによって精神的な安全地帯が得られ，その安全地帯から世界を見まわすと，物事の秩序のなかで自分自身の立場を把握することもでき，心理的に安定すると考えた。

無藤隆は「トポスにおける発達」(1995a)のなかでレルフの考えによりながら幼児にとっての場所の意味と発達について考察をした。子どもがある場所でくり返し活動しているうちに，その場所になじみ愛着をもつようになり，そこに根づき安定する。安定した場所から周りをながめ，歩み出てさらに安定した場所を広げていく。幼児の発達はこのように特定の場所との関わりのなかで生じていくものと考えた。このような観点に立てば，登降園のたびに通る園門から玄関までのアプローチ，園庭や園舎の光景，昇降口や保育室の配置，手洗い場，廊下や小さな隅っこにいたるまで園空間のすべてが子どもの発達の場所になりうる。したがって，幼稚園・保育所の物的，空間的環境は子どもの動きや保育のあり方を考慮に入れ，慎重に検討し，構成されることが望まれる。

2 子どもの動線と園空間の構造

幼児の主体的活動を促し，幼児期にふさわしい遊び中心の生活が展開される園環境作りを目指すとき，子どもの発達や動きの特徴をとらえることが有効な第一歩になると思われる。

建築家仙田満(1992)は，子どもの遊び環境の設計と実態調査を重ねるうちに，巨大遊具でも遊び広場，建築，公園や町であっても，子どもたちが遊びやすい空間には共通する構造原則があることをみいだした。子どもがいきいきと

活動する環境がもつべき条件とは次のようなものである。

1. 行き止まりがなく，ぐるぐると回遊できる循環機能をもち，そのなかで近道など何通りかの道の選択が可能な構造であること。
2. 高い安全性をもつ空間のなかに小さな危険が適当にあって，子どもたちが遊びながらそれを実感し，危険の回避法も学んでいけるような，変化に富んだものであること。
3. 循環する道の途中に，遊びの拠点になるシンボル的空間や場，大小の広場がとりついていること。
4. かけ回ったりすべったり，揺れたり飛び降りたり，トンネルを抜けたり，暗い穴に入り込んだりすることで，一時的なパニック状態を楽しむ「めまい体験」ができる場を含んでいること。
5. 全体の構造が，もぐり込んだり自由に出入りできる大小の穴のような場所がたくさんある「ポーラスな空間」であること。

1～5の事柄は，子どもの遊びを促す園舎や園庭の構造を考えるうえで，大変重要な手がかりになると思われる。

　無藤隆（1995b）は自由遊び中の子どもの行動観察をふまえて，子どもの大きな動きという視点から園空間を分析している。次にその内容をもとにして，子どもの動線に合った園の構造について考えていきたい。

1　循環，回遊できる場所

　園内の子どもの動きの基本は循環と回遊であり，子どもはどこかへ移動するという目的がなくても，ただ動き，走り回っている。出発地点と終着点が同じであることを好み，くり返し走る。リレーごっこ，追いかけっこなどは循環することが遊びになっている。また走らずにゆっくりぶらぶらと周囲を見回して楽しみながら，なにかおもしろいことがないか探しながら回遊する場合もある。回遊の途中でなにかおしろそうなものを見つけるとそれに関わり，あきればまた回遊を開始する。自由遊びの時間には園のあちこちで，同時にいろいろな活動が展開されているので，回遊することによってほかの子どもたちとの交渉

が生じ、離れたところで別々に展開していた活動を結びつけることになる。このように園全体を結びつけ、遊びを活性化する回遊行動が生じやすい構造をもつ園舎が望まれる。

2　隠れる場所

　子どもは一か所に留まって多人数で活動する場合もあるが、自分たちだけで集中して遊びたいときには、邪魔が入らないように物陰や狭い場所に入りこんで遊ぶこともある。園内にはオープンな場所ばかりでなく、少し隠れられる場所も必要だ。しかし、そこが断絶・孤立しすぎると遊びが発達しにくくなるため、隠れてはいてもグループ外の子どもとの交流や、視線が断絶したりつながったりできることが望ましい。このような場所は、集団の場での活動に疲れた子どもが入りこんでホッとしたり、気持ちの転換をする場所にもなる。園舎内が全て見渡せる死角のない構造の方が保育者にとっては安心であろうが、子どもにとってはちょっと陰になった場所の方が居心地良いこともある。

3　見渡せる場所

　ジャングルジムやすべり台の上、階段の途中、2階のテラス、プレイルームの積木の上など、高い場所からみんなが遊んでいるようすをじっと見ている子どもがいる。高い位置からはみんなと同じ高さにいるときには見えなかったものが見える。他者の動きを全体として見渡すのはとてもおもしろいことであろうし、同時に位置関係や状況の把握もできる。見ているうちに活動に参加したくなるかもしれない。また子どもは、少し低くなったところへ下りていくことも好きである。少し勢いをつけて走りこんだり、低いところに座り込んだり、寝そべって下から上を見ていたりする。園内にいろいろな高低差があれば、子どもの視線の上下移動が可能になり、楽しみながら変化のある認知体験ができる。

4　つなぐ場所

　いつも遊びが展開しているような場所と場所をつなぐ廊下や階段、出入り口

のような部分は，普段は単なる通り道として機能しているだけだが，ときには魅力的な遊び場と化すこともある。その場所のもつ特徴がその場所ならではの遊びを思いつかせるようである。小さい階段一つでもそこで器械体操的な動きをしたり，楽器を持った子どもが並んで楽しそうに合奏（勝手に音を出しているだけなのだが）する舞台にしたり，満員バスの座席になったり，幅の狭さを利用して車の料金所にしたり，さまざまな遊びが展開する。

つなぐ場所は展示の場所にもなりやすい。多くの子どもが通るので，そこになにかがあるとそのうち目にとまって，それが仲間との話題になったりすることもあるし，ときには一人でゆっくり鑑賞することもある。

5　外に広がる空間

園庭を含めて，窓やテラス，塀や門の外にみえる光景も，広い意味での園環境となる。子どもは，時々外の道路をゆく人や車，向かい側の店やビルなどをながめている。自分がそこに居るときとは違った見え方の風景を見出して楽しんでいるのかもしれない。都会の日常生活に自然が少なくなっている現在，園のなかで自然を見，感じ，関われる環境を整えたい。無藤は子どもの目を空や雲の広がり，風や太陽の動きに向け，自然との関わりや季節的な変化への気づき体験をさせたいと考え，下に向きがちな子どもの視線を上に向ける工夫の一つとして，木や塔のように地から空へ伸びるものがあると，視線がそれに沿って伸びて小枝や葉，空へと届くと提案している。

3　園舎と園庭について

実際の園舎の設計にあたっては細かい設計基準が設けられており，建築の専門家に頼る部分が多くなるが，保育者サイドとしては，まず園の保育方針・目的を明確にし，その保育が実現できるような園舎の構造や配置を考えて，設計に参加し具体化してゆくことが望まれる。一度建てられた園舎は何十年か建

かえられない。目指す保育を実現しにくい園舎が建つようなことになれば，保育者にとっても子どもにとっても不幸なことである。おのおのの園がおのおのの事情をもち，条件が異なるため，空想の場に理想的園舎の詳細なモデルを作るよりも，設計する上での基本的な考え方，原則を知った上で各ケースに合った配置，構造を考える方が現実的であろう。

原口（1998）は長年の保育経験をもとに，幼児の生活という視点から保育環境についての検討を行った。次にこれをもとに具体的な園舎の構造や配置を考えていきたい。

1　園舎と園庭のつながり方

保育室と園庭が分離されている閉鎖型園舎は各クラスの独立性が保たれるように配慮され，各クラス専用のテラスや中庭をもっていることが多い。このような配置は一斉課題活動型の保育に適しているが，保育者が園庭を見渡せないため，安全面を考えると子どもだけで自由に出入りさせたり遊ばせたりしにくい。それに対し各保育室が園庭に向かって解放されている解放型園舎は，保育者の目が内外共によく届くので子どもが園舎内のいろいろな場所を自由空間として使うことができ，学級閉鎖性がない，園舎構造に基づく禁止が少なくて安全，担任が直接子どもを送迎できる，などの利点が多い。したがって，幼児が主体的に環境に関わる遊び中心の保育には，解放型園舎が適している。

2　昇降口

原口は昇降口も設計上の大切なポイントと考え，靴箱を玄関に集中させるのではなく，各保育室の園庭側に置き，直接出入り可能にすることを提案している。そのような配置にすれば，担任が登園時に子どもを直接出迎えることができて，子どもの心も安定するし，苦手な靴の脱ぎはきもゆっくりでき，保育者の目も保育室の内外に届くという利点がある。

これに対して保育室と昇降口（テラス）を直接続けず，わざわざ廊下やプレイルームを通過させることにより，子どもの動線に変化を与え，いろいろな経

験をさせるという方法もある。この場合，動線を長くしすぎると子どもが庭へ出にくくなる。子どもの年齢や発達度・保育の型により昇降口のあり方も変わってくる。

3 廊下とテラス

仙田（1992）は子どもの行動の実態調査から，低年齢児は歩くスピードが速い上に身のこなしが未発達のため，廊下を直角にまがれない。廊下の角部分での衝突を避けるためには，曲り角の隅切りをして幅を広く取ればよいと述べている。子どもは狭いところや変則的な空間が好きなので，廊下は単なる通路の機能だけでなく，遊びやコミュニケーションの場所になりやすい。仙田（1999）は，園の廊下の幅が3メートルを超えるとごっこ遊びが発生しやすいという。テラスはひさしのついた廊下のようなもので，半分外で半分内のような特徴をもち，子どもにとっても魅力的な場所である。日本の伝統的な家屋では廊下，テラス的な場所が子どもたちの遊び場であったことを考えると，もっと廊下やテラスを子どもの遊び場として機能させようと提案している。

4 階　　段

子どもにとって上下移動できる大変魅力のある場所の一つで，遊びの場となる可能性が高い。十分な安全への配慮とスペースが望まれる。

5 保 育 室

適当な広さ，明るさ，通風と使いやすいロッカーが求められる。単純な間取りにして室内をロッカーや本棚などで間仕切りすれば，そのときどきの保育の状況に合った配置ができる。作りつけのものは少ない方がいろいろな使い方が可能になる。子どもにとって自分の保育室は担任の保育者とクラスのみんなが集まる場所であり，遊びの場であると同時に園内の安全基地のような役割をもつ場でもある。居心地の良いものにしたい。クラス単位で集中したいときには廊下や他の保育室との境をカーテンやドアなどで一時的に閉じて，隣の保育室

の声や音，視線などが邪魔にならないようにする工夫も必要であろう。

6　プレイルーム（遊戯室・ホール）

多様な役割をもつ広い空間である。広い遊び場，体を大きく動かせる体育館であり，集会場，式場に変わることもある。異なる年齢児たちが触れ合い，遊びの伝承や幼い子どもへの思いやりも養われやすい場である。みんなが行きやすい場所に配置し，気楽に出入りしやすいアプローチを作りたい。仙田（1992）はプレイルームの出入り口が一つの場合より，いろいろな場所から入り込み，潜り込めるような構造の方が子どもの動きが活発になるという調査結果に基づいて，プレイルームを「ポーラス空間」にすることを提案している。

7　静かなスペース

園のあちこちでにぎやかに活気に満ちた活動が展開されるが，集団の中での長時間の生活は子どもにとってもエネルギーが要ることなので，少し疲れたとか，しばらく一人でいたいとか，静かな遊びをしたくなる場合もある。園舎にはそのような子どもの居場所，静かな場所，心を落ち着かせる場が必要である。それは本の部屋であったり，教職員がいる部屋でも良い。子どもは少し陰になったり狭くなった場所，寝そべってみんなのようすをながめられる場所なども休息の場所にしている。欧米の小学校にはデン（DEN）と呼ばれる穴蔵状の場所をわざわざ設けている学校が多いそうである。

8　手洗い場・トイレ

幼い子どもにとっては，自分でトイレに行き用をたすことは努力のいることである。「間に合わない」ということにならぬよう，なるべく遊び場から近い所に配置して，スムーズに入れる入口にしたい。外遊びの最中に使える位置にも必要である。

手洗い場も保育室のなかか，すぐ近くに設けたい。子どもが遊びに使う水を汲んだり，流したり，その場で水遊びを始めたりすることもあるので，流しの

大きさや周囲のスペース，タオルかけの位置，水がこぼれてもよい床の素材などにも配慮が必要となる。

9　園　　庭

　子どもは外遊びが大好きである。園庭は天井も壁もない広い空間であり，開放感で身体が自然に動き出す。のびのびと体を動かして遊ぶことにより，体の諸機能の発達も促される。園舎内に比べると園庭には自然が多く，また意図的に自然をとり入れやすい。自然のなかには豊かな遊びの可能性が秘められている。限られたスペースのなかでいかに豊かな自然環境を作るか，創意工夫が求められよう。砂場と水道はぜひ設置したい。フルガム（1990）が「人生に必要な知恵はすべて幼稚園の砂場で学んだ」と語るほどに，砂場は園庭の象徴的な場所である。砂場の他にも遊びの拠点になる遊具や空間を所々に配置することにより，園庭にも回遊行動が生じることを目指したい。

　外遊びを盛んにするためには，園庭を魅力的なものにするばかりでなく，園舎と園庭の行き来がスムーズになるような構造が望ましい。園舎から楽しそうなようすが見え，外へ出て行く気になることや，思い立ったらすぐ靴をはきかえて外に出られるような昇降口がある環境は外遊びを促す。

4　園環境の改善
K 幼稚園のケース

　設計や施工の段階で，さまざまな角度から考え，検討を重ねて建てられた園舎でも，実際に保育を展開するなかで思いがけない不都合や不便な点が出てくる可能性があるし，保育方針や社会状況が変化して建物が保育の現状に合わなくなるということもあるだろう。建物の構造にしばられて保育者の望む保育の実践が制限されるような場合には，園舎はあらかじめ決められた容れ物だからと諦めず，与えられた枠のなかでもどこかを少し変えるだけで，前述のような子どもの動線に合った保育者が動きやすい園舎に近づけることができないか，

図3-1 改善前の園舎内配置図

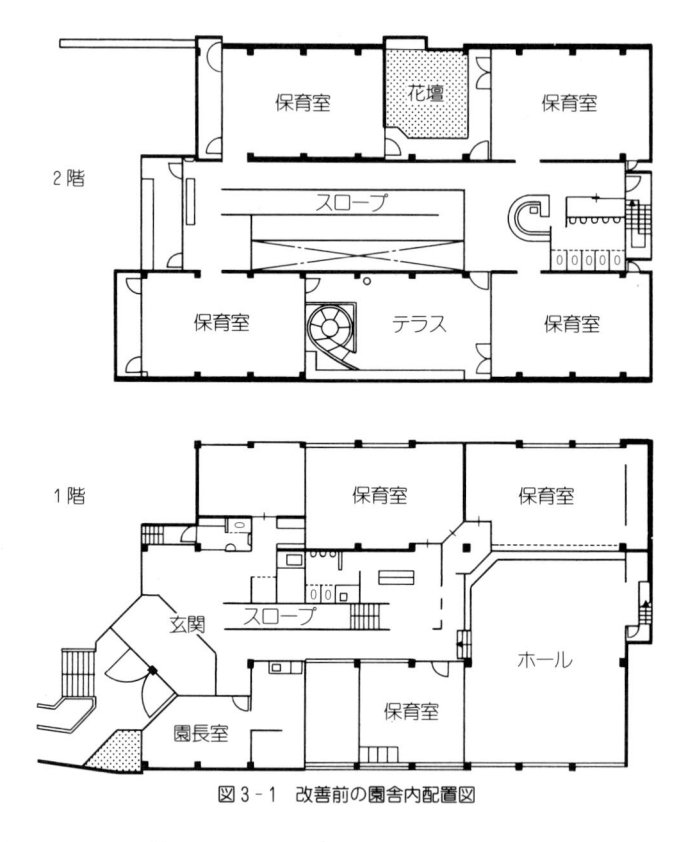

　検討してみることを勧めたい。子どもの動き，という視点から園舎の構造を検討してみると，小さな改善でも意外に大きな成果が得られるかもしれない。次に古い園舎と園庭を少しずつ改善し，子どもの動線に合った構造に変えてきた園の例を示したい（福田ら，1999，2000）。

　K幼稚園の敷地は東京23区内の交通量の多い大通りに面しており，決して広いものとはいえない。現園舎は1973年に建てられた鉄筋コンクリート2階建て，屋上と地下室をもつ。園舎建築当時は排気ガスによる大気汚染が深刻な時代で，窓は開けず園舎の内だけで幼児保育ができるように設計されたという。打ち放しのコンクリートの柱や手すりの角が多く，通路はレンガ敷きで子どもがちょ

第3章　園環境と保育

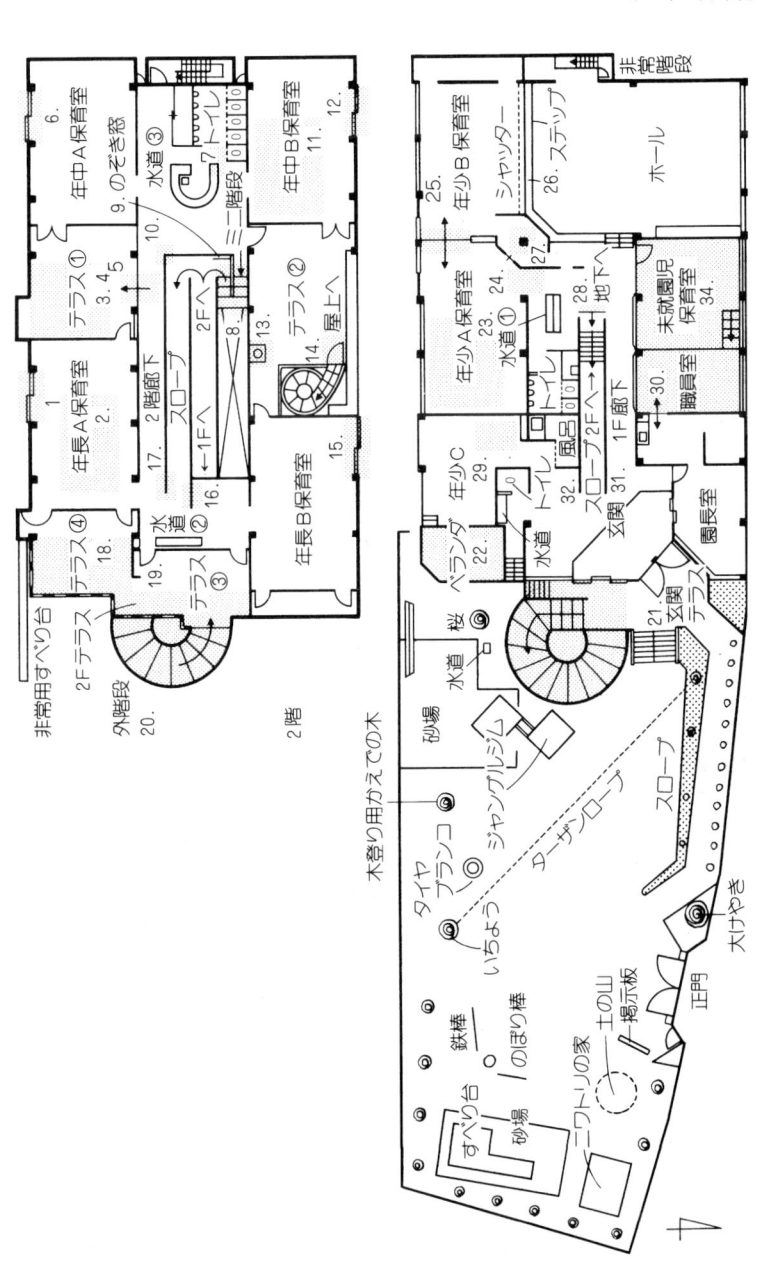

図3-2　現在の園舎と園庭配置図

主な改善箇所　■コンクリートの角の始末10, 16, 27, 31, 32他、保育室を広げる29、柵やドアの取り付け13, 14, 28、出入り口をつくる5, 7, 25, 30、床のフローリング2, 11, 23、屋根をつける4, 18, 19, 20、玄関テラスの拡張21、2階テラスの新設18, 19, 20、ミニ階段・のぞき窓の新設8, 9、手すりの長さカット17、花壇を遊び場にかえる3、窓の新設1, 6, 12, 15, 24、明るい色を塗る26他、ベランダの新設22、本の部屋を地下に移動して未就園児保育室にかえる33, 34

図3-3 地下配置図

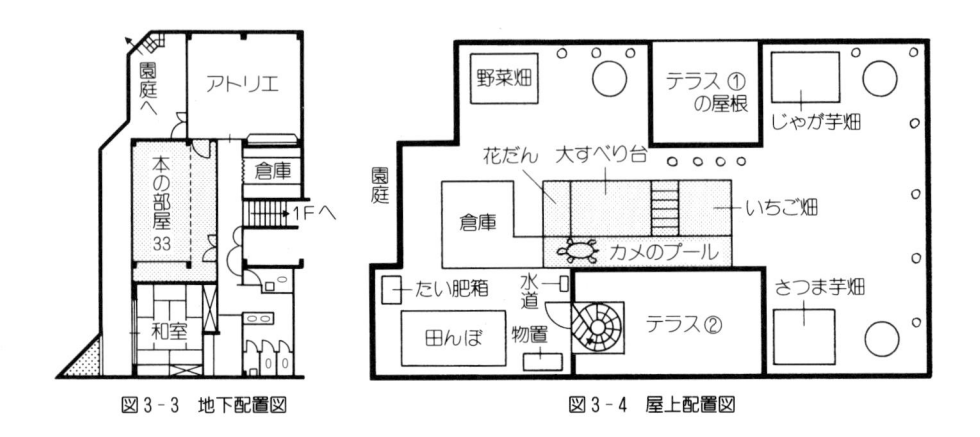

図3-4 屋上配置図

っと転んだりぶつかってもけがをする状態であった。安全確保のために園舎内では決して走ってはならず，一列縦隊になった子どもを保育者が静かに引率してスロープを上下していた。園舎内は窓が少なくて暗く，各部屋が壁で仕切られた閉鎖空間のなかで保育者主導の保育が行われていた（図3-1）。

　園長交代にともない，保育方針が子どもの自主性を重んじた自由感のある保育へと転換された。園舎内外の改善のコンセプトは，①園内を閉鎖空間から開放空間にかえる（窓を作り光と風を入れる，出入り口を作るなど），②安全性確保のため保育者と子どもの動きやすい場にする，③園庭の固定遊具を動かし，木を植えるなど保育方針に沿った環境を作る，ことである。5年間で大小さまざまな改善を実施し，少しずつ安全で開かれた園舎へと変えられてきた。園庭と園舎内の配置，および主な改善箇所を（図3-2，図3-3，図3-4）に示した。次に，具体的な改善箇所と子どもの動きの変化をあげてみよう。

1　安全対策

　打ち放しのコンクリートの柱や手すりの四角い角は危険であった。柱には園児の背丈の高さまで板をはりつけ，各手すりの端を丸く削って目立つように色を塗った。とくに2階スロープ終点の手すりは長すぎたため約80センチ短くし，角を丸くした。その結果，子どもたちが安全でスムーズに動けるようになった

だけでなく，手すりは木馬風にまたがったり，上に立って紙飛行機を飛ばしたり，紙に何か書く台に使ったり，遊具的にも使われるようになった。地下室や屋上に続く階段の上下には柵やドアを取りつけた。

2　窓の新設

　2階の4つの保育室は，テラスに面した大きなはめ込み窓の他に天井の明り取り窓が1つあるだけで，保護者からも暗すぎるという意見が出るほど室内は電灯をつけても暗かった。大気汚染問題も緩和されていたので，各保育室に窓を新設し，窓枠に明るい色を塗って採光と通風をはかった。それによって，保育室の奥の方にも種々のコーナーを配置し，全部のスペースを生かせるようになった。また，1階保育室の入口上の壁を抜いて高窓を新設，採光と通風の改善をした。

3　デッドスペースを遊び場にかえる

　改善前のテラス①には大きい花壇があったが，ほとんど陽が当らないため花壇として使用されていなかった。1階への雨漏り防水工事を兼ねて花壇を解体し，床をゴム張りにした。その結果，両側の保育室から直接テラスに出て遊ぶ半外的なスペースができ，2階保育室の園児数の増加対策にもなった。その後，廊下とテラスの直接往来を可能にする目的で，境のはめ込みガラスを引き戸サッシに替え，透明の屋根をつけて，空が見えてかつ雨天でも使用できるようにした。すると，それまで遊び場としてはあまり使われていなかった廊下でも遊ぶ子どもが増えてきた。

4　保育室をつなげる

　年少保育室AとBは壁で仕切られ，閉鎖的な部屋であった。園児数の増加で，年少Bを保育室として使用することになったとき，境の壁を抜いてガラスの引き戸をつけた。現在，クラス単位のお弁当や集会のとき以外はサッシを開放しており，1つの広い保育室のように子どもたちが自由に往来して遊んでいる。

5 ミニ階段の新設

2階へ続くスロープの折り返し地点に小さい吊り階段（ミニ階段と略）を新設した。それ以前は，1，2階の往来ルートがスロープのみで1階から年中保育室に至るには，スロープを折り返してのぼり，2階廊下をぐるりと回らなければならなかった。そのため，安全面からも2階への近道を作ることは緊急を要していた。場所の制約上，途中で折り返す幅の狭い吊階段になったが，子どもの遊び場になることも予想して，踊り場はヘリコプターに乗ったときのイメージで設計をし，ガラス張りにした。そこに立つと上下左右が見渡せ，広い空間が感じられる。踊り場に立って仲間の活動のようすを見下している子どもの姿も多く，階段はよく遊びにも使われている。この階段を使用するようになってから，子どもたちの園内回遊遊びが盛んに行われるようになった。小さい階段を1つ新設することによって，園舎内に大きな循環性が生じた（写真3-1）。

ミニ階段を下りた突き当たりにのぞき窓がある。階段工事の際予定外の穴ができたので，保育者が1階まで降りなくてもホールのようすが見えるように透明アクリル板をはめてもらったものである。2階から降りてきた子ども・保育者の多くがいったんのぞき窓をのぞいてから下へ行く。1階廊下にいる仲間と

写真3-1　ミニ階段とのぞき窓（左下）
丸窓からテラス②が見える

ことばを交わせる。スロープほどオープンではなく，半陰的な場所で，コミュニケーションや気持ちの転換が生じやすい場でもある。

6 外階段と入口テラスの新設

　1階と2階をつなぐ通路はスロープとミニ階段のみであったが，年々園児数が増え，安全対策のため，2階保育室と園庭を直接つなぐ階段を新設した。同時に視覚的，空間的に分断されていた2階と園庭をつなげるという目的もあった。2階の小テラスを拡大して階段の昇り口につづけ，靴箱をおき，年長・年中児は登降園時も園庭に出るときも外階段を使用するようになった。それまでの登降園時の玄関には親・子・保育者があふれていたが，外階段の新設により園児が二手に分かれることになり，ゆとりが生じた。

　これまで園舎と園庭のつながりは玄関のみであったが，2階テラスから，庭で遊ぶ子どものようすを見ておもしろそうだと感じるとすぐに靴を替えて庭へ出られるようになった。上方から全体のようすを見ながら階段を下り，徐々に遊びの場へ近づくことが可能である。外階段を使用するようになってから，年中，年長児の外遊びが一層多くみられるようになった。また入口テラスはかなり広いスペースがあり，子どもたちの遊び場にもなった。屋内の延長として気軽に出てきてまた戻ったり，外をのぞいて下りていったり，外と内を結ぶ中間的な場としての役割を果たしている。まもなく園回遊ルートのなかに上下のテラスと外階段も組み込まれた。回遊ルートが長くなり，コースの選択も増え，年中・年長児はさらにダイナミックに園舎の内外を動き回るようになった。

　外階段の新設により，スロープの通行量が大幅に減少したが，逆に前年度は少なかった年少児がスロープやミニ階段を上下する姿が目立つようになった。身体が大きく，活発な動きをする上級生たちが多く通行するスロープは，年少児にとって少々遊びにくい場であったものが通行量の減少により活動しやすくなったようである。また，年中・年長児たちもブロックを長く連ねた列車を走らせたり，何かを転がして競争するなど，ゆるやかな長い斜面を利用してゆっくり時間をかけて遊ぶ姿が多くなった。通行によって遊びを中断されることが

少なくなっておもしろい遊びの場としてのスロープの特徴が生かされてきた。

7　地下部分（図3-3参照）

地下にはアトリエ，本の部屋と和室がある。おのおの保育者が在室する時間にオープンし，地下の階段入口に「あいています」の札がかかるのを待ちかねている子どももいる。本の部屋は初め1階ホール隣のガラス張りの部屋にあったが，保育室の関係で半地下の部屋に移された。以前よりも子どもたちが静かに集中して本を見たり，読み聞かせに参加したりしている。子どもが静かに集中する場として，この穴蔵的な地下スペースは適しているようである。

8　屋　　上（図3-4参照）

屋上は建築当時から，土を入れ，ミニ田んぼや畑が作られていたが，現園長の就任後，再整備され自然に触れる楽しい場所になっている。安全確保のために，屋上への階段の入口（上下）に柵と扉をつけ，保育者が付き添えるときだけ使用する。

三角屋根の防水工事を兼ねて大すべり台を新設し，子どもたちの大好きな，少し冒険心をくすぐる遊具になった。田んぼや畑以外のスペースは，ぺんぺん草やよもぎ，たんぽぽなどいろいろな雑草が生えるはらっぱになっていて，ままごとの食料，色水の材料，だんご虫もたくさん取れる。夏の間はこの草原に大きなビニールプールを置き，子どもたちの歓声が聞こえる。手すり沿いに木が植えられ，第2の園庭として使われるようになった。

9　園　　庭

現園長就任以前の保育では，原則として外遊びは行われておらず，鉄棒と使用できなくなったジャングルジム，正門横の大ケヤキと何本かの木があるだけであった。大気汚染もすでに緩和されていたので，積極的な外遊びができるように整備を進めた。

主な改善は，目指す保育が実践しやすいように鉄棒，ジャングルジムなどの

固定遊具を移動して，いろいろな遊具を新設したこと，木をたくさん植えたことである。砂場に水道を新設し，藤棚をつけた。新設した遊具は木のぼり棒，タイヤブランコ，ターザンロープ，丸太のすべり台，切り株・丸太やタイヤなどで，かえでは木登りしやすいように枝を払った。テラス①の花壇を解体した際の土は園庭に運ばれて子どもたちが十分にあそんだ後，園庭のへこみ部分の埋め土に使われた。秋から冬にかけて庭の中央にブロックを積んだ炉が作られ，落ち葉を焼いてK園名物の野菜スープの大なべが煮えると，コップを持ったいきいきした顔の子どもたちの列ができる。製作用のテーブルやゴザが庭に広げられることもある。外階段の新設で園舎と庭の往来がスムーズになり，ますます外遊びが盛んになった。年々大小の木が増え，季節ごとに花や実や紅葉が楽しめる。園庭・テラスの花壇やプランターには草花や野菜が植えられている。

現在のK園では，建物の内外に安全対策を施し，同時に子どもたちにも安全につながる身体の使い方の指導をすることによって，活発な動きが危なげなく展開している。自由感を保証する保育のなかで一人ひとりが自主的に活動し，場所に慣れることによって，各場所の特徴（気をつけないと痛い目にあうということも含めた）をつかみ，建物や庭を上手に使いこなしてるように思われる。

子どもたちの生活の場である園舎や園庭という物的・空間的環境について，幼児期の発達的特徴と子どもの動線という視点から検討してきた。子どもの遊びの発達を促す環境作りを目指すならば，まず，自分たちの園ではどのような保育を実践したいのか明確なコンセプトをもち，次にその保育が本当に実現されるためにはどこをどのようにすればよいかを考えてゆく。園舎新設の場合に設計以前の十分な検討が必要であることはいうまでもない。園舎の新旧にかかわらず，保育者には日々保育実践のなかで与えられた空間をフルに活用し，さらに少しずつ望ましい環境に向けて改善を重ねる姿勢が望まれる。K園の例にも見られるように園舎や園庭の一部分を少し変えるだけでも，子どもの動きが変わってくることもある。日々の保育の場で子どもと直接接している保育者の

写真3-2 玄関テラスから園庭を望む
緑が庭を囲み，丸太・切株・タイヤが多く配置されている。

目と，少し距離をおいて客観的に保育のようすをとらえる観察者の目が協力して，園環境の検討・改善を行い，その結果を次の改善につなげていくアクションリサーチも有効な方法と思われる。多くの視点と知恵を結集して，子どもの発達を促す園環境作りをすすめたいものである。

引用・参考文献

原口純子　1998　『保育環境論：幼児の生活の視点から』　フレーベル館
藤永保・仙田満ら　1994　『講座 幼児の生活と教育』第2巻　岩波書店
福田秀子・無藤隆・向山陽子　1999　「幼稚園環境の検討：特定の場所と子どもの活動の観察を通して」『お茶の水女子大学発達臨床心理学紀要』　1　57-69.
福田秀子・無藤隆・向山陽子　2000　「園舎の改善を通しての保育実践の変容Ⅰ：研究者と保育者によるアクションリサーチの試み」『保育学研究』　**38-2**　87-94.
フルガム, R.　池央耿(訳)　1990　『人生に必要な知恵はすべて幼稚園の砂場で学んだ』　河出書房新社
無藤隆　1992　『子どもの生活における発達と学習』　ミネルヴァ書房
無藤隆　1995a　「トポスにおける発達：第1回」『幼児の教育』　**94-4**　24-31.
無藤隆　1995b　「トポスにおける発達：第2回」『幼児の教育』　**94-6**　29-36.
岡本夏木・無藤隆ら　1994　『講座 幼児の生活と教育第1巻』　岩波書店
仙田満　1992　『子どもと遊び：環境建築家の眼』　岩波新書
仙田満　1999　「幼児施設における廊的空間」『日本保育学会第52回大会研究論文集』S. 19.
レルフ, E.　高野岳彦・阿部隆・石山美也子(訳)　1991　『場所の現象学』　筑摩書房

第4章
保育の評価とカリキュラム

……この章では……

保育現場において評価，また計画は面倒なものととらえられることが多い。なぜなら，保育者の保育活動の中心は実践だからである。そのため，実践の前後になされる計画や評価は二次的なものととらえられ，その取り組みも消極的になりやすい。しかし，保育は子どものより豊かな成長・発達を願うなかで行われる営みである。とすれば，保育者が確かな子ども理解を土台に見通しをもって実践にのぞむこと，またその取り組みをきちんと振り返ることは必要不可欠なことである。本章では，子ども中心の保育を重視するとの立場から評価や計画の意義を考え，実践との関連のなかで具体的に進めていく方法について述べてみたい。

1　保育の評価とは何か

1　評価をめぐるイメージ

　評価と聞いて連想するものは何だろう。多くの人は，小学校以上で体験した通信簿の5段階評価を思い出すのではないだろうか。そして毎学期終了時，通信簿に示された評価の数値をめぐって，嫌な思いをした人も多いことだろう。

結果,「数字一つで人間の評価が決まるのはおかしい」という声も聞かれるはずである。これに代表されるように,評価はあまり良いイメージを与えられてこなかった。

確かに5段階評価は,一人ひとりの子どもの成長を的確に表現したものではない。相対評価と言われるように,集団の得点の平均値を基準に,ある子どもの得点がどの位置にあるかといった相対的ポジションを5段階で示したものに過ぎない。つまり,ある子どもが以前より努力し得点を高めても,それ以上の得点を他の子どもたちが取っていれば,評価の数値は変わらないのである。また,その子ども以上の高得点者が以前よりも多ければ,評価の数値が下がることさえある。数値による評価への疑問とともに,こうした子どもの努力が正しく認められないところにも多くの批判があった。もちろん,評価の結果が子ども自身のやる気を失わせることもあった。

2　評価法の工夫とその課題

こうした現状を改善しようと,小学校以上の現場ではさまざまな評価方法の工夫がなされてきた。代表的なものをあげれば,到達度評価,形成的評価などである。到達度評価とは,相対評価である5段階評価の克服を目指し,基礎的・基本的な学力にしぼった到達目標を示し,その目標の実現度を個人別に評価する方法であった。いわゆる絶対評価の視点に立った方法のひとつである。また形成的評価は,とかく事後的に行われることが多かった評価,つまり,ひとつの学習単元や学期終了時に行われる総括的評価を見直し,指導の途中で学習単元の目標や指導方法の改善に役立てようとする方法であった。

しかし,到達度評価も形成的評価も十分な成果をあげてきたとは言い難い。なぜなら,到達度評価は子ども一人ひとりに目を向けたものの,評価の基準は相変わらず教師が設定した学習目標のままであったからである。そのため,真に子ども自身が興味・関心をもって取り組む姿やその内容に視点を置くことができなかった。また形成的評価も,学習単元を計画した時点で掲げた目標の達成度を,単元指導の途中でチェックする方法と誤解された。そのため,教師が

設定した学習目標や指導方法を，子どもの実態に即して修正・改善していくことにはつながらなかったのである。

こうした評価をめぐる問題は，小学校以上の教育に限ったことではない。保育でも，保育者主導の一斉画一的な保育が主流とされるなか，評価は保育者が設定した目標，またねらいを子どもがどこまで達成したかどうかを判定するものに過ぎなかった。そして，いわゆる6領域時代の指導要録では，「指導のねらいを達成していると認められるもの」「おおむね指導のねらいを達成していると認められるもの」「指導のねらいからみて特に指導を要すると認められるもの」という3段階で評定も行われてきたわけである。

このように，評価は多くの問題を抱えてきたのである。誤解を恐れずにいえば，評価は，大人が一方的に子どもを値ぶみすることに過ぎなかったのである。多くの保育者は，長い間，こうした考え方にとらわれてきたといえる。

3　評価観の転換

1989年，幼稚園教育要領が大幅に改訂された。いわゆる6領域（健康，社会，自然，言語，音楽リズム，絵画製作）から5領域（健康，人間関係，環境，言葉，表現）への転換である。これにそって，翌1990年には保育所保育指針も改訂された。

5領域への転換は保育のねらい，つまり，子どもの育ちをとらえる視点にも大幅な変更を迫ることとなった。6領域時代には，ねらいは指導することが望ましい事柄として示されていた。そのため，6領域ごとに示された各ねらいは特定の活動によって達成をはかるべき課題ととらえられてきた。したがって，前述したように保育の評価も，特定の活動において子どもが各ねらいをどこまで達成したかを判定することとなったのである。これに対して5領域への改訂では，各ねらいは卒園までに育つことが期待される心情・意欲・態度である，とされた。つまり，園生活を通じてさまざまな体験を積み重ねるなかで育ってほしい観点が示されているにすぎないわけである。いいかえれば，「○○ができた，できない」といった表面的な事柄ではなく，子どもの内面的な育ちへの

氏名		昭和・平成　年　月　日生		性別		指導の重点等
		ねらい （発達を捉える視点）	発達の状況			
			平成　年度	平成　年度	平成　年度	
心身の健康		明るく伸び伸びと行動し充実感を味わう		○		指導上参考となる事項
		自分の体を十分に動かし，進んで運動しようとする		○		
		健康，安全な生活に必要な習慣や態度を身に付ける				
人とのかかわり		幼稚園生活を楽しみ，自分の力で行動することの充実感を味わう				
		進んで身近な人とかかわり，愛情や信頼感をもつ				
		社会生活における望ましい習慣や態度を身に付ける				
身近な環境とのかかわり		身近な環境に親しみ，自然と触れ合う中で様々な事象に興味や関心をもつ				
		身近な環境に自分からかかわり，それを生活に取り入れ大切にしようとする				
		身近な事象を見たり考えたり扱ったりする中で，物の性質や数量などに対する感覚を豊かにする				
言葉の獲得		自分の気持ちを言葉で表現し，伝え合う喜びを味わう		○		
		人の言葉や話などをよく聞き，自分の経験したことや考えたことを話そうとする				
		日常生活に必要な言葉が分かるようになるとともに，絵本や物語などに親しみ，想像力を豊かにする				
感性と表現		いろいろなものの美しさなどに対する豊かな感性をもつ				
		感じたことや考えたことを様々な方法で表現しようとする				
		生活の中でイメージを豊かにし，様々な表現を楽しむ				
出欠の状況		教育日数				備考
		出席日数				

図4-1　指導要録の記入例

注：発達の状況の欄は，年度当初と比較して著しい発達が見られたものに○印を記入する

第4章 保育の評価とカリキュラム

期待が示されているのである。5領域が「発達を見る視点」と呼ばれる理由もここにある。それゆえ，6領域時代のねらいが到達目標といわれるのに対して，5領域への改訂で示されたねらいは方向目標とも呼ばれている。

したがって，おのずと保育の評価も，心情・意欲・態度といった子どもの内面的な育ちをとらえていくこととなる。もちろん，内面的な育ちは数値化できるものではない。そこで5領域への改訂にともなって，指導要録の3段階評価は廃止され，図4－1に示すように1年間を振り返って，その子どもとして成長著しいねらいの項目があれば○印を付けるという方法に変更されたのである。また，「指導の重点等」という項目が新たに設けられ，「指導上参考となる事項」と合わせて具体的な子どもの姿を記述することも重視されるようになったのである。

さらに5領域への改訂では，「指導の過程についての反省や評価を適切に行い，常に指導計画の改善を図ること」も強調された。つまり，誤解されることが多かった形成的評価を，原点に戻って重視していこうというわけである。こうした趣旨は，2000年度から実施された新しい幼稚園教育要領・保育所保育指針でも変更はなく，引き続き重視されている。

このように現在，保育の評価は，従来の評価観を脱皮し，子ども一人ひとりの育ちに目

平成　　　　年度
学年 ○友達と一緒に遊ぶ楽しさを味わい，身近な環境に自分から働きかけようとする。 個人 ○興味を持った遊びに取り組む中で友達関係を広げる。
○年度当初は積み木遊びや絵本など一人で遊ぶことが多かったが，友達がふえるにつれ遊びが広がり，戸外で友達と一緒に運動して遊ぶことが多くなってきた。 ○1学期の間は口数が少なく教師との会話もうまくかわされなかった。友達との遊びが広がるにつれて，自分の思いを言葉で伝えようとするようになった。自分から話しかけてきたことを大切にして，十分に聞くように心がけてきた。 ○積み木や空箱などを使って工夫して構成することが好きで，長時間，集中して取り組んでいる。友達と一緒にこのような活動を楽しむ機会がもてるようにすることで，工夫する力やねばり強さが伸びていくと思われる。 ○教師の指示や誘いかけが，本人のやりたいことを妨げてしまうことがあった。本人のペースに合わせていくことが必要である。

こと。

（文部省，1992，p.60）

を向けること。また，保育のあり方を見直すことへと発想を転換することが求められている。まさに，より確かな子ども理解と実践，計画の見直しのために評価がある，ということである。乳幼児期は，具体的，体験的に物事をとらえつつ，自己の世界をつくっていく時期である。また保育という営みは，授業を中心とした小学校以上の教育とは異なり，「おはよう」から「さようなら」まで，保育者が子どもとともに生活するところに特徴がある。こうした乳幼児期の特性，また保育の特質を踏まえれば，なおのこと従来の評価観を転換させていくことは不可欠となる。この転換がはかられれば，自ずと評価をめぐる負のイメージも払拭されるはずである。

2　計画と評価

1　保育者の保育活動のプロセスと評価

保育の評価が，より確かな子ども理解と実践，計画の見直しのためにあるとすれば，評価という営みも実践の後だけに行われるものではない。また，一度行えば終わり，というものでもない。保育者の保育活動全体にわたって行われるべきものである。

ところが，これまで保育者の保育活動は，まず計画を立て，それに基づいて実践をし，その後，評価するという単線的，直線的な流れでとらえられてきた。いわゆる〈Plan（計画）— Do（実践）— See（評価）〉という考え方である。これでは評価は計画に従属するだけである。同じことは実践についてもいえる。

こうした傾向に対して，近年，保育者の保育活動を循環的な流れでとらえるという考え方が強調されようになった。つまり，保育者の保育活動を計画—実践—評価で終わりにせず，計画の修正，改善をはじめ，次なる実践のあり方を見直す作業へとつなげていくわけである。まさに，エンドレスな展開が求められているのである。保育者の保育活動がこうした循環的なプロセスをたどると

き，評価も保育者自身が行った実践を反省していくこと。また，保育者の次なる関わりの方向性を見つけていくために必要な子ども理解につながっていくのである。

2 カリキュラム観の見直し

保育者の保育活動を循環的なプロセスとして展開していくためには，とかく実践や評価に先立って優先，また絶対視されやすかった計画そのものの位置づけをとらえ直す必要がある。その際，計画の語源に戻って考えることは有意義であろう。

保育および教育において，計画はカリキュラムとも呼ばれる。カリキュラムとは，競争路を意味するラテン語 curriculum が援用されて教育用語となったものである。この競争路とは，戦車競争を好んだローマ人が，よりエキサイティングな競争を望むなか，さまざまな障害物を含んだコースを作り，騎士たちを走らせようと考案したものであった。そのため教育用語となったカリキュラムは，当事者以外の立場から一方的に示された教育内容，また計画を指すこととなった。そして，カリキュラムの英訳はコース・オブ・スタディ（course of study）となり，行政機関が教科内容を組織した教育課程を意味することにもなったのである。こうしたカリキュラムのとらえ方は，子どもを自ら育つ主体としてではなく，教えられるべき客体と見なすことにつながっていった。また計画についても，子どもに一方的・画一的に与える変更不可能な知識獲得のためのコースととらえることとなった。いわゆる教科型のカリキュラムは，その典型例といえよう。

ところが，ラテン語の curriculum ということばは，もう一つ異なる意味をもって使用されてきた。それは人生の履歴（course of life）という意味である。人生の履歴とは，人生を生きる本人自身が刻んだ歩みそのものである。それは決して他人によって指し示されるものではない。ではなぜ，こうした使用がなされてきたのであろうか。それはラテン語の curriculum が currere（クレーレ）すなわち，走るということばを語源としているからである。この点に注目する

と，カリキュラムも走るべき当事者こそ主体であり，第三者が一方的に走るべき競争路を決定するのではないということになる。この見方を保育および教育のカリキュラムにあてはめれば，育つ主体である子ども自身が経験するすべてがカリキュラムということになる。いわゆる経験型のカリキュラムは，その典型例といえよう。

ただ，乳幼児期の子どもたちは自ら経験したい事柄を，自分たちで完全に進めることは困難である。そこで，保育者が子どもになりかわってその経験を組織していくこととなる。保育のカリキュラムとは，こうした性格をもつものとしてとらえ直すことが必要なのである。以上の点を踏まえて，保育を前提にカリキュラムということばを整理してみると次のようになろう。

> 保育のカリキュラムとは，園または保育者が，その園の子どもたちが自ら歩むであろう生活内容やそのプロセスを，子どもにかわって予測し，それを教育的価値の実現のなかで組織・編成した経験の総体である。

このように，語源に戻ってカリキュラムの性格を見直してみると，カリキュラムが単に計画を指すだけではなく，実践そのものも含み込むものだということがわかる。また，保育者が子どもに代わって予測している分，実践の展開が適切なものであるかどうかを，子どもの側に立って評価，反省していくことも含まれることに気づく。これは従来，計画のみに偏っていたカリキュラム観を大幅に拡大することとなる。こうしたカリキュラム観の見直しが，保育者の保育活動を循環的な流れでとらえることにもつながるのである。

ただ，各園には保育方針に基づく3年間（幼稚園），ないしは6年間（保育所）の基本的な見通しもあれば，クラスの実態に即して柔軟に展開される見通しもある。前者を基本計画，後者を指導計画と呼ぶとすれば，それらが実践，評価と連動するなかで，各園のカリキュラムは展開されていくといえよう。こうした展開のプロセスを，国から示されている幼稚園教育要領および保育所保育指針との関係も含めて図示すると図4-2のようになろう。

第4章 保育の評価とカリキュラム

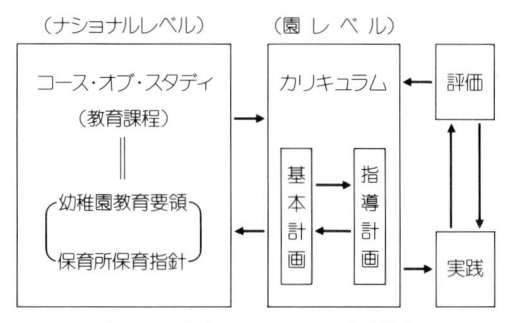

```
(ナショナルレベル)    (園レベル)
┌─────────────┐  ┌─────────────┐   ┌────┐
│コース・オブ・スタディ│→ │ カリキュラム  │ → │評価│
│  (教育課程)   │  │         │   └────┘
│    ∥    │  │ ┌─┐ ┌─┐ │    ↑↓
│ ┌幼稚園教育要領┐ │← │ │基│ │指│ │
│ │       │ │  │ │本│ │導│ │   ┌────┐
│ └保育所保育指針┘ │  │ │計│ │計│ │ → │実践│
│         │  │ │画│ │画│ │   └────┘
│         │  │ └─┘ └─┘ │
└─────────────┘  └─────────────┘
```

図4-2　保育カリキュラムの全体構造

(師岡, 1999, p.35)

3　仮説としての計画

　カリキュラム観が拡大されると，保育者が実践に先立って行う計画も，おのずとその性格が変わってくる。

　これまで計画は，実践で展開すべきことを保育者が定めるという性格，いわば決定事項を示すものととらえられることが多かった。しかし，保育者の保育活動が循環的なプロセスをたどるなかでは，前述したように計画はあくまでも予測に過ぎず，実践また実践後の評価，反省において修正，改善されうるものとなる。つまり，計画は一つの仮説に過ぎないということになる。保育者が，完全なかたちで子どもになりかわって予測することができない以上，この計画の仮説性の自覚は重要である。仮説として計画をとらえることこそ，保育という営みを子ども中心に展開させる原動力となるのである。

　ただ，計画を決定事項の羅列とせず，仮説にとどめていくことは容易ではない。そこで重視されるのが，子どもの実態を把握し，その姿をもとに常に見通しを立案することである。この点について，実践にもっとも身近な短期的指導案である日案から考えてみよう。これまでの日案は，「ねらい」「子どもの活動」「指導上の留意点」といった項目で記述されることが多かった。その手順は，たいてい「ねらい」あるいは「子どもの活動」がまず設定され，それに応じて「指導上の留意点」が考えられるという傾向が強かった。これでは，保育

者が子どもに身につけさせたい力や活動が優先され，実践に対しても計画が決定事項としてはたらくことになりがちである。これに対して，たとえば「前日の子どもの姿（実態）」という項目を加え，まず子どもの興味・関心の所在を探ってみると，「ねらい」や「子どもの活動」もおのずとそれに基づいて考えることとなろう。一例をあげれば，次のようになる。

【事例1】 5月20日(火)（4歳児）

> 最近，仲良くなったけんたとたかしが，昨日は砂場で山づくりを始めた。けんた①がイメージをリードし，山に水をかけることや手で固めることを促していた。たかしもジョーロで水を汲み，山にかけることが楽しいようだ。明日も2人で続きをするだろう。②けんたとたかしのつながりがより深まるためにも，自分たちで遊び出せるよう，③シャベルとジョーロを使いやすい場所に用意していきたい。④

これを記述した保育者の園では，日案に前日の子どもの姿と当日の指導上の留意点をまとめて文章で綴る形式をとっている。【事例1】はその一部である。その内容は，前日の子どもの姿を土台（下線①）に，当日，子どもたちがどのような遊びを展開するのかという予測（下線②）と，そこで期待するねらい（下線③），そして環境構成など指導するポイント（下線④）が一連の流れをもって記述されている。つまり，〈子どもの実態把握〉→〈活動の予測〉→〈期待するねらい〉→〈指導上の留意点（環境構成を含む）〉といった，子どもの興味・関心の所在を土台にした実践への見通しが，一連の流れをもって構想されているわけである。こうしたプロセスをたどることは，実践を子ども中心に展開していく可能性をひらくものであろう。

しかし，実践ではこうした予測通りにいかないことも多い。事実，【事例1】をもとにした当日の子どもの姿は，保育者の見通し通りにはいかなかったのである。そこで，翌日，保育者は次のような計画を立てることになった。

第 4 章　保育の評価とカリキュラム

【事例 2】　5 月 21 日(水)（4 歳児）

> けんたとたかしは，登園すると砂場で山づくりを始めた。しかし，ゆうたも砂場に参加し，お団子づくりを始めたことで，それに興味をもったたかしは，団子づくりを始めた。ゆうたとたかしは一緒に遊んでいるというわけではないが，それぞれ楽しそうにお団子づくりをしている。またけんたも，もくもくと山づくりをしている。まだまだ仲間関係が流動的であることを感じる。この時期，無理に子ども同士をつなげようとせず，個々の遊びをじっくりさせていくことも大切だと思う。もちろん，興味・関心が重なれば，一緒に遊ぶこともあるだろう。明日も，自分たちで遊び出せるよう道具を使いやすいように用意しておくこと。特に，お団子づくりを楽しめるような手シャベルやお皿も目に見える位置に用意しておきたい。

　以上のように，翌日の計画は前日の子どもの姿を土台（下線①）に，前日，期待していたねらいを修正し（下線②），その上で当日，子どもたちがどのような遊びを展開するのかという予測をし（下線③），それに見合った環境構成など指導するポイント（下線④）を考えている。

　子どもになりかわって保育者が予測した内容が適切であったかどうかは，実践においてしか確かめることはできない。子どもが保育者の予想通り行動すれば，保育者の子ども理解や期待したねらいが適切であったと判断できる。一方，保育者の予想通りでなければ，子どもの姿の読み取りが十分でなかったことも明らかになる。同時に，期待したねらいもズレていることにも気づく。こうして，計画の段階で「前日の子どもの姿（実態）」をまず把握し，記述していくことは，実践において子どもの興味・関心と保育者の意図とのズレを発見し，それを子どもの側に立って修正，改善していくことにもつながる。このことは，実践を保育者主導に展開しないためにも重要な点である。

　このように，「前日の子どもの姿（実態）」を見通しのなかに含めていくことは，計画をおのずと仮説にすぎないものへと促していく。同時に，計画を常に実践および実践後の評価において修正，改善されるものと位置づけることにもなる。計画そのものを実践に照らして評価する営みは，近年カリキュラム評価，またカリキュラム批評と呼ばれ，重視されている。仮説として計画をとらえ直

71

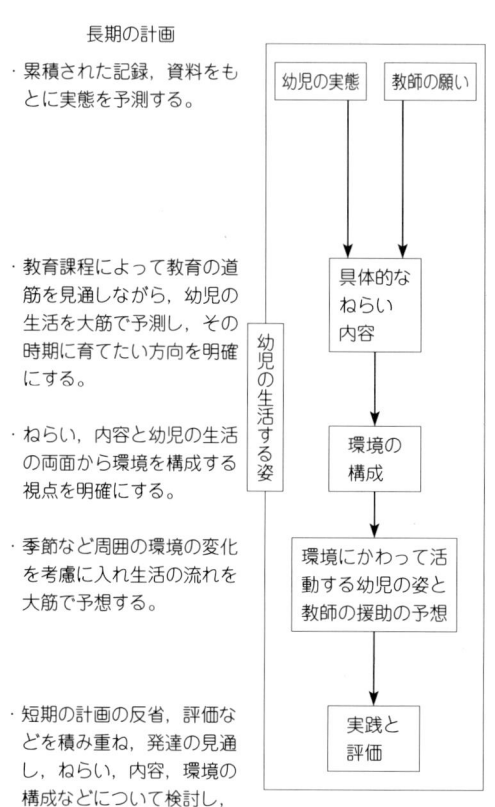

長期の計画		短期の計画
・累積された記録，資料をもとに実態を予測する。	幼児の実態 　教師の願い　↓	・幼児の実態を捉える。 　〔興味や欲求 　経験していること 　育ってきていること 　つまずいていること 　生活の特徴〕
・教育課程によって教育の道筋を見通しながら，幼児の生活を大筋で予測し，その時期に育てたい方向を明確にする。	具体的なねらい内容	・前週や前日の実態から，経験して欲しいこと，身に付けることが必要なことなど，教師の願いを盛り込む。
・ねらい，内容と幼児の生活の両面から環境を構成する視点を明確にする。	環境の構成	・具体的なねらい，内容と幼児の生活の流れの両面から，環境の構成を考える。
・季節など周囲の環境の変化を考慮に入れ生活の流れを大筋で予想する。	環境にかわって活動する幼児の姿と教師の援助の予想	・環境にかかわって展開する幼児の生活をあらかじめ予想してみる。 ・幼児と生活を共にしながら，生活の流れや幼児の姿に応じて，環境の再構成などの適切な援助を行う。
・短期の計画の反省，評価などを積み重ね，発達の見通し，ねらい，内容，環境の構成などについて検討し，計画の作成に役立てる。	実践と評価	・幼児の姿を捉え直すとともに，指導の評価を行い，次の計画作成につなげる。

（中央の枠外：幼児の生活する姿）

図4-3　指導計画作成の手順

（文部省，1992，p.38）

すことは，こうした営みを前進させることでもある。

　もちろん，指導案を前述した内容で作成するだけで，実践が子ども中心に展開されるわけではない。保育現場の中には，日々，指導案を記述しないケースもある。したがって，より重要なのは，保育者の見通しにおいて，常に子どもの実態把握を前提とした，先に示した思考プロセスをたどることである。つまり，〈子どもの実態把握〉→〈活動の予測〉→〈期待するねらい〉→〈指導上の留意点（環境構成を含む）〉→〈子どもの実態把握〉→…といったプロセスを自覚しつ

つ，〈計画〉→〈実践〉→〈評価〉→〈再計画〉といった保育者の保育活動を循環的に展開していくことである。

さらに，こうしたプロセスは日案および週案といった短期的指導案だけではなく，月案，期案，さらに年間指導案といった中・長期的指導案においても重視されねばならない。図4-3は，文部省がそうしたプロセスを指導案の作成手順として示した一例である。参考にしてほしい。こうした手順を意識しつつ，指導案を立案する時，計画も仮説としての性格を発揮するのである。

3 子ども理解とその方法

1 子ども理解の困難さ

次に，保育の評価の柱の一つであり，計画を立案する際の前提ともなる，より確かな子ども理解と評価について述べてみよう。

より確かな子ども理解とは，前述したように子どもを値ぶみすることではない。一人ひとりの子どもの育ちに応じた援助を行っていくために，一人ひとりの子どもがどんなことに興味・関心をもっているのか。また，どんな点につまずきを感じているのかを，しっかりととらえていくことである。したがって，保育評価としてのより確かな子ども理解とは，単なる子ども評価としてその行動に優劣をつけることではない。保育者が子どもの育ちにふさわしい関わりを見つけていくための手がかりを得ることである。

しかし，子どもを理解することは大変，むずかしいことである。なぜなら，子どもを理解するのは，他者である保育者だからである。誰でも，自分以外の人間を完全に理解することはできない。ましてや，保育では大人が子どもをとらえようとするわけである。子どもの生活は大人とは異なり，未分化な面をもっている。いいかえれば，今は何をしている，また何を学んでいるなどと区別できないほど，その生活はさまざまな要素が複雑にからみあって展開されてい

るのである。
　たとえば，一見して食事をしているととらえる場面でも，2歳児などではスプーンを片手にごはんやおかずをかき混ぜていることがある。また，一人でトイレに行けるようになると，便座に座ったまま，トイレットペーパーを巻き取ることを繰り返している姿を見かけることもある。大人から見れば，思わず「今，何しているときなの？　遊んでいないで早く食べなさい」「お尻を拭いて出なさい」と叱りたくなる姿である。しかし，子どもにしてみれば興味・関心に応じて，自然に行動したにすぎないわけである。大人は，遊びと仕事を区別して行動するが，幼い子どもにとってはその境目は明確ではないはずである。
　また，「○○して遊ぼう」と仲間を誘い，自覚的に遊び出す頃でさえ，そこで体験されている内容は多様である。
　たとえば，6月のある日，4歳児のまり，さち，ゆうこが保育室でお母さんごっこを始めた。3人は役割を決め，食事のまねをするなどの遊びを始めた。そして，まりの「お出かけに行こう」という意見から，3人は園庭に出ていった。園庭では，まず3人一緒にかけっこを楽しんだが，一段落するとそれぞれが地面に絵を描き出した。しばらくして，ゆうこが「もうお家帰ろう」と言い出すと，まりもさちも思い出したように，「そうだ，家に帰らなくっちゃ」と保育室のままごとコーナーに戻っていった。
　園生活においては，こうした姿も多く見かけるものである。全体を通せば，3人一緒にお母さんごっこを楽しんだととらえられる遊びであろう。しかし，よく見ると，3人一緒のかけっこあり，個別での絵描きありと，その内容はごっこ遊びを楽しむ姿だけに限らない。また，ごっこ遊びは，とかく領域「人間関係」の窓口からその育ちが読み取られるものである。しかし，3人の子どもが言葉を使って意志疎通を行っている面や，かけっこなど身体を使って遊ぶ姿，地面をキャンバスにして絵を描く姿などは，「言葉」「健康」「表現」「環境」といった領域すべてに通ずるものである。
　保育者は，こうした複雑多岐にわたる子どもの育ち，また遊びを中心としたその生活に，日々，直面していくわけである。それだけに，一面的な見方では

誤解も生じよう。子どもの姿の多様さ，複雑さに魅力を感じつつ，より確かな理解を進めたいものである。その際，子ども理解の困難さを自覚することは重要である。なぜなら，わからないからこそ，人間は慎重かつ真剣に理解しようと努力するからである。こうした姿勢が，よりよい保育を進める土台をつくるのである。

　では，具体的にどのようにしたら，より確かな子ども理解を進めていくことができるのであろうか。以下に，その手だてをあげてみよう。

2　子どもとのふれあいを通して

　他者の気持ちをより確かに理解をするためには，まず関わってみることが大切である。自分の気持ちを言葉で十分に表現できない乳幼児期にあっては，なおさらのことである。

　しかし，義務的に関わるだけでは十分な理解はできない。とくに，保育者が否定的な感情をもっていると，子ども自身の表現も本来のものと異なることさえある。

　たとえば，担任の評価では，「保育者の言うことがよくわかる」「保育者の手伝いもよく行う」とされていた5歳児のともみが，園庭で遊んだ後，片づけを仲間に押しつけていた場面を見かけた。ところが，担任がようすを見に来ると，ともみはあわてて片づけを始めた。この保育者は，どちらかといえば厳しく管理的な態度が目立っていた。そのため，ともみは担任の前では，いわゆる「いい子」として振る舞うが，そうしたまなざしから解放されると正反対の姿を見せたわけである。やや極端な例かもしれないが，これに類似したケースは多い。

　一方で，温かく見守るなど受容的な態度をもつ保育者に対しては，子どもも素直に自分を表現してくることが多い。より確かな子ども理解は，直接，子どもにふれあうことから始める必要があるとはいえ，子どもと接する保育者の心と身体が開かれていなければ，子どもの良さを発見することもできない。保育者にはこれまでも肯定的態度，とくに愛情をもつことが求められてきた。それは単なるスローガンではなく，より確かな子ども理解，また，子どもの良さを

引き出すためにこそ必要なのである。

3　記録の工夫

　より確かな子ども理解を深めるためには，子どもの姿を記録することも必要である。なぜなら直接，子どもにふれあったとしても，子どもの姿と自らの関わりのすべてを記憶しておくことは不可能だからである。

　記録の方法は，大別すると文字によるものと，映像，音声によるものとがある。まず，文字による記録は，保育者自身が実践中に子どもを観察し，それを記述する方法と，実践後に思い出して記録する方法がある。ただ，子どもとともに生活している保育において，実践の最中，記録を取ることはむずかしい。そこで，多くの場合，思い出し記録という方法を取ることとなる。これは，保育者が感じ取ったものを中心に記述されるため主観的な記録法といえる。保育者にとっては，基本的に自覚する範囲において保育を進めるため，自らの営みを省察していく上でも主観的な部分は重視されて良いものである。しかし，主観的な部分には限界もある。とくに，子ども理解においては前述したように誤解も生じる。そこで，文字による記録として主観的な記録を補うものが担任以外による第三者記録である。第三者記録は，担任が見落としがちな部分を客観的な視点から詳細に記録していくものである。保育者は，自らが把握した事柄と第三者から指し示された事柄を重ね合わせることで，より確かな子ども理解を進めることができるのである。

　一方，映像，音声による記録は，カメラやビデオカメラ，テープレコーダーなど機器を使った方法である。これらは機器を使用する分，実践をリアルに再現することができる。しかし，それでも実践のある部分を切り取る点では，機器を操作する側の主観が反映されている。それだけに，第三者記録同様，担任の主観的な記録を補うものとして活用することが必要である。

　いずれにしても，記録は実践後，その内容を理解するためには不可欠なものである。目的に応じて，上手に使い分けること。また，それぞれの記録法のメリット，デメリットを把握しつつ，活用することが望ましい。

さらに，より確かな子ども理解をするためには，子どもの行為を記録することだけでなく，行為の結果として残されたものを活用することも効果的である。これまでも，保育現場では子どもの絵などをファイルしてきた。こうしたファイルも記録の一種と考えれば，子ども理解の方法も幅が広がるであろう。もちろん，子どもは絵だけでなく，空き箱を使って工作も行う。ごっこ遊びでもさまざまなものを作る。また，砂場では山や川などパノラマ風の遊びを展開し，それを残すことも行う。こうした遊びの痕跡を通しても，保育者は子どもの興味・関心の所在や成長のプロセスを把握することができる。

近年，子どもたちが残した作品やそのファイルを用いた評価法が注目を集めている。こうした方法はポートフォリオ評価（portfolio assessment）と呼ばれている。ポートフォリオとは，本来，写真家や画家などが作品をファイルしておく「折りカバン」「紙ばさみ」のことを指していた。これを教育に援用し，数値化できない子どもの内面に着目した評価を試みようとするのがポートフォリオ評価である。保育も，前述したように子どもの成長・発達を心情・意欲・態度といった内面的な部分からとらえることが重視されている。それだけに，子どもが表現したものを通して，より確かな子ども理解を進めることも重要である。今後，大いに活用したい方法の一つである。

4　保育カンファレンスの活用

最後に，より確かな子ども理解をするための手だてとして，保育者が他者と意見交換する方法について紹介したい。近年，こうした方法は保育カンファレンスと呼ばれている。カンファレンス（conference）とは，本来，さまざまな立場の人びとが一つのテーマについて多角的に討議を行う会議のことを指していた。これを保育に援用し，担任保育者の主観に偏りがちな子ども理解などを，さまざまな角度から検討していこうとするのが保育カンファレンスである。

保育現場の現状を考えれば，保育カンファレンスを実施する場合，そのメンバーは園長をはじめとする内部の保育者集団となろう。子どものことを知りつつも，直接関わりをもたなかった他の保育者からの意見は，担任にとって子ど

もの意外な側面を発見することにつながるであろう。ただ，園内のメンバーの場合，子ども観，保育観が共通している分，異なる視点からの意見は出にくいことも予想される。カンファレンス本来の意味からすれば，園内のメンバー以外にも目を向け，積極的に参加を求めることも必要である。たとえば，保育研究者や保護者などがあげられる。保育を開いていくためにも，必要な試みといえよう。こうした多様な角度からの議論を通して，保育者各自の子ども理解も深まるはずである。また，保育者の保育観なども再構築されていくのである。

いずれにしても，より確かな子ども理解は，豊かな子どもの成長・発達，そして実践の向上にとって不可欠なものである。以上の方法を参考に，各自の工夫を期待したいものである。

参考文献

加藤幸次・安藤輝次　1999　『総合学習のためのポートフォリオ評価』　黎明書房
梶田叡一　1994　『教育における評価の理論Ⅰ：学力観・評価観の転換』　金子書房
文部省　1991　『幼稚園教育指導資料第1集 指導計画の作成と保育の展開』　フレーベル館
文部省　1992　『幼稚園教育指導資料第3集 幼児理解と評価』　チャイルド本社
文部省　1999　『幼稚園教育要領解説』　フレーベル館
森上史朗　1996　「カンファレンスによって保育を開く」『発達』　68　ミネルヴァ書房　1-4.
師岡章　1997　「保育者の構想力に関する研究」『保育学研究』　35-2　日本保育学会　76-83.
師岡章　1998　「教育の計画」　小川博久・小笠原喜康（編）『教育原理の探究』　相川書房　pp.90-103.
師岡章　1999　「保育におけるカリキュラム概念の再検討」『研究年報』　4　白梅学園短期大学教育・福祉研究センター　27-38.
無藤隆　1999　「発達とカリキュラムの間」　安彦忠彦（編）『新版カリキュラム研究入門』　勁草書房　pp.209-238.
小川博久　2000　『保育援助論』　生活ジャーナル
佐藤学　1996　『カリキュラムの批評：公共性の再構築』　世織書房

第5章
保育におけるカウンセリング
心を育てる，心を支える

……この章では………………………………
　保育の場で生じるさまざまな子どもの心身の問題や，家庭の子育てに関する悩みについて行う心理相談を，保育におけるカウンセリングと呼ぼう。心理相談は，保育者が行う場合もあるし，心理の専門家などが行う場合もある。ここでは，主として保育者が相談活動を行うことを想定して話を進めていく。この場合，誰の誰に対する心理相談か，という相談の構造が，一般のカウンセリングとは異なることに注意したい。子どもが自ら相談を求めることは，ほとんど考えられないのであって，相談は，親や保育者が必要を感じて始まる。とくに保育者の方から親に呼びかける形で相談が始まる場合，相談関係が成立するまでに，保育者は多くの工夫と労力が必要となろう。このような特徴を考慮しつつ，保育者に活用可能な心理学的な基礎知識とカウンセリングの実際について検討していこう。
……………………………………………………

1　保育者によるカウンセリングの必要が生じる事態

　相談の必要が生じる事態は，大まかに次の4つである。

1　保育のなかで，子どもの心身の発達状況に問題が感じられるとき

　たとえば，ことばや他者とのコミュニケーションの発達に関するものや，表情に乏しい，意欲がないなど，心の健康に関する心配がある。保育者が日常接する子どものようすに問題を感じるところから，カウンセリング的な関わりが開始される。子どもの問題を保育場面で直接改善していくようなはたらきかけを，園で工夫していくことが先行するであろう。子どもの発達を促進させながら，機を見て家族と連携をとる。子どもの状態によっては，医療機関などの専門機関との連携も必要になる。通常の予防的見地からすれば，こういったネットワークをできるだけ迅速につくり上げることが望ましい。ただし，乳幼児期から幼児期にかけての子どもの成長はめざましく，また個人差も大きい。経験の不足や偏りから，一時的に発達の障害に類似した状態が見られても，徐々に適応の範囲に収まる場合があり，診断を確定せずに経過観察となることも多いのが実状である。

　また保育者の感じている子どもの問題を親がどのようにとらえているかは多様であり，お互いの見解がかならずしも一致しないことが多い。そうなると，保育者は，子どもの発達について疑問や不安を抱きつつ，それをいつどのように親に伝えればよいかについても思案することとなり，親子関係についての問題を併せもっている場合にはさらに困難な事態となる。

2　日常の保育の流れのなかでは対応できないような
　　問題行動を呈するとき

　たとえば，特定の子どもに他児への安全が脅かされるような衝動的な行動や，パニックが頻繁に起こると，保育の流れは中断され，問題行動の対処に追われる。親との連携もさることながら，子どもへの直接のケアが優先される。

　問題行動がたびたび生じると，その子どものいるクラス全体の保育の流れが滞る。保育者一人あたりの担当園児の数が多く，クラスの集団活動が保育の主要な課題になる年長児ほど，こうした問題からの影響は深刻である。園内での

対応が早急に検討されねばならない。

問題行動の背後に，なんらかの発達障害が介在する場合もあり，園で経験のないような事態ならば，専門機関に相談することが望ましい。問題行動が生じる場面を振り返り，その行動が生じやすい場面や文脈をとらえるようにする。できるだけ多くの保育者と問題を共有し，対処の工夫をする。園全体で，その子どもに対して共通の理解をもち，一貫した対応を取ることができると，比較的速やかに問題行動が改善されることが多い。

3　家庭に問題が感じられるとき

子どもの問題は，家庭と切り離しては考えられないので，実際にはどの場合にも，家庭の問題の存在を感じることであろう。またたとえば，園での普段の子どものようすには，それほど問題を感じないときでも，子どもが休み明けに登園するとかならずオムツかぶれになっている，身体にあざができているなど，家庭で子どもの養育が適切に行われているかどうかと心配になることがある。虐待の問題は，もっとも深刻な例であろう。

さらに離婚や年下のきょうだいが生まれる前後に子どもが不安定になりやすいことは，一般によく知られており，子どもの情緒が安定しないことと，親子関係のトラブルが関連することはままある。夫婦関係や他の家族の病気，経済的問題など，外的な状況から家族が強いストレスに曝されることも多く，家族の心理的支援が重要である。

日頃から保育者と関係のとれている家庭の場合には，保育者が問題を感じるばかりでなく，親の方から相談されることもあろう。しかし，親が保育者から意図的に距離を置いているような場合，保育者は，家庭の問題を強く感じていながら，それに触れることができないジレンマに陥りやすい。

4　保護者から相談の申し出があるとき

相談したい動機づけが親の方にあって，これに応じる形で始まる相談であり，いわゆるカウンセリングと呼ばれるものにもっとも近い。日常の保育実践のな

かで，親とほどよい信頼関係が維持されるようになると，親からいろいろと相談を受けることが増える。また地域の子育て相談として，園外の親から相談を受けることもある。相談は，ちょっとした育児のこつをアドバイスすればよいものから，親子関係の悩み，家庭の問題，かなり親の個人的な悩みまで多岐にわたる。

　相談の始まりは，送り迎え時のほんのちょっとした立ち話がほとんどである。しかし，相談の内容によっては，どこまで聞くべきか，またどこまで答えるべきか悩むこともある。とくに親自身の悩みの場合，熱心さのあまりに家庭の細かな事情を根ほり葉ほり聞き出すようなことは慎みたい。虐待のように子どもの安全に関わる問題以外は，親が語れる範囲のものを受けとめることに徹するのが好ましい。また親が配偶者を悪く言うような場合，どちらか一方に同情しすぎると，語られる内容を冷静に聞き取るゆとりがおのずとなくなるので，できればこういったことにも注意したい。

　こうしたことは，いわゆるカウンセリングの基本的態度と呼ばれるものだが，むやみに批判したり，意見を押しつけることなく，ある程度誠意をもって相手の話に耳を傾けることができれば，話した相手も受けとめてもらえたと感じることができ，信頼関係が芽生えるであろう。ただし，相手に嫌われないよう，良い関係を維持しようと，相手の言うとおりに合わせることだけでは，本当の信頼関係とはいえない。

　親は，この先生は何でも自分のいうことを聞いてくれる，とばかりにどんどん自分本位な要求を押しつけてくることもある。保育者と親のお互いが尊重され大切にされる関係にむけて努力する姿勢が，相手の信頼を得ることにつながるのである。このような手応えがあれば，その後悩みの訴えが解消することもあるし，場合によっては，専門の相談機関へとつなぐことが可能になる。

2 子どもの心を育てる
心理的発達と危機

　知的発達や身体的発達と同時に，心理的発達がある。ここでいう心理的発達というのは，その人の情緒的側面を含むパーソナリティの発達でもある。私たちそれぞれが，他者と関わるときにもつ基本的な構えの集積といってもよい。

　就学前の子どもたちは，自由に生きるようでいて，実は人として非常に大切な心理的発達課題を獲得しながら成長している。それは，毎日の家族との関わり，保育者との関わり，仲間との関わり，というように他者との関係のなかで培われていく。心理的な発達を促すはたらきかけをする子どもに必要な他者は，母親ということばで代表されるているにすぎない。子どもに対して愛情を注ぐ母親以外の人たちも，各時期の発達課題を促す存在として重要な役割を同様に担っているのである。このような意味で，保育者が子どもに心理的な発達状況を知り，より適切と思われる関わりを心がけることで，その子どもの心の健康と発達の促進に貢献できる。

　以下にあげる心理的発達課題は，乳幼児期を越えて生涯にわたって，人の心の健康に関係が深いものである。

1　乳児期：基本的信頼感の獲得——健全な愛着の形成

　エリクソン（Erikson, E. H.）は，生後約1年間でなすべき発達課題を基本的信頼感の獲得であると述べた。心のもっとも深いところにある，自分と他者に対する態度のようなものであり，これが安定しないと，人と気持ちを通わせて関わり合うことができない。

　ボウルビィ（Bowlby, J.）のいう乳児の愛着行動は，この課題の達成をうかがい知る一つの指標である。生後1年を迎える頃，乳児は母親のそばで，自由にいきいきと探索活動し，何か不安を感じるような事態が生じると，母親を心の安全基地として利用する。母親の姿が見えなくなると，泣いたり探し求めた

りするが,母親が戻ると喜びを全身で表現し,元気を取り戻す。乳児は,母親が戻ればすぐに自分が保護され(愛され)ると確信しているからこそ,母親に再会する瞬間から,不安を解消することができるのである(青木,1997)。

2 自律の獲得と母子分離

生後1年から3歳くらいまでの間の発達課題に自律性の獲得がある。これは排泄に始まるさまざまなしつけを通して,外からの命令や禁止を自分のものとして内在化していくプロセスである。きちんとしつけること,というのが大切な時期といわれている。しかしこの発達課題の達成は,それほど容易なものではない。たとえば排泄のしつけ場面では,これまで自分がしたいときにオムツの中で用を足して許されていたものが,決められた場所と時間で排泄せねばならなくなる。乳幼児としては,自分の欲求を満たしてもらえなかった体験となるわけで,大人のコントロールが強すぎると,混乱や不安が引き起こされる。

自律の問題を別の角度から見ると,この時期乳幼児が自己の中に取り込むべきものは,命令や禁止の機能だけではない。乳幼児は,それまでの母子が一体化したような状況から抜けだし,母親から離れたところで一人で外界と関わることが多くなる。外界との関わりで生じた不安や心細さをなだめ,安心させてくれた母親の機能をも自身の内面に取り込まなければ,安定した母子分離を達成することはできない。

3 良心の芽生えと自主性の獲得

2歳までは,その子どもが良い子でいるかどうかは,そこに母親がいるかいないかで決まるようなところがある。自分が悪いことをしたと恥じるのは,その行為を発見されたときだけで,目の前にいる大人のコントロールがなければ,自分の欲求のままに振る舞うのが自然である。3歳を越えるようになると,ことの善し悪しを自分の心の中でコントロールする機能が育ってくる。子どもは悪いことが見つかったときにだけ恥ずかしがるのではなく,悪いことをしていることを見つけられはしまいかと恐れを抱く。悪いことをすると,罰を親から

受けるだけでなく，悪いことをすると，自分の中にも自分を罰する思いが湧き，「良心」の基礎となる。

しかし，子どものしたことの善し悪しを常に批判したり，ひどい体罰を与える態度は，子どもに強い罪悪感を産みつけることになり，そうなると子どもは自分に対して嫌悪感を抱くようになってしまう。

自己評価の低い子どもほど，失敗を恐れて新しい体験を進んでする気持ちがうすれ，自らが考えて行動するという自主性の育ちが阻害される。

3　親を支える

前述のように，保育者は，子どもの成長と心の健康の双方に注意を向けるが，保育者が気になる子どもとその家族の問題は，親が自発的に専門機関に訪れる可能性は少ないが，予防的な関わりが望まれる，いわばリスクのある一群を含んでいる。こうした一群に対しては，保育者が家庭の問題に触れようとすると，しばしば困難が生じるが，もし保育者と家庭の間に良好な連携がとれれば，子どもの不適応は，比較的速やかに改善され，またより重篤な問題に対する予防的効果は絶大である。

1　子どもと親の関係が健全であるための基本

いわゆる愛情に満ちた親子関係というのは，けっして親が一方的に与え続けるだけの関係ではない。子どもが求め，親が満たす，満たされた子どものようすを見て親自身もまた満たされるという相互の体験が繰り返し共有される関係をいうのである。

たとえば母性愛というと，母親の愛情が，自動的に無限に与え続けるものであるかのような幻想をもちやすいが，これは誤った認識である。親子関係がいきづまっているなと感じられる場合，親を叱咤激励する前に，親が子を満たしてやれたと感じ，またそのことによって満足感を得られているか否かを見極め

ることが重要である。

　母子関係の滞りは，視点を変えると，その家族全体がもっている問題，あるいはもっと広く社会全体の問題というように，システム論的な問題としてとらえることができるのである。この認識が薄いと，本来子育ての援助者であるはずの専門家が，子どもの問題に苦しんで援助を求めにきた母親に対し，子どもをだめにしたのは母親のせいだと決めつけるような，心ない無責任な対応を起こしかねない。子どもの健康を直接支えているのは，多くは母親であるが，親子関係の実際の改善には，異なるものからの影響を絶えず考慮した，多面的なアプローチが必要であることを，心に留めておきたい。

2　つかず離れずの関係から支える——連絡ノートの活用

　園での子どものようすや家庭でのようすを知らせ合うノートは，保育におけるカウンセリング機能を発揮する。ノートの活用は，園によっても保育者によっても異なるが，家庭のケアも視野に入れた保育をするのに，もっとも簡便で有効な手段の一つであるように思われる。

　保育者からノートの交換を提案する場合，子どものことに関していろいろ家庭と連携をとりたい，ついてはこのノートに毎日家庭のようすを少しでよいので書いてきてほしい，内容はどんなことでも構わない，といった旨を伝える。たいていの場合，たとえ親がこの申し出を内心は歓迎していなくても，あからさまに拒否することはない。

　記入する分量は，メモ帳のような小さいノートの半ページでよい。こちらも気負って書きすぎると，続かない。書いたり書かなかったりするよりも，毎日書くことが，大きな信頼を生む。内容は，毎日の保育場面でのようすをさりげなく伝えておく。できれば，子どもの小さな成長を見逃さずに，記しておきたい。

　そうしながら，親の記述の傾向をつかむようにする。その日伝えた内容に呼応するように書いてくるか，自分の書きたいことを一方的に書くか，苦情や要求を書くか。ノートの内容から，行間にある親の気持ちを読みとる作業は，保

育者と親が協同で作るカウンセリングの過程そのものである。

　基本的態度は，親の書いてきたものを肯定的に受けとめていくことである。子どもの良い面を具体的な日々の出来事から淡々と知らせるが，子どものことをどう思うかについては，あくまで親に任せることが望ましい。親の気持ちを先回りして書くことは控える，などが大切であろう。

　交換ノートがうまく育つと，記述の内容が目に見えて変化していく。また子どもの現実の成長がノートに与える影響も，実に大きく，親と保育者，保育者と子ども，子どもと親，夫婦などの多様な関係がそれに重なってノートの内容を展開させていく。

　親が，深い悩みや子どもに対する思いなどを開示してくるようなとき，担任の交代が近づいてくる時期など，ノートの返信をどう書くか迷いも多いが，そんなときは，これまでに書いたノートを読み返してみると良い。ノートの最大の強みは，2人の関係が記録として残っており，これを読み返すことができることにある。

4　園と他機関の連携

　特定の子どもと親に，個別的関わりが必要になるほど，複数の園児との関わりが優先される保育者の負担は大きくなり，限界がある。子どもや家庭の問題が重い場合，他の専門機関との連携は欠かせない。

1　家族を介しての連携から地域のネットワークを作り上げる

　筆者らは，臨床心理士として，保育園や幼稚園でさまざまな問題をもつ園児とその親子への心理的支援のプログラムに関するコンサルテーションを行っている。相談の依頼主は，園の保育者であり，保育のニーズと臨床心理学の専門を合わせながら，各園で実現可能な援助体制を，協同で作り上げていく作業となる。

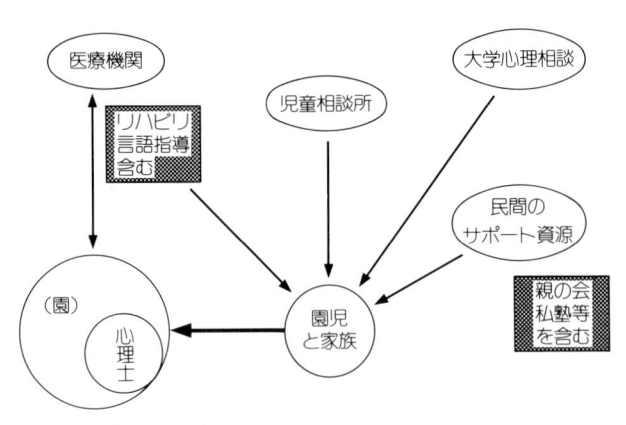

図5-1 園児と家族を支えるネットワークの形成

　図5-1は，ある園で行われた他機関との連携を図示したものである。通常，園と他の専門機関が，園児と家族を飛び越えて連携を取るというよりも，それぞれの専門機関で受けたケアをその家族が直接園に伝え，また家族を通して園のようすを伝えてもらうことが多い。
　この図を園の中に園児と家族が含まれるようにして，園を中心に連携図を描けば，各機関が直接園とつながりをもつようにあらわすことができるが，援助すべき家族を中心に描いた場合，園と専門機関が直接結びついていないのは，このような状況が反映されているためである。
　ただし筆者が行ってきた実践では，医療機関は，園児の身体的なケアの問題も含めて，園が直接アドバイスを願い出たり，主治医に投薬を受けた子どものようすを知らせることで処方の改善につながるなど，親の了解のもとに直接連携を取ることが多かった。このように，諸機関との連携図は各園で微妙な独自性が生まれるものと思われる。
　また，心理士が園の中に入っているのは，その園ごとに事情が異なる。もし専門家がそれぞれの機関にとどまったまま，相談に訪れる家族を待つのではなく，保育実践の場に寄り添うようにして関わることができると，もっと柔軟で強力な援助体制が作ることが可能になる。こうしたことは，他の専門家に強く

第5章 保育におけるカウンセリング

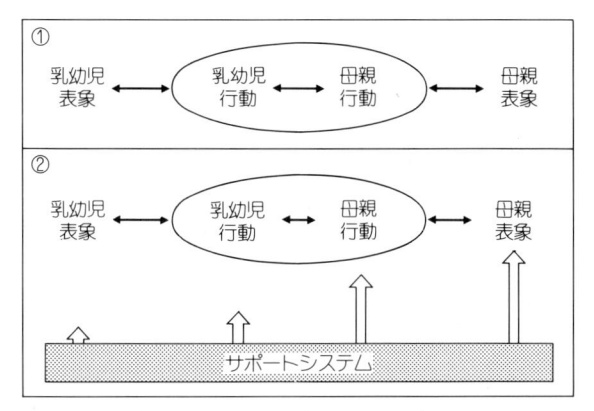

図5-2 親と子の関わりとそれを支えるサポートシステム
(Stern, 1995；青木；1999より引用)

望まれることである。

図5-1中の連携を示す→は，複数の事例を経験するに従って，複雑に双方向的に描かれるようになり，連携の強さを線の幅であらわすならば，一層太い線に発展していくことであろう。

2 統合的アプローチ

スターン（Stern, 1995）は，現在あるさまざまな親—乳幼児心理療法（parent-infant psychotherapy）を理論的に統合し，そのガイドラインを示した。図5-2の①は，乳幼児とその親の行動レベルの交流と，そこに喚起される表象つまり，現実の関わりあいを介してその親子が主観的に体験している世界をあわせてモデル化したものである。行動と表象は互いに関連し合っているので，実際の行動が変わってくれば，徐々に表象も変化するし，逆に表象が変われば，行動が変化していく。心理療法的な介入はどちらから行ってもよいというわけである。

図5-2の②は，第二次，三次養育者やサポートシステム，社会的ネットワークやその他もろもろの要因が，親子関係に影響をもつことを示している。これらは，常に関係性援助において有用なものである。

このサポートシステムとして表されるものには，幼稚園，保育園，子育ての

仲間，医療的ケアシステム，保健婦などの家庭訪問，家族ネットワーク，経済的なものなど，親子を取り巻く多くのものが含まれる。学問的に見れば，保育学，医学，臨床心理学，発達心理学，福祉学などきわめて学際的分野であることがわかる。また専門家に限らず，より地域に密着したネットワークが，一組の親子を支えていることの重要性を，この図は示している。

　以上，保育者の行うカウンセリングの概要とそれに求められる基礎知識について述べてきた。今や保育者は，子育て支援の重要な支援者としての活躍がもっとも期待される専門家の一人である。

　保育者は，子育て途中でとまどったり，失望したり不安になったりする親たちの心を支えながら，子どもの心を育てていく。毎日の保育のめまぐるしさのなかにあって，カウンセラーのような関わりをこなすのは，容易なことではないと思う。子どもに直接向き合っている保育者が孤立することのないよう，園での体制作りとともに，子どもとその家族の健やかな毎日を願う他の専門家との協同する子育て支援体制を作ることが，早急に求められている。

注
本文では，とくに月齢や年齢で区別しない限り，0歳〜6歳までの範囲を「子ども」と表記した。

引用・参考文献
青木紀久代　1997　「乳幼児期の発達課題」　馬場禮子・永井撤(編)　『ライフサイクルの臨床心理学』　培風館　pp. 7-24.
青木紀久代　1999　「コミュニティ援助(2) 育児と親への援助」　馬場禮子(編)　『臨床心理学概説』　放送大学教育振興会　pp. 137-145.
馬場禮子・青木紀久代(編著)　『心を育てる保育』　ミネルヴァ書房（近刊）
清水エミ子　2000　『園児の母親とのことばの交わし合い方』　学陽書房
Stern, D. 1995 *The motherhood constellation: A unified view of parent-infant psychotherapy*. Basic Books.
氏原寛・東山紘久(編著)　1995　『幼児保育とカウンセリングマインド』　ミネルヴァ書房

# 第6章
知的発達と保育

……この章では……

保育者は「健康な心身をもつ子どもに育ってほしい」「自立心をもつとともに人と豊かに関わってほしい」などさまざまな目標のもとに，日々保育に取り組んでいる。こうした保育目標の一つに，「知的発達」も当然含まれてこよう。しかしながら，他の目標たとえば「社会性」などに比べて，「知的発達」のとらえ方自体が人により異なっている可能性があり，また「知的発達」を大事だと思う一方で，正面切って大事だといいにくい状況もある。早期教育の現状や弊害についての情報を耳にするたびに，知的発達を促す保育に逡巡する人も多いだろう。本章では，まず「知的発達」をめぐる大人たちのさまざまな考え方について考えをめぐらせた後，園における知的発達の特徴や保育上の考慮点について検討したい。

1　「知的発達」の意味

1　「頭の良い」人とはどんな人？

「どんな人を頭の良い人だと考えますか」という質問に，読者はどう答える

だろうか。この質問を心理学研究に位置づけると，知能観にかかわる素朴心理学ということになる。知能観とは，知的能力の内容をどのようなものと考えるかということであり，素朴心理学とは，心理学研究者ではない人が自分の直接的・間接的経験を通して，人の心のはたらきや形成の仕組みについて抱いている信念のようなものである。最近，心理学を学びたいという人が増えているが，心理学を学んでからでないと人は心について語れないかというと，決してそんなことはない。心理学の研究成果とはまったく関わりなく，人は，心のはたらきや形成の仕組みについての信念とでもいうべきものをもっている。信念の形成に，心理学の勉強は不可欠ではないし，保育や子育ての経験も必要ない。たとえば，筆者は，大学の発達心理学の授業で，人の個性は遺伝により決まるのか環境により決まるのかといういわゆる遺伝─環境論争を実感してもらうために「貴の花はなぜ強いか」というタイトルでのグループディスカッションをここ数年実施しているが，20歳前後の学生が蕩々と自説を披露している。考えてみれば，テレビや新聞・本などのメディアからの情報もあるし，なにより自らの成長を振り返れば，信念を形成するための情報には事欠かないのかもしれない。

　遺伝─環境論争は，素朴心理学の一つの代表的テーマであるが，先の「どんな人を頭の良い人だと考えるか」という知能観にも，人によりそれぞれに信念がある。知的能力・「頭の良さ」というと，いわゆる数や文字といった概念の理解や，知識獲得における優秀性をあげる人が多いかもしれない。心理学研究者の作成してきた知能を測る道具「知能検査」も概念や知識にかかわる課題が中心であるといってよいであろう。しかしながら，一時期 IQ（知能指数）[1]ならぬ EQ（心の知能指数）[2]への熱狂的注目がなされたように，自己コントロールや思いやりといった情動的側面を知能の重要な柱と考える人も多い。とくに日本人の知能観を調べた東と柏木（Azuma & Kashiwagi, 1987）では，仕事をてきぱき片づけるといった「課題の能率性」，「独創性」，文章がうまいといった「読み書き能力」とともに，話し上手・つきあい上手といった「ポジティブな社会的有能性」や，人の立場になって考える・思いやりがあるといった「受容的な

社会的有能性」が重視されていることが見いだされている。知能イコール概念理解や知識獲得とつい答えてしまう人も，自分自身の抱く知能観を問い直すと，意外に幅広い知能観をもっていることに気がつくのかもしれない。

　心理学研究者にも，机の上でのペーパーテストで測れる知能ではない知能観を提案している人がいる。ガードナー（1983，1993）は，多重知能（multiple intelligences）理論を提案しているが，彼は，人の知能に一般的知能とよばれるすべての活動に共通の知能を想定するのではなく，少なくとも8つ（当初は7つと提唱していた）の異なった知能の存在を考えている。すなわち，言語的知能（話しことばや書きことばの知覚や生産にかかわる），論理―数学的知能（数や因果・抽象化・論理的関係を用いたり，理解する），空間的知能（視覚的・空間的情報を知覚し，その情報を用いたり，イメージとして再現する），音楽的知能（音による意味の創造・交流・理解），身体的知能（体を使って問題解決をしたり，創造したりする。例：スポーツやダンスなど），個人間知能（他者を理解し，その知識を社会でうまくやっていくことに使う），個人内知能（自分を理解する），自然的知能（自然界を理解し，そこでうまくやっていく）である。今日の学校では，言語的知能・論理―数学的知能が重視されがちであるが，われわれの日常生活における知能を考えるとき，上記の8つの知能は，いずれもが納得のいくものではないだろうか。

　さらに，ガードナーは，これらはそれぞれ独立した知能であるが，独立して目指されるべき目標ではないという。たとえば，書くことは，言語的知能に深くかかわる活動であると同時に，論理―数学的知能が関係する（支離滅裂なことを書いては，理解されないだろう）し，個人間知能（読み手や聞き手が誰であるかにより，どのように書くか・話すかを調整する必要がある）も，個人内知能（自分は何を伝えたいのか）もかかわってくる。運動会でダンスを踊るにしても，音楽的知能・身体的知能・論理―数学的知能（リズムを取るには，音楽的知能とともに，数に関わる知能も必要である）などが不可欠であろう。特別にドリルによる勉強をする必要はまったくなく，日々の活動そのものを深めることが，多様な知能の発達を促すことにつながるといえる。友だちと遊ぶなどということは，まさに，8つの知能を総動員してはじめてできることなのであろう。

また，多重知能理論においては，知能の個人差を，8つの知能の組み合わせの異なりという視点からとらえる。これは，通常の知能指数の考え方が，一つの物差しを当てはめて，「より進んでいる，より遅れている」ととらえるのとは大きく異なるとらえ方である。多重知能の観点からは，ある活動に取り組む際に，皆が同じやり方で取り組む必要はなく，たとえば，自分の経験を表現するのに，ことばで表現する子どもも，絵に描く子どもも，踊りで表現する子どももいても良いということになる。こうした知能観からは，子どもたちをいっせいに同じ活動に同じやり方で取り組ませる必然性はなくなり，保育者は，子どもそれぞれに応じた教示・対応をすることになる。知能観が異なれば，日々の保育実践も大きく異なりうるといえよう。自らの知能観を問い直したり，さまざまな知能観を学ぶという作業は，保育実践を深めていく上で，とても重要であることがわかる。

2　どうやって「頭の良い」子に育てる？

　さらに，「頭の良い子に育てるにはどうすればよいのか」という知的発達観についても問い直しをしていく必要がある。

　知的発達がどのような仕組みで進んでいくのかについての考え方は，大きくは，遺伝―環境論争と関わってこよう。しかしながら，実際には，遺伝ですべて決まっていて環境は役割を果たさないという人はいないであろうし，保育の場で遺伝云々を重視しても生産的ではない。したがって，知的発達を促すというときには，環境の果たす役割について考えることになる。幼稚園教育要領で「環境を通して行う」ことを基本的考え方としているのも，これに対応すると思われる。ただし，同じく「環境を通して行う」といっても，その意味するものは大きく異なりうる。幼稚園教育要領で「環境を通して行う」というとき，それは，環境に子ども自身が主体的に関わることを通して発達が進んでいくという考え方であり，あくまでも，子ども側の主体性が重視される。これに対して，周囲の大人がうまく導くことにより，どのような子どもにも育てうるという考え方もありうる。後者の場合，「環境を通して行う」ということは，環境

の設定次第でいかようにでも子どもの知能を形成しうるということとなる。"どのような子どもにも""いかようにでも"というのは，やや極端な表現かもしれない。しかしながら，子どもの主体性重視から環境設定次第という考え方の間のどのあたりを信じているのか，ということは人により異なっていると思われる。そして，こうした信念が異なれば，同じ幼稚園教育要領や保育所保育指針を読んでも，その読みとり方は異なるであろうし，ひいては，日々の保育実践が大きく異なってくることは容易に想像できる。

3 知的活動の過程に注目するのか，結果に注目するのか

　保育とは，家庭における育児とは異なり，専門家による意図的な営みである。したがって，その営みがうまく進んでいるのか，改善する必要があるのか，ということはつねに問われなければならない。そして，その問い直しを行う前提として，子どもたちの育ちの評価を行うことが必要となり，知的発達についても当然評価の対象となってくる。子どもたちの知的発達の評価は，子どもたちの育ちの評価であるのみでなく，同時に，保育実践が適切であるかどうかの評価でもある。良い保育実践を行いたいと願う保育者は，学校におけるように通知票を作成することはないものの，なんらかの視点から子どもたちの評価を行うことになる。

　では，「知的発達」の評価は，何に注目して，どのように行えばよいのだろうか。評価の手段というと，小学校入学以来数え切れないほど受けてきた試験を思い浮かべる人が多いであろう。もとより，園に通う子どもたちに試験を行うことはないであろうが，それに通じるものとしては，「何かができるようになった」「何かを覚えた」ということに注目する立場がある。「ひらがなを何文字読めるようになった」「何の歌を覚えた」「じょうずに子豚の役を演じることができた」などが，それにあたると思われる。これらは，保育の取り組みの"結果"に注目する立場といえよう。それに対して，取り組みの"過程"に注目する立場もありうる。「どうしたら，壊れにくいおだんごができるかと，園庭のあちこちの砂で試してみた」という場合，壊れにくいおだんごができたと

いう結果よりも,その結果にいたるまでに,子どもが夢中であれこれ試行錯誤することに保育者は注目するであろう。目指すべき結果に到達するには,何日もかかるかもしれないし,ときには,目指すべき結果に到達しない取り組みもあるかもしれない。しかし,結果が得られないことイコール無意味な活動だというわけではない。自分一人で,あるいは仲間や先生とあれこれ試してみる,その過程こそが子どもにとって楽しいのであろうし,知的発達という点においても重要だと考える立場がある。最近の学校における評価にも,試験の成績(つまり,学びの結果)のみでなく,いかに学習活動に取り組んだか(つまり,学びの過程)への注目が組み込まれるようになってきている。保育者も,今一度,自分がどのような視点から,目の前にいる子どもを評価しているのかを問い直す必要があろう。

4 保育者間で,あるいは保育者と保護者との間で「知的発達の意味」を話し合う

保育実践というと,方法の側面に注目が向けられがちだが,保育方法を考える前に,上記の知能観,知的発達観,そして評価の視点の問い直しを行うべきであろう。しかもそれを個々人が個別に行うのみでなく,園の保育者間・職員間で,あるいは,保育者と保護者との間で話し合うことへと広げる必要がある。

これは,1つには,話し合うことで学び合うことができるからである。自分の考え方を自覚化すると同時に,他者の考え方と照らし合わせ,さらに,幼稚園教育要領や保育所保育指針と照らし合わせるとき,「環境を通して行う」ということの理解が不十分であったことに気がつくかもしれない。

2つには,話し合うことが,他の保育者や保護者との子ども理解の溝を埋めることにつながりうるからである。さまざまな年齢の男女に素朴な知能観をたずねた研究(唐沢・東,1992)からは,生涯の各時期の生活や役割がどういうものであるかということを反映して,知能観が異なることが示唆されている。たとえば,小学生では学業成績がよいことはもちろんであるが,音楽や絵やスポーツなどが得意なことも重視されているのに対して,両者ともに中高年になる

と注目度が下がっていた。一方，中年期には言語的知識や「グループを良くまとめる」といった社会的知的能力が重視されているようであった。このことは，同じく保育者といっても，その年齢さらには立場（園長か，主任か，担任か，他職種か）によって，知能観が異なる可能性を示唆する。まして，保護者のなかに，多様な知能観や知的発達観が存在していてもおかしくはない。知能観・知的発達観には正解はないので話し合いで結論が出るわけではないが，自分の園では何を大事にして保育を行い，どのような子どもを育てていきたいかということをめぐっての話し合いは，他の保育者や保護者との連携の第一歩として重要な作業と思われる。

　話し合いの必要な第3の理由は，話し合うということがなされないと，日々の取り組みの過程が大事だと考えていても，ともすれば目に見えやすい「どれだけできたか」「どれだけ知っているか」という結果の部分が重視されることになりがちだからである。担任保育者が，活動の過程で子どもたちのいきいきとした表情に注目して，知的活動の深まりを感じても，その場に他クラスの保育者や保護者が立ち会えることはまれである。したがって，保育の評価を行う際には，どれほど子どもたちが主体的に，意欲的に取り組んでいたかよりも，何々ができるようになった，上手になったというほうが，はるかにわかりやすく重視されやすい。園が保護者から選ばれるという側面が強くなってきている現在，過程ではなく結果の重視は，効率的に文字を教える手段としてワークブックが採用されたり，行事の取り組み内容が年々高度になっていったりすることにつながる可能性が十分考えられる。知能観とともに，評価の観点についても話し合うことが不可欠であろう。

2　知的発達と保育者の関わり

　ガードナーの知能観に立てば，ドリルをしなくても，日々の活動に取り組むなかにさまざまな知能のはたらきが含み込まれていくことになるが，しかし，

子どもが何かに取り組んでさえいれば知的発達が促されるかというと，そういうわけではないだろう。好きな遊びだからといって，毎日やっているからといって，その活動に含まれている（あるいは，含まれうる）知的おもしろさが子ども自身に十分把握されているとは限らない。保育者が，「毎日毎日，砂場にしゃがみ込んで，砂だんごを並べているが，このままでよいのだろうか」と迷うのは，子どもの好奇心が満たされているのか，探求心が深まっているのか，という点からの問いだと思われる。

1 子どもは何に好奇心を抱くのか，保育者はいかに関わるのか

知的発達を促す環境構成にあたっては，まず，子どもが何に好奇心を抱くのかを考慮する必要があろう。

子どもが何に好奇心をもつのか（あるいは，もつべきか）ということを考える場合，小学校においては，子どもの外側ですでに決まっている部分が大きいといえよう。幼児期の学びを学童期の学びと比較してみると，学童期の学びの中心的場である学校では，何に好奇心をもたせるべきか（学ばせるべきか）ということが学習指導要領にもとづいて，たとえば，「小学1年生では，ひらがな」「小学1年生では，足し算・引き算についてはこの範囲」というように決まっている。それに対して，幼稚園教育要領や保育所保育指針は，保育内容を細かく規定するものではない。このことは，児童の場合には，教師に設定された課題を自らの課題として取り組むことができるのに対して，幼児の場合は，子どもの側が興味をもつか否か，自らの取り組むべき課題とするかどうかが重要となることに対応しているといえよう。ロシアの心理学者ヴィゴツキー（Vygotsky, 1934）は，幼児教育を，おもに子どもが自分自身のプログラムにしたがって学習する3歳までの教育（自然発生的学習）と，子ども自身のプログラムよりも教師により提出されるプログラムの比重が圧倒的に大きくなる就学期の教育（反応的学習）との間の過渡的地位を占めるものとして位置づけた。幼児期は，子どもみずからのプログラムのみでなく，保育者が提出するプログラムによっても学ぶことができるようになる時期という。そして，この保育者が

提出するプログラムは，環境構成という形で具体化されるのであろう。もちろん，子どもが自らのプログラムを発動させる際にも，どのような環境が用意されているのかは重要である。

　子ども自身のプログラムをうかがい知るには，子どもの遊びをよく観察してみること，好きな遊びについての情報を得ることが重要だろう。子ども理解が，まずもって重要である。子どもがしゃがみこんで何を見つめているのかをのぞきこんでみること，子どもが何に夢中になっているのかを知ることは，環境構成を考える上での情報の宝庫であり，出発点といえる。さらに，子どもがまだ取り組んでいない，興味をもっていない事柄についても保育者は環境構成をすることが必要になる。たとえば，遊べない子ども，好きな遊びのない子どもは，子ども自身のもつプログラムがうまく作動していないといえるだろう。こうした子どもの場合には，より一層ていねいな環境構成を行い，周囲の世界への好奇心を育てることが必要となる。ものは，そこに置かれただけでは，ただの障害物にしかならないかもしれない。逆に，客観的にはなんということのない石も，あこがれの年長さんが持っていれば，年中・年少児にとって羨望の対象となる。空間も，そこでいつ・誰が・何をするのか，という意味づけをするのは，人である。環境において，人は重要な要因であり，なかでも，保育者は物的・空間的環境を構成する役割をもつ。その際に保育者の参考となるのは，子どもの知的発達の道筋を明らかにしている発達理論であろうし，また，その活動や素材に対する深い理解である。目の前の子どもを見つつ，発達を，保育を学ぶことが不可欠だと考えられる。

2　探求心の深まりと保育者の関わり

　子どもたちは，日々さまざまなもの・事・人に好奇心をもつ。しかしながら，そうした好奇心がすべて探求心へと移行し，もの・事・人との関わりが深まっていくわけではない。また，活動が停滞しているように思われるときもある。子どもの好奇心が探求心へと展開していく過程においても，保育者の果たす役割は大きいと思われる。筆者が観察する機会を得た自由遊び場面における保育

実践を例に考えてみたい（下線に付した数字は，後の考察に対応している）。

【事例1】 砂だんごつくり（その1）

　雨上がりの園庭で，子どもたちが思い思いに遊んでいる。普段あまり砂場に来ない年長児のあきおはこの日珍しく座り込んでだんごつくりをしている。同じ砂場では，2歳児クラスの子どもたち数名が砂遊びをしており，そこにもだんごを作っている子どもがいるが，それらの子どもたちとあきおとはまったくようすが違う。2歳児たちはおだんごらしくまとめると，それをお皿に載せて，一緒に遊んでいる保育者や筆者に「どうぞ」と差し出し，保育者や筆者が「パクパク。あーおいしい」と言うとそれがうれしくて，何度も作ってはこわし，作ってはこわしして差し出している。それに対して，あきおは保育者に食べてもらうためのだんごを作っているわけではないようである。ひたすら手の中で砂をぐっと握りしめ，しばらくすると，あたりをきょろきょろして，白っぽい砂を探して，だんごに振りかけてはまた握りしめている。そうしているうちに，なかなかうまく握れないからか，<u>あきおがため息をついた</u>①。そのとき，2歳児と遊んでいた保育者が<u>「大きなおだんごになってきたね，おいしそう」と声をかけるが，「食べるんじゃないの。堅くてこわれないの作るの」との答えが返ってくる</u>②。保育者が「へえ。こわれないのが作れるんだ。すごい」となかばあきおに向けて，なかば周囲の2歳児に向けて言うと，にこっとして「うん。きのう，兄ちゃんと作った」との返事。しかし，そのときもそっと手を離して砂場の縁においただんごはあっけなくこわれてしまう。それでも何回か繰り返すが，完成しないまま集まりの時間となる。

砂だんごつくり（その2：1週間後）

　1週間ぶりに園を訪問。園庭に出ると，砂場に年長児の姿が多い。あるいは，園庭のそこここにだんごを片手に持った子どもがうろうろしている（砂を探しているらしい）。保育者にたずねると，あきおに始まるだんごつくりは他児へも拡がり，だいぶ堅いものが作れるようになったとのこと。あきおの兄からの情報，あるいは試行錯誤から，どんな砂を使うのがよいのか，ということを工夫し始めたという。保育者としては，<u>適当な砂を確保するために低年齢児の水遊びの場所に配慮したり</u>③（水を含んでいないさらさらの砂が必要なので，あちこちで水遊び・泥遊びをされると困るとのこと），数時間・数日にわたって作業を継続できるように，作成途中のだんごを保管する箱を用意したり，の配慮をしてきたという。

第6章 知的発達と保育

砂だんごつくり（その3：さらに2週間後）

> だんごつくりには，年長児だけではなく，年中・年少児さらには保育者も熱中している様子。作ることのみではなく，板を斜めに立てかけて，砂だんご転がし競争④が始まっていた。転がり落ちてもこわれなかっただんごが勝ちだという。自分でもだんごを作って競争に参加する保育者，年長児が作っている横で砂をかけて手伝っ⑤ている保育者，自由遊び時間帯の園庭の半分くらいは，砂だんごつくりの子どもと⑥保育者がうろうろしていた。

　上記の砂だんごつくりの展開を考えるとき，保育者は物的・空間的環境を構成する役割（たとえば，下線③の部分）のみでなく，その環境のもとで子どもとさまざまな関わりをしていくということに気づかされる。

　保育において，保育者は実にさまざまな役割をとりうる。第1は，子どもが安心して遊び，生活するための精神的安定の拠り所であろう。知的発達の側面に限っても，子どもの知的発達は，いつも順調に進むわけではない。新たな活動に挑戦するときや何らかの障害にぶつかったときには，躊躇することも考えられる。あきおの砂だんごつくり初日のためいき（下線①）もそうした瞬間だったのかもしれない。そんな瞬間に，保育者に声をかけられたわけであるが（下線②），あきおは保育者のことばに込められた支持的・共感的雰囲気に力づけられたのではないだろうか。さらに，この実践があきおのみでなく他の年長児へ，さらには年中・年少児へと拡がっていったのには，あきお自身が熱心にだんごつくりに取り組んでそのようすが他児へと拡がった側面もあろうが，下線④や下線⑤にみられるように保育者がともに活動し，楽しんでいることが大きいように思われた。保育者が楽しそうにやっているから，「ちょっとやってみようかな」と考えた子どもも少なくないだろう。だんごを転がす競争は，できただんごを滑り台の中程からなにげなく転がした子どもがいたことから始まったという。保育者も入り込んでの活動のエネルギーが次への発展の流れを築いたといえるかもしれない。もちろん，保育者は，援助の必要な子どもには，ふさわしい手伝いをする（下線⑥）。「環境を通して行う」ということは，物

的・空間的環境構成を行いさえすればよいということではないだろう。今・目の前にいる子どもには、どのような保育者の存在が必要なのかをつねに考えつつ、多様な関わりをすることが重要だと思われる。

3 仲間集団における知的発達

　知的発達を促すということは、何も園のみで取り組みうることではない。「何々を知っている」「何々ができる」という結果を効率的に得るためには、いわゆる早期教育・おけいこごとの場に出かけた方がよいかもしれない。では、園で生活する幼児の知的発達の特徴は何かといえば、それは仲間集団の存在であろう。保育においては、一人ひとりに応じるということが大切にされるが、このことは必ずしも個々人を切り離してとらえるということではない。むしろ、グループやクラス全体においても一人ひとりが生かされるということが大事なのだと思われる。また、幼児の活動は、友だちとの相互交渉で磨かれ、豊かになるものである。一人で取り組むより、友だちと取り組んだ方が楽しいことに気づくし、そもそも一人では取り組めない活動も数多い。子どもたちが、自分自身を理解し、仲間を理解し、互いに認め合い、そしてそのなかで豊かな知的発達を遂げていくことができる場が園であり、そうした場を作っていく上でも、保育者の役割は重要と思われる。

1　共感し合う仲間

　子どもたちが精神的拠り所とするのは、保育者だけではない。園という場で、子どもたちが安心して生活し、遊ぶためには、自分と同じような存在である仲間と共感関係が結べることが重要だろう。もとより、一緒になかよく遊ぶことができれば、「今日も、誰々ちゃんと〇〇して遊ぶんだ」と園庭に駆けこんでいくだろう。しかしながら、そこまでには至らない段階でも、アリの行列を見つめている自分の横に、同じクラスの子どもがしゃがみこんで同じように見つ

めていたり，そのときに目があって思わずにっこりしたりということは，子どもに大きな安定感をもたらすであろう。気持ちの通い合いに続いて，「アリさん，この穴に入っていくよ」と探索行動も発展していくことは大いに考えられる。

2 モデルとしての仲間

運動会やお遊戯会が終わった後，しばらくの間，年少や年中クラスの子どもたちが，こぞって年長さんのやっていた種目や演目のまねっこ遊びに興じることがある。こうした姿は何を語るのだろうか。園でそうした場面に出会うたびに，「ばら組（年長クラス名）さん，格好よかった？」と聞いてみると，子どもたちは，満面に笑みを浮かべて「うん」とうなずく。翌年，年長クラスに進級して運動会が近づくと，「ぼくたちも○○やるんでしょ。練習しようよ」と子どもたちから保育者に催促する声が聞かれたりする。こうした場合，年上の子どもたちを自らの育ちのモデルとしているのであろう。少子化の進んでいる現在，あるいは，地域での子ども集団が存在しにくくなっている現在，自分の育ちのモデルとして年上の子どもたちと接することができる場は限られている。縦割り保育の形態をとるとらないにかかわらず，異年齢の子どもがともに生活する場として園は重要である。

ところで，子どもたちがモデルとするのは，年上の子どもたちばかりではない。同じクラスの誰々ちゃんは折り紙が上手，誰々ちゃんは逆上がりができるということを，子どもたちは保育者が考えている以上にとてもよく把握しているように思う。そして，誰々ちゃんのようになりたいなと思いつつ，新たな，あるいは苦手な活動に取り組むのである。時には，絵の上手な誰々ちゃんと全く同じ絵を描いて，保育者を戸惑わせてしまったりする。好奇心や探求心を広げてくれる存在としての仲間の存在は大きいといえよう。

3 認め合う仲間

園の仲間集団というのは，不特定の子どもがたまたま集まっているだけとい

うのとは異なる。たとえば、園外でスイミングを習っている子どもも、コーチとの一対一の個別指導ではなく、何人かの子どもたちと一緒に指導を受けている。しかしながら、スイミングスクールにおける場合、その子どもたちの集まりを仲間集団とは呼ばない。言い換えれば、子どもたちは、他児がどれだけ上手になったかということには興味がないし、自分ができるようになったことを他児にも認めてもらいたいとは思っていないであろう。それに対して、園において、子どもたちは、仲間がどれくらいできるか、上手になったかを気にするし、自分がどこに位置するのかも気になる。単に、何かができる・何かを知っているだけではなく、それが仲間集団にどう位置づくのかが重要なのである。仲間と同じようにやっていける、仲間から認められているという感覚は、知的発達を越えて、子どもの自我の育ちを考えていく上で重要なことだと思われる。

　もっとも、仲間の存在がプラスにばかりはたらくわけでない。仲間に受け入れられていないと感じるとき、家庭では取り組むのに、園では活動に取り組めないこともあり得る。互いに認め合える仲間集団を育てるということは、保育者の重要な役割であろう。

4　一人の保育者対複数の子どもとのやりとりの特徴

　園には、同時に大勢の子どもがおり、子どもたち一人ひとりが保育者にさまざまな役割を求めている。家庭と異なり、大人と子どもの1対1の状況ではないということも、園の特徴の一つであろう。このことをやりとりの点について考えてみたい。

【事例2】　折り紙のアジサイつくり

　隣り合った2つの4歳児クラスで、ともに、アジサイの花を折り紙で作り、画用紙に貼るという活動に取り組んでいる場面を見学する機会があった。一方は、保育歴2年目の担任が担当、他方は、病欠の担任の代理として園長が保育を行った。同じく折り紙指導でも、新任保育者はクラス全体に一斉に折り方を説明しようとして、「はい、こっち向いて」「こう折ります」と声を大きくして説明していた。注意を向けていない子どもがいると、「誰々ちゃん、よそ見してちゃわからないよ」と声を

> かけ，それでもやはり理解できない子どもがいて，「違う違う」と個別に指導しなければならなかった。それに対して，園長は，5つのテーブルを順番に回って，テーブルの上で折って見せるという説明方法をとった。席に着いている子どもと同じ高さにしゃがみ込んでの説明なので，声を大きくする必要がなかった。「はいこっち向いて」「静かにして」「見てないと，聞いてないと，わからなくなるよ」といったことばかけをしなくてもよいぶん，説明はスムーズに進み，5グループを回るといっても，大した時間はかからなかった。

　小学校の一斉授業ほどではなくとも，クラスの子どもたち全体に何かを伝えたいということは，園においても日常頻繁にありうることであろう。ここで，上記の例を見ると，集団としての子どもと保育者とのやりとりとは，1対1のやりとりとは大きく特徴が異なることがわかる。とくに，新任の保育者のクラスでのやりとりはかなり家庭におけるそれと異なっているといえるだろう。大勢の子どもと対する場合，子どもの注意を保育者の方へ引きつけるためのことばかけがどうしても出てくるし，声も大きくなり，イントネーションも強調される。知的発達を遂げるということは，単に，何かに興味をもつ，何かを身につけるということだけではなく，知的課題に取り組む際のやりとりと不可分に結びついているといえよう。こうした特徴は，何かの説明をするときのみならず，遊びのなかでもありうる。保育園の2歳児クラスの遊び場面で保育者の子どもへの関わり方を調べた結果，子どもの数が1対1から1対4に増えただけでも，けんかを止めたり，うろつくのを止めたりすることばが増え，保育者のことばがより管理的になったという研究もある。どのような環境設定をするのかということを検討する際に，やりとりの特徴についても考慮する必要があろう。

注

(1) 知能指数：世界最初の知能検査は，1905年にフランスでビネーとシモンが，小学校入学時に特殊学級での学習が望まれる子どもを鑑別する手段として作成した。その後，1908年にビネー自身が精神年齢（mental age；MA）という指標

を導入して，何歳相当の知的発達の程度であるかを示した。ある年齢（生活年齢・歴年齢：chronological age；CA）の子どもについて，精神年齢が生活年齢よりも上であれば優秀な子どもとみなせるし，逆であれば不振児とみなせるとビネーは考えた。これに対して，1916年米国でターマンらがビネー検査を改訂する際に取り入れたのが知能指数（intelligence quotient；IQ）という指標であり，「知能指数＝（精神年齢／生活年齢）×100」という式で求められる。生活年齢相応の知的発達であれば知能指数は100となる。

(2) 心の知能指数：情動の自己認識を核とする「心（情動）の知性（emotional intelligence)」への注目を提唱したのは，米国のゴールマン（1995）である。ゴールマン自身は「心の知能指数EQ」ということばを使っていないが，雑誌TIMEが特集を組んでゴールマンの著書を紹介した際にIQにならってEQという表現を用いて，一躍注目を浴びるに至った。ただし，IQとは異なり，現時点では，EQを測るような標準化された検査があったり，具体的に指数が算出されたりするわけではない。

引用・参考文献

秋田喜代美　2000　『知を育てる保育：遊びでそだつ子どものかしこさ』　ひかりのくに

Azuma, H., & Kashiwagi, K. 1987 Description for an intelligent person: A Japanese study. *Japanese Psychological Research*, **29**, 17-26.

藤崎春代・西本絹子・浜谷直人・常田秀子　1992　『保育の中のコミュニケーション：園生活においてちょっと気になる子どもたち』　ミネルヴァ書房

Gardner, H. 1993 *Multiple intelligences: The theory into practice*. Basic Books.

Gardner, H. 1983 *Frames of mind: The theory of multiple intelligences*. Basic Books.

ゴールマン，D.；土屋京子(訳)　1996　『EQ：こころの知能指数』　講談社

金田利子・諏訪きぬ・土方弘子(編著)　2000　『「保育の質」の探究』　ミネルヴァ書房

唐澤真弓・東　洋　1992　「知能の日常的概念の生涯発達的研究」　『発達研究』　**8**　155-161.

無藤隆・内田伸子・斉藤こずゑ(編著)　1986　『子ども時代を豊かに：新しい保育心理学』　学文社

ヴィゴツキー，L.S.（原著1934）柴田義松(訳)　1962　『思考と言語』　明治書院

第7章
文字は遊びの道具？ 生活の道具？
文字の獲得の保育

……この章では……
教育要領や保育指針で明記されている文字の扱いは，ともすれば，早期教育や知的教育の正当性として理解されるかもしれない。しかし，教育要領や保育教育指針の意図するところは決してそうではない。文字指導における過度の早期教育や知的教育の実態，無自覚的に行われている保育の実態などをふまえて定められたのである。幼児が出会う文字は生活のなかに埋め込まれ，ときには遊びの道具や生活の道具としてあらわれる。このような出会いが，文字の獲得へとつながっていく。創造的に環境を構成しながら文字との出会いを保障し，文字の獲得を支援していくことが保育者にゆだねられている。

　2000（平成12）年4月から施行された幼稚園教育要領・保育所保育指針では，「日常生活における文字への関心」とともに「文字を使う楽しさや喜びを味わう」ことをねらいとした文字の扱いが，環境，言葉の領域で強調され，「文字」の文言が加筆されている。

　幼稚園や保育所での文字指導は，古くから論議の多い領域であった。幼稚園教育における文字指導の流れは，1881（明治14）年の東京女子師範学校附属幼稚園で「書き方，読み方，数え方」が保育内容に加えられたのを皮切りに，1890年頃には全国的に行われるようになっていった。しかし，なかなか成果を

生まなかったこともあって，1900年頃にはほとんどの幼稚園の保育内容から削除されていった（東ら，1995, pp. 1-7）。

1948（昭和23年）年に刊行された保育要領では，文字の「読み―書き」については取り上げられず，「聞く―話す」という音声言語を中心とした指導方針が打ち出された。そして，1964年に公布された幼稚園教育要領や1965年に出された保育所保育指針では，「文字については幼児の年齢や発達に応じて，日常の生活経験のなかでしぜんにわかる程度にすることが望ましい」として，幼児の読み書き指導は行わないことを原則にしていた。この方針は1989年に改正された幼稚園教育要領にも引きつがれ，「文字に関する系統的な指導は小学校から行われるものであるので，幼稚園においては直接取り上げて指導するのではなく，個々の幼児の文字に対する興味や関心，感覚が無理なく養われるようにすること」とされた。また1990年に改正された保育所保育指針でも同様な視点から，文字指導については改めて言及されることはなかった。

しかし実際には，「文字指導をしている」という意図を保育者が明確に意識しないかたちで，文字をめぐるさまざまな活動が無自覚的に保育現場で展開されていた。また，早期教育と知的教育とを結びつけた考え方や私立小学校への入学準備のために，行き過ぎた文字指導を行う幼稚園が多く出てきた。このような実態のもとでは，従来の幼稚園教育要領や保育所保育指針は完全に「たてまえ」と化してきたのである。

以上のような経緯から，2000年度から施行されている幼稚園教育要領や保育所保育指針において，文字指導のあり方が改訂項目として明記されたのである。

1　文字環境との出会い

今日の子どもたちは，誕生直後からテレビ・ビデオをはじめマスメディアなどがもたらす多くの文字環境にかこまれて成長していく。

やがて幼稚園や保育所に入園してきた子どもたちは，いままで自分をとりか

第7章 文字は遊びの道具？ 生活の道具？

こんでいた文字環境とは異なった，直接，自分の生活と関わりをもつ文字環境と出会う。自分の胸につける名前札からはじまって，タオル，かばんなど個人の所有を示す名前標示，くつ箱やロッカー，引き出しなどの個人の空間を特定する標示，ままごと道具やブロック，積木などの遊具の名称やあり場所を伝える標示，そして各クラスやトイレ，職員室といった共通の園内の施設・設備の標識などである。これらの記名標示や標識は，園生活と結びついたそれぞれの意味を子どもたちに知らせていく。文字とともに提示されている視覚的記号は，花や動物のシール，遊具そのものを表象する絵などさまざまである。ここでの文字や絵柄は，園生活を円滑に行う文化的な道具として，子どもたちの行動の手がかりになっている。そして，手がかりとして出会う文字のほとんどが"ひらがな"であることから，幼児期の文字の獲得はひらがなの獲得を中心に論議されていく。

　入園してきた子どもたちは，このような文字環境との出会いをきっかけに文字の世界へと足を踏みだし，文字との関わりをひろげていく。しかし，幼児期の文字との関わりは外から強制されるものではない。日常生活のなかで提示されている文字に自分から関心を示し，興味をもって関わることからスタートする。文字環境として配されている文字に興味や関心をもって関わり，子どもの必要感と結びついたとき，読んだり書いたりする活動が自然に生まれてくる。必要感と結びついた文字への取り組みに子どもは有能感を発揮して，文字の獲得が能動的に行われていく。

2 「聞く―話す」の読み聞かせ
前読み書き能力として

「聞く―話す」の話しことばを獲得した子どもたちが、文字への興味や関心を示すのは何歳ころからであろうか。

1 文字への興味・関心のはじまり——読み聞かせとの出会い

東ら（1995, pp. 10-11）の研究によれば、3歳児の10％以上は清音・濁音あわせて71文字を読めるようになっているが、全体的には、文字に対する認識が明確ではないことが明らかにされている。3歳頃から文字への興味、関心を示す子どももいれば、5、6歳になっても関心を示さず、覚えようとしない子どももいるのである。このことは、幼児期の文字への興味・関心が、子どもによって差があるということを示している。では、文字に興味や関心を示し、やがて文字の獲得へとつながっていく過程はどのようなものなのであろうか。

文字への興味・関心は、まず子どもが日常生活のなかで、書きことばを耳から受け入れ、書かれている文字の存在に気がつくことである。つぎに、書かれている文字のもつ意味やはたらきといった文字の機能を実感することが大切である。この実感は、「聞く―話す」という日常的な話しことばを軸にした言語活動を通して、子どもの内面に培われていく。このような準備ができていないときには、文字に対する興味や関心が示されない。文字への興味、関心がなければ、「読む―書く」という書きことばの活動もみられず、文字の獲得にはつながっていかない。

【事例1】　かおる（1歳2か月）の「聞く―話す」活動のはじまり（4月当初）

入園後間もない、4月当初の保育園でのこと。夕方の合同保育の時間に、子どもたちが一つの保育室に集まって好きな遊びをしながら保護者の迎えを待っていました。その日の合同保育の担当保育者は、1歳2か月のかおるがはじめて出会う保育

第 7 章　文字は遊びの道具？　生活の道具？

者でした。入園したてのかおるは，近寄ってくる保育者の姿を今にも泣きださんばかりに涙をためて見ていました。保育者は床に座りながらかおるにやさしく声を掛け，膝に抱きあげました。そのときです。いつも攻撃的で，何かというとすぐに嚙みついたり，押し倒したり，叩いたりして他の子どもを泣かしてしまう，2歳5か月のあきらがやってきました。そして，かおるの顔をのぞき込んでから，立ち去りました。あきらの担任でもある保育者は，不安気な顔をして保育者の膝にいるかおるにあきらがちょっかいを出すのではないかと心配しました。間もなくあきらはミッキーマウスの絵本を抱えて戻ってきました。そして，保育者の膝の上にいるかおるに「ミッキーすき？　これはミニーだよ」と絵本を広げて，さも読んでいるかのように，ページを指さしながら話しはじめたのです。やがて，かおるは，あきらの語りかけにニコニコ顔になり，「ウー，アー」と返事をしはじめました。保育者は，かおるを膝からおろし，あきらと一緒に絵本に触れるように，あきらの隣にかおるをすわらせてあげました。絵本のページをめくりながらの2人のやりとりは，15分以上も続きました。翌日，1歳児の保育室では，「この本，よんでー」という思いを表情にこめて，昨日のミッキーマウスの絵本を保育者のところにもっていくかおるの姿がみられました。

　この事例は，ある保育所の保育者の記録である。入園したての1歳2か月のかおるは，2歳5か月のあきらに媒介されて絵本と出会い，能動的に「聞く」行動を発現している。一方，かおるのところに絵本をもってきたあきらは，もちろん字を読むことはできない。あきらの行動の根底には，2歳児クラスでの保育者からの読み聞かせ体験がうかがわれる。ページをめくりながら，保育者の読み聞かせを思いだし，絵からの情報にもとづいて「話し」ている。かおるとあきらの出会いのなかに，「聞く―話す」の相互体験がごく自然に成り立っていったのである。この日のかおるの「聞く―話す」体験は，翌日，自分から絵本を選ぶという自己決定感をともなった行動で絵本をとりだし，保育者のところにもっていき，読み聞かせ体験を自分から保育者に求めていったのである。
　秋田（1998）は，幼稚園に通う子どもをもつ母親に絵本の読み聞かせ開始年齢をたずねて，約7割の母親から，0歳代，1歳代から読み聞かせをしているという回答をえている。このことは，入園前の子どもたちが，かなり早い時期

から，文字との出会いにつながる環境のなかにいることを示している。読み聞かせ体験を重ねているうちに，子どもは，ただ視覚的な絵を目にしているだけでなく，母親が読んでくれる書き言葉を耳にしながら話の内容にひきこまれ，絵から読みとれる以上のことを耳にしていることに気づいていく。読み聞かせの目的を，文字や知識を獲得するためと考えている母親も多いが，読み聞かせの一つの意義は，直接的な文字記号や知識の獲得ではなく，絵が語る以上の情報を文字の存在が伝えてくれるということを実感していくことにある。

先の事例で，1歳2か月のかおるが自分一人で絵本を見ることに満足せず，保育者のところに持っていって読み聞かせを求めたことは，保育者が読んでくれることによって，自分で絵を見ること以上の情報が得られるということを実感したからであろう。

2　文化差を越えて──読み聞かせ体験

【事例2】　みき（3歳9か月）の「聞く─話す」の出会い（11月）

> S幼稚園では，来春に入園が決まった3歳児を招待して，在園児と一緒に遊ぶ体験保育の機会を，11月から何回か設けている。11月の第1回目の体験保育の日のことである。まったく日本語がわからず，9月に年長組に入園してきたA国からきたエレンが，生活に必要ないくつかの日本語の単語をようやく覚えて，口にするようになってきた頃であった。エレンは，他の年長児の動きを見習いながら，お客さまの3歳児を受け入れ，遊戯室で一緒に遊びはじめた。しばらくして，遊戯室の片隅に設定された絵本コーナーに，一人で座っている3歳児のみきをみつけると，みきの方にいき隣に座った。そして，机に置かれた絵本の中から一冊の絵本を選び出し，みきとの間に引き寄せた。「いい？」とばかりに，みきの顔をのぞきこんだあとで，本のページを広げ，書かれている文字を指でなぞりながら，読み始めたのである。エレンはもちろん日本の文字が読めるわけではない。日本のことばでもない。エレンは文字をなぞりながら，A国のことばで読んでいたのである。3歳児のみきが今まで耳にしたこともなく，とうてい理解できないエレンの国のことばである。しかし，絵からの情報を取り入れながら，エレンの指の動きとエレンの音声を見聞きするみきの表情は，真剣でとても満足げであった。

10％以上の3歳児が文字を読むという，東ら（1995，pp. 10-11）の調査の対象は，幼稚園に在園している3歳児である。これに対して，この事例の3歳児のみきは入園以前で，まだ文字の「読み」を獲得していない。「聞く―話す」の段階にあることが推しはかられる。しかし，A国のことばによるエレンの読み聞かせにもかかわらず，みきが文字上の指なぞりとエレンの音声をとらえることで，開かれたページの文字が絵から読みとれる以上の情報を伝えていることを実感していたことが，真剣に見聞きしていた3歳児みきの表情からうかがえた。一方，入園して3か月にもならないエレンは，A国での体験や入園後の読み聞かせ体験から，A国の文字や日本の文字であっても，文字というものが絵とは異なることを表現しているのだということを，文化差を越えたパフォーマンスとして理解（高橋，1999）し，読めない文字をなぞりながらA国のことばで，絵本の内容を伝えていたのである。

　上記の2つの事例は，絵が語る以上に文字が話の内容を伝えているのだという，文字のもつ意味やはたらきといった文字の機能に，子どもが気づいていく過程でもある。

3　個人差がある文字の獲得

　では，「聞く―話す」の話しことばの世界から「読み―書き」の書きことばの世界に入ってきた子どもたちは，文字をどのように獲得していくのであろうか。

　東ら（1995，図7-1，図7-2）によれば，子どもの文字獲得は，23年前の国立国語研究所（1972）の調査と比較して，各年齢段階での読字数，書字数の獲得の過程は，大体同じようなU字型分布を示しているが，獲得の時期が全体として早期化している，ということである。4歳半ばから5歳前半にかけて，文字をよく覚える子どもたちのほとんどは就学以前にすでに自分の名前文字や，それ以上の文字の読み書きができているのである。

　しかし，この時期は文字そのものの「読み―書き」に興味や関心があるのであり，文字が伝える書きことばの意味を考えたり，内容を把握して談話を楽し

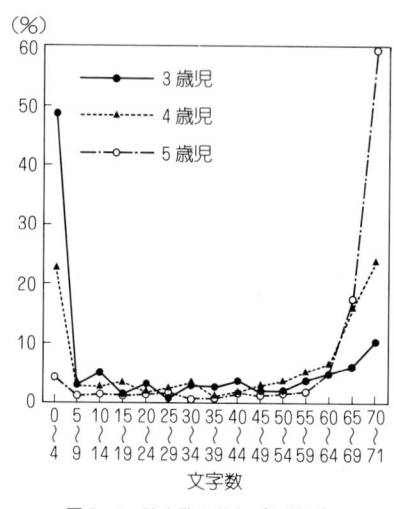

図7-1 読字数の分布〔年齢別〕
（東ら，1995, p.42 より）

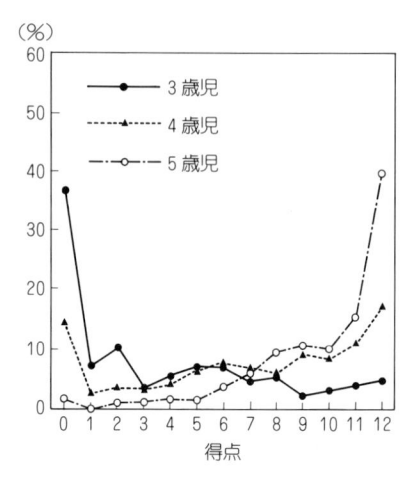

図7-2 書き得点の分布〔年齢別〕
（東ら，1995, p.43 より）

んでいるわけではない。このことは，絵本をすらすら読める子どもがかならずしも内容を把握しているとは限らないことを示している。幼児期における文字との関わりが子どもの興味や関心からスタートしている実態から，文字の獲得には個人差があり，その学習過程は4歳代から6歳代というように，大きな幅がある。

3 「読む―書く」の獲得過程
文字の獲得

「聞く―話す」の話しことばの世界で，文字への興味・関心をいだいた子どもたちは，どのように「読み―書き」の書きことばの世界に入っていくのであろうか。

第 7 章　文字は遊びの道具？　生活の道具？

1　園生活における「読み」の獲得過程

　幼稚園や保育所での文字読みは，自分に直接的な関わりをもつ文字環境との出会いからはじまる。前述したように，子どもたちの目の前の文字環境は，文化的な道具として園生活と結びついたそれぞれの意味を，子どもに知らせていく。その多くは花や動物シール，遊具そのものを表象する絵柄などと一体となり，ひらがなで標示されている。「自分の靴は，自分のくつ箱に入れる」「自分のかばんは，自分のロッカーに入れる」などの行動の手がかりは，絵柄シールと一緒に書かれている自分の名前文字の標示に気づくことからはじまる。
　ここでの保育者の意図は，子どもが自分の名前文字そのものを獲得することではない。絵柄シールでも文字でも，その子どもが記号として認識しやすい，どちらかの記号を道具として取り入れ，園生活に必要な行動の手がかりにして覚えてくれることにある。
　「まりこちゃんのところは，赤いチューリップのお花がついているところよ。赤いチューリップのところに，"た・な・か・ま・り・こ"ってかいてあるからね。赤いチューリップのところに，お靴，入れてね」と，保育者は，子どもが戸惑って不安にならないように配慮しながら，一つの行動が定まるまでくりかえし援助していく。
　日々のくりかえしのなかで，やがて子どもは，絵柄シールと文字との違いに気づき，文字の羅列が自分の名前"たなかまりこ"を意味する記号であることに気づいていく。そして，"た・な・か・ま・り・こ"という音声と，"たなかまりこ"という文字のかたまりとの結びつきを認識して，1音節に1文字を対応させながら，文字が読めるようになっていく。そして，他の文字のかたまりも，日常的に話している，ある特定のものごとに対応しているのだということを次第に理解していくようになる。

（1）1文字1音節であることの意味

　日本語のかな文字は，文字と音声の対応に規則性のある，1文字1音節を原

則としている音節文字である。したがって，文字が読めるようになるためには，第1にある単語を音節に分解することができなければならない。"たなかまりこ"を象徴する文字が読めるためには，"た・な・か・ま・り・こ"と音節に分解することからはじまる。保育者は，新しい文字環境を提示するときに，無自覚的に音節分解をした語調で子どもに語りかけている。クラスの標識や職員室の標識を指さしながら「ここは，す・み・れ・ぐ・み。おにいさん，おねえさんのお部屋なの」とか，「せ・ん・せ・い・の・お・へ・や，って書いてあるの。困ったことがあったら，いつでもきていいのよ」とか，伝えたいことをより明確にするために，音節に分解して話している。このような，日常的な関わりのなかで，自然に音節分解能力が育まれていく。

　文字が読めるようになる第2の条件は，その単語の一番はじめの音節を取り出して言えることである。"たなかまりこ"の一番はじめは"た"であると，音節を抽出していえることである。いつも一緒に遊んでいる，なかよしの"たしろあけみ"ちゃんの名前文字をロッカーでみつけると，「せんせい，わたしの"た"が，あけみちゃんのところにもあるよ」と大発見したかのように報告にくる。"たしろあけみ"ちゃんの名前文字を，自分の名前文字と同じように"た・し・ろ・あ・け・み"と音節分解して，呼びかけ音声と結びつけて読んでみたのである。そして，"たしろ"の"た"が，自分の"たなか"の"た"と，同じ音節で，このことは，同じ文字であるということに気づいたのである。保育者が，このような子どもの発見を一緒に喜んで受けとめて十分に認めてあげることで，子どもの文字への関心はいっそう大きく広がっていく。

（2）　音韻的意識——音節分解と音韻抽出

　音節分解と音韻抽出の2つの条件を「音韻的意識」という。音節分解によって単語が一つひとつの音節に分けられる音の連鎖からなっていることを知り，音韻抽出によってそれぞれに発音されたものが結びついて，一つのかたまりをなしたとき，一つの単語を構成していくことを理解していく。この音韻的意識が低い場合には，文字環境をいろいろと用意しても，文字獲得の学習はきわめ

て困難である（内田，1989）。このことから，この音韻的意識の個人差は，文字獲得の個人差にもつながっていると考えられる。したがって，音韻的意識の発達を促すことが，文字とのかかわりを促すことになる。保育のなかでは，しりとり遊びやジャンケン階段のぼり（パーなら，パ・イ・ナ・ッ・プ・ルと6歩すすむ），かるた，ことば遊びなど，音韻的意識を促すような遊びが，意図的に，あるいは無意図的に，いろいろと取り入れられている。保育者が，一人ひとりの子どもの音韻的意識の発達を自覚的にとらえて，それぞれの発達に即した遊びを個別的に投げかけていくことが，文字に対する興味や関心を促すことになる。

　"たしろ"の"た"と，"たなか"の"た"を，同じ文字としてとり出せたということは，それ以外の文字は違う文字であるということへの気づきでもある。文字の違いが見分けられるようになってきたのである。こうして，文字の違いがわかるようになってくると，ごく短い期間のうちにどんどん文字を覚え，急速に読めるようになっていく。

（3）「1文字読み」から，「単語読み」へ

　しかし文字獲得の初期には，無藤ら（1993, p.3）のいうように，実用的な目標もなく，一つひとつの文字を読むことに興味を示し，楽しんでいる活動が出てくる。

　"たなか"の"た"から"たしろ"の"た"を，見つけ出したように，友だちの胸の名札と自分の名札をつきあわせながら，"たなか"の3番目の文字"か"と"おかだ"の2番目の"か"が同じ文字であることを見つけ出して喜んだり，文字の形の違いをおもしろおかしく指摘し合ったりする姿である。文字読みが自在になってくると，「"たなかまりこ"の反対なーんだ？」「こ・り・ま・か・な・た！」などと，文字をかたまりとしてとらえ，名前札を反対読みにして楽しみ合うような，クイズまがいの文字読み遊びが創造されていく。文字をつなげて読めるようになってくると，文字読みへの関心は絵本読みへと広がっていく。幼稚園ごっこでは，「じゃー，わたし先生ね。ご本，読みますよー」と，先生になった子どもが他の子どもたちに絵本を読んであげる姿や，

お母さんごっこでは，赤ちゃんに絵本を読んであげるお母さんの姿が，見られるようになってくる。

『3匹のやぎのがらがらどん』や『ぐりとぐら』のように，保育者による読み聞かせのくりかえしで，自然に文章を覚えてしまっているような絵本では，文節のなかにある自分が読める文字を手がかりにして，あたかも文章を読んでいるかのようにすらすらと暗唱がなされていく。文章を覚えていない絵本では，文字上の指なぞりに合わせて，一つひとつの文字を拾いながら「読み」がすすめられていく。自然発生的に出てきた読み聞かせ遊びでは，文字読みの正確さやお話の内容を知ることが，子どもたちの目的ではない。文字という文化的な道具を通して，それぞれのやりとりの展開や遊びの発展を楽しんでいるのである。そのような遊びを通して，絵本に書かれている文字が文節を構成し，その文節がお話の内容を伝えているという文字の機能や象徴性を実感していく。

（4） 保育室の意図的な文字読み環境

保育者は，意図的な文字環境をどのように考えて構成しているのであろうか。

表7-1は，S幼稚園の文字読み環境の一例である。2年保育4歳児年少組と，進級した5歳児年長組の同じ状況の文字環境を，保育者の意図および援助の仕方から述べていく。

4歳児に対しては，絵柄シールや遊具の絵といったような視覚的な記号が文字と一緒に提示されている。日常生活を円滑に進めていくための行動上の手がかりとしての記号であり，どちらかの認識が目的なのである。入園当初の保育者の援助は，文字記号よりは花や動物シール，遊具の絵などの記号を優先している。しかし，4歳時1年間の保育のなかで，子どもの手がかりにしている記号が絵柄から文字へと徐々に移行していくように，保育者は自覚的に，あるいは無自覚的に，さまざまな機会にはたらきかけていく。

やがて，進級した子どもたちは5歳児組の保育室に移行していく。新しい保育室では，4歳時の絵柄記号に頼らずに，文字読みを通して個人の特定空間や保育環境に関わっていくような文字環境が用意されている。5歳時の行動の手

第7章 文字は遊びの道具？ 生活の道具？

表7-1 「読み」の文字環境例と保育者の意図および援助

	年少組（4歳児）	年長組（5歳児）
A くつ箱・ロッカー・引き出しなどの名前標示	目印になる絵柄のついた名前シールに個人名を記入し、くつ箱・ロッカー・引き出しなどに貼りつけ、個人の場所を示している。	絵柄のない名前シールに、個人名を記入し、くつ箱・ロッカー・引き出しなどに貼りつけ、個人の場所を示している。
	「まりこちゃんのところは、赤いチューリップのところよ。赤いチューリップのところに"たなかまりこ"ってかいてあるからね」と、絵柄が名前の文字と結びついていることを知らせる。どちらでも、本人が認識しやすい記号を手がかりにして、行動を起こしていってほしい。	「自分の名前が書いてあるところに入れてね」と、自分の名前の文字読みを前提としたはたらきかけをしていく。戸惑っている子どもには「ここに"すずきひろし"って書いてあるのよ」と、文字と読みの対応を、個別に知らせていく。
B ままごと道具や遊具の設定場所の標示	"こっぷ" "おさら" "つみき"などの文字標示とともに、遊具の絵柄も一緒に標示されている。	"こっぷ" "おさら" "つみき"など、文字だけの標識で、設定場所が標示されている。
	「こっぷの絵が描いてあるところにしまってね」と、文字より絵柄に注視して行動するようなはたらきかけ方をしていく。	「"こっぷ"と書いてあるところにしまってね」と、文字から情報を得て行動するようにはたらきかけていく。

（上段：文字環境　下段：保育者の意図および援助）

がかりとなる道具として、文字記号に焦点がしぼられていくのである。文字読みに戸惑っている子どもがいる場合には、自分の名前と文字標示との対応がわかるように、個別に関わって援助していく。このとき保育者は、文字が読めないことで子どもの内面に劣等感が芽生えないように、子どもの気持ちにじゅうぶん配慮することを忘れてはならない。また、進級時に名前文字が読めない子どもが多い年度では、手がかりの識別が容易になるような工夫が必要になる。たとえば、保育者が書いた名前シールに子ども自身のオリジナルな記号をつけ加えるようにはたらきかけたり、名前文字の色を複数色にして、色を手がかりにして各自の名前が特定できるようにしたりして、4歳時とは異なった方法を講じていく。年長組みになったという5歳児の自尊感情に配慮した文字環境を子どもの実態に合わせて準備していくことが大切である。

　一見、同じような文字環境であっても、年齢によって、また子どもの実態に

よって，保育者のはたらきかけかたはそのときどきで創造的に生み出されていくことがのぞまれる。

2　園生活における「書き」の獲得過程

　国立国語研究所（1972）の報告によれば，子どもはいくつかの文字を読みはじめると，すぐに「書く」活動をはじめるという。日常生活の活動のなかで親しみ，「読み」を獲得した文字を書き写すという行為を通じて，文字を書く活動が生まれてくる。

　文字書きについて調査した東ら（1995）の研究では，前出の図7-2からもわかるように，文字読みほどではないが，就学前までにはかなりの水準で文字書きが獲得されていることが明らかにされている。また，3歳児では，まだ文字を書くことに対する認識が明確ではないこと，しかし4歳児になると何度もお手本を見て，文字としてきちんと書こうする意識が育ってくること，そして5歳児では単語や文節を認識して，1字1字を見なくても次第に書けるようになってくることも報告されている。

　文字書きに対する関心や能力は文字読み以上に個人差が大きく，保育活動のなかでの「書き」への援助は「読み」以上にむずかしい。しかし，日常生活のなかで保育者や保護者が連絡帳を書いている姿や，作品に，製作者の名前や内容説明を記入してくれる保育者の文字書き行動などをモデルにして，自分もその活動をしてみたいという思いが自然にわき起こり，文字を書く活動が生まれてくる。

　文字書きの過程でも，読みと同じように「音韻的意識」が大きく作用している。ロッカーに標示してある「まりこ」という文字が書けるようになるために，まず「ま・り・こ」と音節に分解して，「ま」と唱えながらその音声に対応する「ま」という文字を写して書く。次いで，「り」と唱えながらその音声に対応する「り」を書き，「こ」と唱えながらその音声に対応する「こ」という文字を書く。全部書き終わってから，分解した音節をまとめて「ま・り・こ」と，連続して読みあげ，「せんせい，"まりこ"ってかけたよ」と得意になって見せ

第7章　文字は遊びの道具？　生活の道具？

にくる。直接的に文字書きを教わることなく，日々の生活や活動のなかで身近な文字環境を手本にして，「読み」の1音節に対応する1文字を写しとりながら，文字を書くことを覚えていく。文字書きに慣れてくると，家族で海にいったときの絵を描きながら，「おとうさんとわたしが海に入ってるの。おかあさんはここで見ていたの」と説明しながら，絵のなかの人物に「おとうさん」「おかあさん」「わたし」などの文字を書き入れて仕上げていく。

　幼児期の文字書きは，遊びの流れのなかで文字を書く必要が生じたときに，保育者がすすんで関わって援助していくことが望ましい。

（1）　文字も遊びの道具

【事例3】　"だんごや"の看板書き（2年保育　5歳児　5月）

> 　おさむ，さとる，きよしが，粘土を出して遊んでいるうちに，だんご作りがはじまった。そのうち「このおだんご，売ろうよ」とおさむが言いだし，だんごを売ることになる。3人はお皿にだんごをのせ，売り物として机の上にならべだす。おさむが「"だんごや"の看板，作らなくっちゃー」と言い，さとる，きよしも同意して，看板づくりが始まる。保育者のところから看板用の大きな紙をもらってきて，マジックで思い思いのだんごの絵を描きだした。描きながらさとるが「"だんごや"って書かないの？」と言いだす。「知らないもん」とおさむ。「ぼくもー（知らない）」ときよし。おさむは「先生に，書いてもらおう」と，保育者を呼びにいく。看板のところにきた保育者は，「じゃー，みんなで書いてみたら？」と言いながら，別の紙に"だんごや"と書いておさむに渡す。おさむは看板の紙の横にお手本をおいて，"だんごや"と，真似して書きだした。おさむが書きおえるとさとるも書きだし，さとるをみてきよしも一緒に書きだした。それぞれの"だんごや"の文字が書かれた看板ができあがり，セロテープで机に張りつけて，"だんごや"の店が開店した。3人は，口々に「おだんごでーす」「かいにきてくださーい」と，保育室中に聞こえるような大きな声で，他の子どもたちを誘いはじめた。

　この事例の背景には，文化的な道具としての文字の機能を理解している5歳児の実態がある。さとるは文字を通して"だんごや"であることを他の子どもたちに伝えたいと考え，「"だんごや"って，書かないの？」と発言している。

おさむときよしはさとるの発言の意図は理解しても，"だんごや"の文字を書く自信がなく「知らないもん」と答えている。そして，おさむに頼まれた保育者は"だんごや"の文字書きは"だんごや"という正しい文字を書くことが目的ではなく，"だんごや"という文字記号が描かれた遊びの道具の一つとして，看板をみんなで作ることが子どもたちの目的であるととらえたのである。そして，遊びを盛り上げるために，「自分たちなりの道具をつくること＝自分たちなりの"だんごや"の文字をかくこと」を提案し，お手本をわたすというかたちで援助したのである。遊びの発展のために思いついた看板作りを通して，子どもたちはごく自然に文字書きの学習をしているのである。お店屋の看板をはじめ，レストランのメニュー，ゲームセンターの案内，乗り物の切符など，ごっこ遊びのなかでは，遊びの道具として書かれた文字が，遊びの発展や展開に果たす役割は大きい。

（2） 文字の「読み―書き」に発展する遊びのとらえ方

　遊びの道具に埋め込まれた文字書きとは異なって，文字の伝達機能に根ざした遊びがちょっとしたきっかけから生まれてくることがある。年少の友だちへのプレゼントを相談しているときに手作り絵本が提案されたり，「敬老の日」に祖父母に投函した本物の手紙から，保育室のなかで「お手紙」が行き交うようになったりする。保育者は，このような遊びのきざしを敏感にとらえることが大事である。文字を書く活動を自覚的にとりあげ，絵本作りや手紙ごっこの遊びとして，さらに発展可能な環境を整備し，再構成しながら，文字を使った遊びが楽しめるように援助していく。これらの遊びは，「読み―書き」の相互作用のなかで楽しさが増幅し，ごく自然に文字の獲得へとつながっていく。

4　幼児期の文字環境への配慮
文字の獲得にむけて

　幼児期における文字の獲得過程が，小学校での文字の学習過程とはまったく

異なった性格のものであることが，国立国語研究所（1972）の調査でも明らかにされている。幼児期の「読み―書き」と小学校1年生の国語力との関連を調べた東ら（1995, p.116）の研究では，早い時期の発達とその後の発達との関係はかならずしも一義的であるとはいえないことが明らかにされている。また，文字に関する豊富な教材を配していることが，かならずしも文字獲得に良い文字環境とはなっていないことも示唆されている。

　保育者はこれらのことを踏まえて，以下のことに配慮しながら，文字環境を構成し，子どもたちにはたらきかけていくことが大切である。

1．幼児期における文字の獲得過程が児童期とは異なった性格を有していることから，小学校の文字指導の方法を幼児期にあてはめるような援助の仕方は決して望ましいものではないことを，十分に理解しておく。
2．文字が獲得される時期や獲得文字数の多少などは，保育者の認めや称讃によって子どもの効力感につながる一方，個人的差異がある領域なので，他の子どもにとってはマイナスに作用することも考えられる。したがって，一人ひとりの文字獲得の実態やクラスの子どもたちの特性を踏まえて，きめの細かい援助の仕方をこころがける。
3．文字が獲得される時期や獲得文字数の多少に敏感になっている保護者には，東ら（1995）の報告に支えられている根拠ある情報として，早い文字獲得の時期とその後の発達とがかならずしも関連していないことを知らせていくようにする。
4．文字との出会いや文字に対する興味や関心が日常的に起こりうるような環境の整備に努めるとともに，文字環境の多少が一人ひとりの"今，ここ"の子どもの育ちにふさわしいかどうかを吟味しながら，流動的・意図的に構成していく。
5．4歳から6歳という長い学習過程を経て文字が獲得されていくことから，それぞれの子どもの内面に文字の獲得につながる「前読み書き能力」が育っているかどうかをみきわめながら，一人ひとりにはたらきかけていく。

保育者が構成した文字環境のなかで，子どもたちはごく自然に文字とふれあい，文字の獲得を通して新たな感動と新鮮な驚きに出会いながら，さらなる活動の世界を創造していくのである。

引用・参考文献

秋田喜代美　2000　『知を育てる保育：遊びでそだつ子どものかしこさ』　ひかりのくに

秋田喜代美　1998　『読書の発達心理学』　国土社

東　洋・唐澤眞弓・柏木惠子・無藤隆・大熊徹・佐々木保行・関口はつ江・柴崎正行・繁多進・内田伸子　1995　「幼児期における文字の獲得過程とその環境的要因の影響に関する研究」『平成4～6年度科学研究費補助金（総合研究A）研究成果報告書』

福沢周亮・池田進一　1996　『幼児のことばの指導』　教育出版

稲垣佳世子・波多野誼余夫　1989　『人はいかに学ぶか：日常的認知の世界』　中央公論社

国立国語研究所　1972　『幼児の読み書き能力』　東京書籍

無藤隆　1986　「文化的学習の理論をめざして：前読み書き能力の獲得」　日本児童研究所（編）『児童心理学の進歩』第25巻　金子書房

無藤隆・柴坂寿子・秋田喜代美・藤岡真紀子　1993　「幼児における文字の読み書きと読書の技能と信念に関する縦断的研究」『平成3，4年度科学研究費補助金（一般研究(c)）研究成果報告書』

高橋登　1999　『子どもの読み書き能力の獲得課程』　風間書房

内田伸子　1996　『ことばと学び：響きあい，通いあう中で』　金子書房

内田伸子　1989　『幼児心理学への招待』　サイエンス社

横山真貴子・秋田喜代美・無藤隆・安見克夫　1998　「幼児はどんな手紙を書いているのか？：幼稚園で書かれた手紙の分析」『発達心理学研究』　**9-2**　95-107.

第8章
乳幼児が数量を理解する過程とその援助
数量の獲得の保育

………この章では…………………………………
乳幼児は生活のいろいろな場面で数量と関わり理解していく。それを援助するには，まず大人は彼らがどのようにして数量を学びとっていくのかを知らなければならない。なぜならば自分が乳幼児期にどうやって理解したかを忘れているし，さらに乳幼児が数量を学ぶ機会は特別な状況ではなく，日常生活に埋め込まれているからである。そこで乳幼児が数量の知識を獲得していく過程を概観し，それを助ける大人，保育者のはたらきかけを考察してみる。
………………………………………………………

　私たちは日々の生活のさまざまな場面で，数量を使っている。たとえば食事の準備をする際には人数を考慮して，材料の個数，量を決め，テーブルには食器を人数分に見合った個数だけ並べるし，調理の過程では調味料を量り，加熱時間を計測する。子どもはそうした数量のある環境に生まれ育ち，それを大人が処理するようすを見ながら，数量を理解していく。また数字は時計，テレビのチャンネル，電話のダイヤル，カレンダー，車のナンバーなど子どもが興味を示す身近な物に使われており，子どもの多くが幼児期に字形と名称を覚えて読んだり書いたりするようになる。乳幼児が日常経験を通して獲得する数量の知識をインフォーマル算数という。この知識は小さな数を処理できても大きな数では誤ったりと数操作に一貫性がなく論理的でもないのでかならずしも役立つとは限らない。そこで数量の知識は大人が教えなければ理解できないとして

幼児期での積極的な指導の必要性が主張されてきた。指導の主な内容は日本ではピアジェによる数量概念の研究成果が1960年代に翻訳される以前は，小学校算数を引き下ろした伝統的な数唱を暗記し，数えるという計算技能であった。ピアジェの研究は集合の系列化や対応，数の保存といった幼児期からの子どもの数量認識の過程を追究した理論である。ピアジェ理論に基づいて1960年代後半から1980年代にかけてさまざまな幼児向けの教育プログラムが考案され，数多くの指導書，解説書が出版されて教育理論の主流となった。その多くの内容は主にピアジェが用いた課題もしくはその類似課題の練習である。今日でも幼児向け月刊誌の数量指導のページやワークブックで集合，対応，保存を取り上げるのはこうした歴史が背景にあるからなのである。その一方で幼児期は社会性や情操，遊ぶ力の育成が大切であって，数量を指導すべきではないとの主張も根強くある。

しかし幼児が数量に強い関心をもち，それを理解していくのは確かであり，数量指導の肯定論も否定論も子どもの実態に基づかない，大人中心の考えによる主張といえよう。指導は乳幼児のためになされるのだから，彼らが興味にしたがって始めた自発的行動を尊重し，そこでの学びを援助するのが基本となる。

1　数とは何か，量とは何か

「数とは何か」との問いに多くの人は，集合，数詞，数字，数唱，計数などと答える。集合は事物のまとまり・集まりであり，数詞は数を示すことば，数字は数を示す文字で，どれも数を表現する媒体である。数唱は数詞を上昇方向の系列順序に唱えることで，計数は物の個数を数えることで集合の個数を計測する方法である。これらはどれも数ではない。

私たちが1つ，2つと数えて，その個数を計測できるものは分離量という。そして長さ，面積，体積，重さのように個数として計測できないものを連続量という。だから連続量はメートル，平方メートル，リットル，グラムなど基準

とする量を特定の単位にして計測する。このように私たちが目で見て，手で触れ，扱うものはすべて量と呼ばれる。私たちは物の個数にも，その重さや体積にも着目する。すなわち分離量か連続量かは物により定まっているのではなく，着目する事柄によって決まるのである。

　さて私たちは蟻が3匹でもサン，自動車3台でもサン，ノックの音が3回でもサンという。事物のサイズや形，色などの感覚的特徴が違っても，3個のものはサンと認識する。このように事物のあり方から導き出し抽象した結果が数である。分離量でも連続量でもそれを計測し抽象した数を，数詞に転換して認識している。すなわち数は事物のあり方から抽象して頭のなかに作り出す概念なのである。数とは何かとの問いがむずかしいのは，それが外界に実在せず見たり触れたりできないことによる。この抽象的な数を乳幼児はふだんの生活におけるさまざまな経験を通して理解していくのである。

2　数量に関する感覚とことばを獲得する過程

　養育者は乳児に授乳や食事のときに「たくさん飲んでね」「もっと食べる」「お腹いっぱいかな」などと話しかける。乳児は空腹が満たされていく身体感覚とこうした言語音とを結びつけ，2歳頃にはいっぱい，もっと，ちょっとなどのことばを使うようになる。

　また養育者はオムツ交換のときに乳児の脚を屈伸させ「1，2，1，2」とリズムをとり，「高い高い」のときには「1，2，3…」と回数をいい，お風呂では肩までつかって10まで数唱したりする。このように乳児期から子どもはリズミカルな運動をしたり，入浴のときなどに数唱を聞いて覚える。数唱はことばとして覚えるから，できたとしても数をわかったとはいえないが，数詞とその系列を覚えるのに必要な経験である。ゆったりとした気分で数唱を聞かせることは積極的な指導といえよう。

　集合の個数がわからなくても，個数が3個以下の集合を生後4か月の乳児は

知覚的に区別できるという。この時期の乳児は計数できないので，集合パターンを記憶していて，それと照合して判断すると考えられている（Siegler, 1986）。乳児期から集合の個数の違いに気づくのは，それに敏感だからであり，同一物の集まりである集合にとくに興味を向けていることがわかる。そして1歳頃になると，ベビーベッドなどにあるそろばん玉のような可動の玉やコートを掛けるフックなど，同形のものが直線状に並んでいるのに注目する。2歳頃になると自分で同型・同色の小型ブロックやミカンなど同じ物を畳の縁やフローリングのつなぎ目にそって直線状に並べたりする。そしてそれを数えるような行為をするが，数唱できなかったり，できたとしても数唱の数詞と物がまったく対応しなかったり，数詞の順序がランダムだったりと，数えるふりとわかる。大人も長く続く石段や並んだ敷石などをみると思わず数えることがあるが，同型物の直線的なリズミカルな配列は数唱を誘うほどに，人の数量感覚を刺激するのである。乳幼児が同形の物の配列に注目したり，同形の物を並べたり，物の個数を数えるふりをするのは，数量への関心を示すものと考えられる。乳幼児はさまざまな生活経験を積んで，身体感覚として量の多少をわかり，物の配列やその個数に注意を向けるようになる。計数のやり方を大人が意識的に教えようとする以前に幼児は大人が行っている数える行為とそのときに発声される数唱に興味をもち模倣しはじめ，そして集合を個数の違いよって，2つ，3つなどと異なる呼び方をすることにも気づくようになる。集合の特定の存在パターンを特定の数詞で表現するまでに，これほどの数量に関する感覚と知識をため込んでいるのである。幼児が並んだ物に興味を示したら，大人はブロックやみかんなど幼児でも扱いやすい物を並べてみせ，さらにその並びを声を出して数えてみせたり，子どもが自由に扱えるようにそうした物を身近に用意したりすることが大切である。

3 集合の個数を把握する過程

　集合の個数（集合数）を把握するもっとも基礎的な方法は数えることである。それは数唱の数詞と集合の要素と1対1に対応づけて，その最後の数詞をその集合の個数とするもので，この一連の手続きを計数という。計数が確実にできるためには，一度数えたものを再び数えないように区別しなければならないので，初期には指を使う。さらにどのような物でも計数するには，数える物の大きさや性質に関係なく，大きなケーキでも1つ，それを切り分けたケーキでも1つと，分離した1つの物は1つと数えられることがわかり，さらに数詞と対応づける物の順序は関係がなくどのような順番で数えても結果は同じであると理解していなければならない。このようないくつかの抽象的な規則を理解しているからこそ，さまざまな事物の個数を数えて，その集合数を把握できるのである (Gelman & Gallistel, 1978)。

　3歳頃には数唱の数詞と事物を1対1に対応づけ，個数を数えるようになる。しかし，「イチ，ニ，サン」と確実に対応づけて数え終えても「サン」とその個数をいわず，そこで「いくつあった？」と質問されると，また「イチ，ニ，サン」と数える行為を繰り返すことがある。計数が集合の個数を把握する手続きと了解していなかったり，その了解はあっても最後の数詞で命名することがわからないのである。こうした幼児も大人が事物を数えてその個数をいうのを繰り返しみたり自分でも数える経験をして，計数では「数える行為」が大切なのではなく，事物の個数を知ることが目的とわかると，数唱の最後の数詞で集合の個数をいうようになる。3歳代では3個までは数詞と物を一対一対応できるが，4個以上になると1つの物に「ロク，シチ」と複数の数詞を対応させたり，数詞を対応させずに数えたことにしたりと対応に失敗する幼児も少なくない。経験を積んで計数の範囲は広がるが，4歳代でも10個を超えると数唱と物との対応ができなくなるのがふつうである。

またおはじきを数えられても，他の事物では計数できないことも多い。数える事物によって計数に難易がある。たとえば，おはじきをはじめミカンやビスケット，ミニカーなどの片手で扱え，数えながら移動できるものは容易である。移動させる動作と数詞を対応づけられるし，数えたものとこれから数えるものとを区別できるからだ。一方，可動なものでも鉛筆のような細長いもの，紙のような広く重なるものはむずかしい。大人がやるように鉛筆をまとめて握りその一端を数えたり，紙を少しずらしてその一片を数えたりはできない。一端や一片が鉛筆1本，紙1枚のシンボルとの了解がないからである。それを大人が教えたとしても簡単に納得してできるものでもない。一つひとつ離して広げ，それぞれが個物とみえる状態ならば数えられるが，4歳代でもそのように広げて数えようとしない。いろいろな形や大きさの物を計数する経験を重ね，習熟していくしかない。さらにノックや時計の時報の音の回数のような目に見えないものや，縄跳びを跳んだ回数，ブランコで揺れた回数など手で触れられないものを数えるのは5歳代でもできない場合が多い。幼児の初期の数唱には独特の速さとリズムがありその速さを意識的にコントロールできず，数える対象のもつ固有のリズムに数唱のリズムを合わせられないのである。

　3歳代の後半になり計数に慣れてくると，3個以内の小さな集合は数えなくても，一見してその個数がわかるようになる。その方略（やり方）をサビタイズ（subitizing）とか直観的数把握と呼ぶ。サビタイズは目で見た事物の特定の集合パターンと記憶にある集合イメージとを瞬時に照合して一致したとき，集合イメージの数詞で事物集合を命名すると考えられている（Trick & Pylyshyn, 1994）。事物集合を計数する経験を積み，3個以下の集合のいろいろな配置パターンとその数詞を記憶しているからできるのである。単にことばであった数詞は集合イメージと結合すると数の媒体として使えるようになる。そして4歳代の後半になると幼児の多くが4個をサビタイズできるようになるが，3個から4個に進むまでにはほぼ1年かかる。4個のサビタイズが可能になると，たとえば「2と2を合わせると4になる」「4は3と1に分けられる」という数の合成・分解，さらに数唱の隣り合う数が1ずつ違うことをわかるようになり，

5とそれ以上の数を導き出せるようにもなるという。幼児は物を扱い計数してゆっくりと自然数の構造を理解していくのである（中沢，1981）。さまざまな個数の集合を作ったり数えたりしやすいように，おはじきや王冠，木の実など同型で扱いやすい物をたくさん用意しておく環境の準備と幼児が気づいたことに共感したり，疑問に答えたりすることが大人に求められる援助である。

4　数字の使用と大きな数との関わり

　算用数字はふだんの生活環境のなかにありふれているし，子どもは大人がそれを命名することばを乳児期から聞いている。それで大人が意図的に教えなくても3歳頃には数字の字形を覚え，読めるようになる。基本となる算用数字（digit）は0を含めて10種類しかないが，幼児はふつうサビタイズ可能な小さな数を示す数字からその命名を覚えていく。数字は命名され数詞に転換されて集合イメージと結びつけられ，数の媒体として働く。数詞は集合イメージを想起させ，それを通して数字や集合など数の媒体と媒体を結ぶ役割をしているという（丸山，1993）。したがって数字が数の媒体となるには数詞と集合イメージとの結合が前提となる。集合を計数しサビタイズして数詞で命名する経験があるからこそ数字で数を操作できるのである。数詞と集合イメージが結びついていない幼児に大人が数字の読みを教え，それを覚えさえすれば数字で数がわかり，数を操作できるというのではない。

　数詞のイチ，ニ，サンという字音の呼称は10進法の規則に完全に従う。数字はこの数詞で命名するので，それも10進法の規則に従う。10までの数字の命名は一つひとつ記憶しなければならないが，10を超えた数字は10進法の命数法がわかれば，それによって命名できる。たとえば，21から29までの数字は十の位の数詞名の「に」と位の名前の「じゅう」を加え，それに1から9までの数詞を順番に付け加えればよい。5歳頃には幼児の多くが3けたや4けたの数字も命名し，3けたより4けたの数字の方が大きい数を示すことも漠然とわかって

くることから，幼児期の終わり頃までにはこの命数法を理解するようになるといえる。しかしそうしたけた数の多い数字が示す数を実感としてつかめず，数字の位置が示す位の意味もわからない。それには小学校算数で学ぶ10進法の記数法と位取りの原理の知識が必要だが，幼児期には理解できない。幼児期はその基礎として大きな数を示す数字を見たり，その命名を聞いたりする経験をして，十，百，千，万など位の名前を聞き覚えて，漠然と使えるようになれば十分である。ふだん幼児が見聞きする数字・数詞は日付，時刻，気温，商品の価格や物の重さ，長さなどで，幼児の理解する数範囲を超える数値がふつうで，むしろ彼らがわかる10以下の数値を扱うことの方がまれであろう。しかしそうした大きな数値をわからなくても，それと関わる意味はある。理解できないからと故意に遠ざける必要はない。

　10進法は10を一つの束にして数を処理する便利な方法だが，幼児は大きな集合や数値を扱う場合，5をひとまとまりにしているという。さらに数を指導する場合でも，10よりも5を基準にした方が受容されやすいことが示され，幼児の数知識は5を基礎とした構造をもつと考えられている。そこで幼児がときどきに応じて5を基数としたり，10を基数としたりと柔軟に使い分けられるような援助が大切という（吉田，1991）。

5　2数の比較判断と数の保存

　より多い，より少ないという関係はもっとも基本的な順序数の性質で，1歳半頃には4個以下の2集合を比較して，どちらが多いかを判断できるという。こうした知覚的な区別による多少等判断は小さい集合では有効だが，大きな集合では確実な結果は望めない。要素を一対一対応させるか，計数して把握した数詞により比較しなければならない。一対一対応では数詞を使わずに2集合を比較できるが，幼児は計数する場合が多いようだ（Fuson et al., 1983）。計数による集合数の把握に慣れているからであろう。そして記憶している数詞の系列と

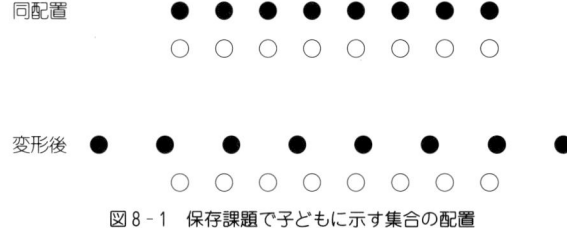

第8章　乳幼児が数量を理解する過程とその援助

```
同配置      ● ● ● ● ● ● ● ●
            ○ ○ ○ ○ ○ ○ ○ ○


変形後    ●   ●   ●   ●   ●   ●   ●   ●
          ○ ○ ○ ○ ○ ○ ○ ○
```

図8-1　保存課題で子どもに示す集合の配置

照合して数詞の大小を判断し，2集合の多少を決定する。2つの数字の大小判断においても，数字を命名して数詞に転換し，数詞の系列を使って比較している。

9以下の2数の大小比較において，4歳児でもっとも容易なのは2と1のような小さい数同士の比較か，3と9のような差の大きい2数の比較という。この結果により幼児は数詞を次の4グループに分けて記憶していると考えられている。1群は6，7，8，9を含む大きな数で，2群は4と5の中位の数，3群は2と3の小さい数，4群は最小数1だけである。グループ化により1群の大きい数を大きいと答えれば90％の問題で正答できるように，2数の多少等判断は容易になる（Siegler & Robinson, 1982）。また小さな数が大きな数より細かく分化しているのは小さい数の経験が多いことの反映という。だから10以上の大きな数の系列化には，数唱の範囲を拡大し大きな集合を計数してその個数を実感としてつかみ，さらに数詞の系列を確実に記憶していくために，大きな集合と関わる経験の積み重ねが必要なのである。

ふだん幼児は系列化した数詞を尺度にして数値の大小を比較する。しかし，幼児は次のような手続きの実験場面では2集合の等判断を見た目の変化で誤ることが示された。これはピアジェの数の標準的保存課題といわれる。実験者は赤いおはじき8個を直線状に配置し，子どもにそれと同じ個数だけ青いおはじきを並べるように指示する。並べ終わったらおはじきの2集合が同数かを尋ねる。子どもが同数を確認したら，実験者は赤いおはじきの間隔を広げて配置を変形し，再度2集合が同数か尋ねる（図8-1）。

その結果，3歳頃までは青のおはじきを赤と1対1対応して並べられず，4，5歳頃では1対1対応で同数並べ2集合を同配置では等しいと認めても，変形

後では赤の方が多いと答えることが示された。集合の個数ではなく，その配置の長さや密度を含めて判断しているである。そこで幼児の数の思考は配置を変形しても同じ（同一性）とか前の状態に戻せば同じ（可逆性）などと論理的な思考でなく知覚によるもので，幼児は数概念をもたないとされた。保存概念とは見かけが変化しても個数は変化しないという数の本質に関わる理解で，変形後でも等判断する7歳頃にはじめて数を理解するとされた（Piaget & Szeminska, 1952）。しかしピアジェの研究はさらに検討が重ねられ，保存課題の問題が指摘された。たとえば実験では一度答えた質問を再度問うが，そうした会話はふつうの生活場面ではなされない。すでに答えのわかっている問いを繰り返されると幼児は自分の答えが違っていて，実験者が修正した答えか別の答えを要求していると思い，答えを変えると考えられている（Siegal, 1991）。また保存課題では集合配置の変形だけで，それと同等に重要である「物が増減すると集合の個数が変化する変形」の理解は未検討であった。そこで幼児がそれを理解していることは5個以下の小さな集合を使った実験で明らかにされた。標準的課題では集合の個数が6個以上だが，この個数の多さが課題遂行に影響したと判断されている（Gelman, 1972）。これらを踏まえて，標準的保存課題ができないからといって幼児が数概念をもたないというのは誤りで，今日ではピアジェがいう以上に幼児は数の本質を理解していると考えられている。

さてふだんの生活では，茶碗は茶碗で重ねて食器棚へ，靴は靴棚へ，玩具は玩具箱へ入れるなど，生活用品でも子どもの玩具でもなんらかの共通項でまとめて整理するのがふつうである。また家庭では家族が使う食器を準備したり，料理やおやつを分配して皿にのせたり，園では自分の帽子やかばんを所定の場所に掛け，自分のロッカーから必要な道具を出し入れし，当番としてグループの幼児に教材を配布したり，手をつなぎ2列で歩いたり，フルーツバスケットやイス取りゲームなどをしている。こうした日々行っている物の類別，整理，収納，分配や遊びは集合作り，集合と集合の1対1対応，多少等判断そのものである。子どもは必然的な状況でこうした経験をしている。これらを幼児が遂行できるように助ける大人のはたらきかけは数量の積極的な指導といえる。こ

うした視野をもち，生活のなかで数量の学習をしていることを意識できればその機会を確実にとらえ，より適切な援助が可能になるのである。

6 集合の合成，分解とたし算・ひき算

　たし算やひき算の指導はふつう園では行わないし，家庭でも意図的にはあまり教えようとはしない。それでも幼児の多くは集合の合成と分解，初歩的なたし算とひき算ができるようになる。彼らがそうした技能を獲得していく過程をみていこう。

　集合の合成と分解の結果を生後4，5か月の乳児はわかることが実験で示されている。その手続きは合成では，カーテンでおおった中の見えない箱の中に人形1つを入れ，さらに1つを入れる。次に実験者は中の人形の個数を操作してからカーテンを開き，乳児の人形の注視時間を計測する。人形の個数は正答の2つ，誤答の1つ，3つである。一般に乳児は新奇な刺激には関心を示し，注視時間が長くなる。この実験では誤答の注視時間が正答より長くなっており，正答の集合を知っていると判断された（Wynn, 1992, 1993）。乳児は合成，分解の操作の意味がわかり，その結果の集合イメージを頭に思い浮かべられるのである。この能力は誕生後に獲得したと考えられないので，生得的なものと想定されている。それで大人から意図的に教えられなくても，生活のなかでいろいろな物の集合の扱いを通して，集合に物を加えれば多くなり，反対に集合から物を取れば少なくなる経験をして集合の性質を理解し，それによって合成・たし算が個数を増やし，分解・ひき算が個数を減らすという概念的な基礎を構成していくのである（Baroody, 1993）。

　幼児期になれば合成，分解の結果を数詞で答え，満6歳を過ぎる頃には個人差はあるにしても9個以下の合成，分解ができるようになる。そして集合によるたし算も同じ程度できるようになる。たし算はたとえば $3+2=x$ では，集合を使うと3個と2個を示して，3個に2個を加える（合わせる）といくつに

なるかとの表現となり，合成とまったく同じ操作とわかる。たし算はその記号をわからなくても合成としてできるので，合成はたし算の基礎的操作といえる。また分解はたとえば5個を3個と2個に分けるというように合成とまったく逆の操作で，それらは可逆的な操作なのである。

$$
\begin{aligned}
&合\ 成\quad (\cdot\cdot\cdot)+(\cdot\cdot)\rightarrow(\cdot\cdot\cdot\cdot\cdot) \\
&たし算\quad (\cdot\cdot\cdot)+(\cdot\cdot)=(\cdot\cdot\cdot\cdot\cdot)
\end{aligned}
$$

それではひき算はどうなのだろうか。たとえば $5-2=x$ を集合では5個と2個を示して，5個から2個を引くといくつになるかとの表現となり，分解と明らかに異なる。

$$
\begin{aligned}
&分\ 解\quad (\cdot\cdot\cdot\cdot\cdot)\rightarrow(\cdot\cdot\cdot)+(\cdot\cdot) \\
&ひき算\quad (\cdot\cdot\cdot\cdot\cdot)-(\cdot\cdot)=(\cdot\cdot\cdot)
\end{aligned}
$$

幼児の多くは先に分解ができるようになり，ひき算が遅れる。ひき算では5個の集合から2個の集合を消し去る操作，$(\cdot\cdot\cdot\cdot\cdot)\rightarrow(\cdot\cdot\cdot\times\times)\rightarrow(\cdot\cdot\cdot)$ をしなければならない。消去は実在の集合では表現しにくい論理的な操作であるためにひき算が遅れると考えられている（丸山, 1993）。しかし引かれる数5を引く数2で分解できれば，たとえば

$$(\cdot\cdot\cdot\cdot\cdot)-(\cdot\cdot)=(\cdot\cdot\cdot)+(\cdot\cdot)-(\cdot\cdot)=(\cdot\cdot\cdot)$$

のようにひき算が容易にできるから，分解はひき算の基礎的操作といえる。

合成，分解，たし算，ひき算の方略として，幼児は指折り数える，指を立て声だけで数える，指を立てるが数えずに答える，記憶から結果を引き出すなどを用い，難しい問題ほど指を使った目に「見える方略」を使う（Siegler & Shrager, 1984）。繰り返し経験した小さな数のたし算，たとえば「1たす2」で

は記憶していた結果からただちに3と答えられるかもしれない。しかし結果を記憶していなかったり，集合イメージを明瞭に思い浮かべにくい大きい数のたし算では指を使って，たとえば「2たす5」では左右の手指をそれぞれ2本と5本立てて，それを1～7とすべて数えあげて7と答えを出す。しかし，幼児はいつまでもこの数え方にとどまるのではなく，より労力と時間のかからない数え方へと進歩していく。すなわち最初に2を記憶し，それに立てた5本の指を3～7と数える，数え足しといわれる方略が現われる。さらに「2たす5」は「5たす2」と同じ結果という交換の法則がわかるようになると，たす2つの数のうちの大きい方をまず判断して5を記憶し，それに6，7と数えたす，いわゆるたし算の最小アプローチ方略に気づくようになる。

　1位の数のひき算ではたし算の最小アプローチ方略と同様に，はじめにひき算する2つの数の大きさを判断し，その2数の差によって2つの方略を使い分けるという。たとえば「8ひく6」のような差が小さい場合は，小さい数6から7，8と数え上げ，その数え上げた回数2を答えとする。「8ひく2」のような差が大きい場合は，大きい数8から小さい方の数2の回数だけ7，6と数え下げた数6を答えとする（吉田，1991）。このような下降方向の計数をひき算に使うようにもなるのである。

　いずれにしろ合成，分解，たし算，ひき算において計数は大きな役割を果たしている。集合の合成，分解は，園では出欠席の人数の確認やそれに基づく物の分配などの際に日々行っている。クラスをいくつかのグループに分けてさまざまな活動をするが，その人数を5人前後に調整することで小さな集合の合成，分解を繰り返し経験する機会となっている。だから生活の基本となるグループの人数を適切に決めることが援助の基礎といえよう。またドッジボールやトランプ，かるたのような人数や物の個数で勝敗を競う遊びなどでは幼児は合計を求め，差を確かめようとする。こうした遊びでは勝負にこだわるだけでなく，知りたい数を求められるような冷静な援助も留意すべきである。

　幼児は教えられなくても小学校算数で習うたし算，ひき算の方略より高度な技能を生活のなかでみつけだし習得する。その背景には手続きがより簡単で確

実な方法を求めたり，新しいことを知りたいという能動的な意欲が幼児にあるからという (Woods et al., 1975)。幼児が試みるそうした発見と工夫の努力を認め，さらに挑戦する意欲を育てることも大切なはたらきかけである。

7 　連続量に関する経験と援助

　連続量の長短，多少，軽重，広狭といった初歩的な認識は幼児期に行われるが，その量の確実な計測は特定の単位の理解が前提となり，幼児期にはその理解は難しい。しかし保育者の工夫次第で幼児にも連続量をわかるように示すことはできる。ここでは連続量へ関心を向け，それを扱う経験と援助をみていく。

1　体積と量感覚

　ふだんの生活ではスイカなどの大きな果物やピザなどの固形の食べ物は適当な大きさに切り分けて食べる。こうした物を子どもの目の前で切って見せることは，全体の量は変わらなくても個数が増え，分離した一つの物は大きさに関係なく1個であるという経験であり，量と数の関係や数の意味を知るきっかけとなる。そして切り分けられた物の見た目の大きさが異なるから，とくに好物の食べ物の場合はその量の多少の違いに注目して敏感に反応するので，量感覚が育つ経験にもなるだろう。

　固形の食物を切り分けるのは幼児にはむずかしいが，飲み物を注ぎ分けるのは適当なサイズのやかんや水差しが準備してあれば3歳児でもできる。飲み物をコップに分ける場合，みんなが大好きなものだから等分するとか，暑かったからたくさん欲しい，のどが渇いていないから少しでよいという分け方もある。状況や必要に応じて柔軟に分配できることが大切である。ふだんから幼児自身が水やお茶などをいろいろな形の容器にくみ分配するのは，容器の形が違えば水面の高さが等しくても量が等しいとは限らないことに気づく，基礎的な経験にもなる。

2 重　　さ

　幼児はたくさんの同じ物があると大きさの大小に強い関心を示し，それぞれを比較して大きい順に並べることを好んでやろうとする。収穫したジャガイモやサツマイモを保育室に置いておくと，子どもたちはイモを見比べたり，手で持ち上げたりして比べ大きさの順位をつける。5歳児にもなると大きさはイモの長さ，もしくは太さという尺度ではなく，重さに関係することに気づく。ところが重さは目に見えないので直接比較ができない。重さの比較は手に持った知覚的な判断となるが，その違いははっきりとはわからない。そこで台所用自動秤を使うのだが，それは計測するのではなく重さを針の振れとして視覚化するためである。秤の目盛り盤の周囲に厚紙を貼り，振れた針の位置をマークして比較する。これは秤の目盛りの数値を読んで比較するのではないから，幼児でも容易に重い順を決められるし，その結果を納得できる。体重計でも同様にして，収穫した全部のイモの重さと自分の体重を比べて，その重さをより身近に感じることもできる。

　重さの指導は自由に自動秤が使える環境を整えるという基本的な援助からはじまる。それで子どもたちは身の回りのいろいろな物をそれに乗せて比べ，さらに大きくても軽い，小さくても重いなどと見た目の大きさと重さとは違うことに気づくきっかけにもなる。

3 長　　さ

　幼児は自分が成長することを期待しているから，身長の高さやその変化に強い関心をもっている。しかし自分の身長を直接見ることはできないので，それを視覚化することは身長という長さを実感する機会となる（中沢，1986）。

　5歳児クラスで身長を計測したときに，保育者は身長と同じ長さの紙テープを切って各幼児にわたした。彼らはすぐにテープの長さを比べ合い，どちらが長いかなど話していた。それが一段落すると今度は自分のテープの長さと部屋のドア，テーブルなど，いろいろな物と比べはじめた。翌日，保育者はテープ

に名前を大きく書き，壁に貼っておいた。ときどき，気が向くと仲間同士で自分のテープと現在の身長を比べて，どれくらい背が伸びたかを確かめたりしていた。それから半年後の身長計測のときに保育者は別の色の紙テープを切って，壁にある各自のテープの隣に貼り，さらに物差しを使って1メートルの位置に印を付けた。自分の身長の増加を喜び，さらに物差しで測ることにも関心を向けたのである。

テープを用いることで身長の長さを持ち運び，比較する意欲を生むなど積極的に学ぶ機会を作ることができる。目に見えない長さの違いや変化を見せることによって長さという量や単位，物差しという道具に対する幼児の関心を高められるのである。

8 援助に関する留意点

この章では乳幼児が生活のなかで数量と関わり，それを理解していく過程をいくつかの側面からみてきた。子どもは数量に関する基本的な能力をもって生まれてくるからこそ，乳児期から身近な事物のあり方に関心をもち，数を抽象できるようだ。幼児期になると数唱し，物を計数し，その個数を知ることをおもしろがり，それらを自分の成長と有能さの証であるかのように得意気にやってみせてくれる。幼児は数量を知り，扱うことが好きなのである。好きだからこそ，何度も繰り返しさらに優れた方法を工夫し，発見していく。

しかし興味をもつ数量の側面は，それと出会う状況や個人によって大きく異なるし，数量の理解水準にはふつう個人差がある。だから数量の指導としてクラス全体に同じ課題を与えると，たいてい不適切なものになってしまう。学びの機会はこれまでみてきたように遊びを含めたふだんの生活のなかにあり，幼児が具体的な事物を取り扱い必然的に数量を処理しなければならない状況における援助こそが効果のある積極的な指導になるようだ。その場合，保育者の「今，ここで指導できる，こう関わってみよう」という内省的意識が，生活の

なかに「状況に応じて, そのとき, その場で, すぐに」というインフォーマルな学習の機会を作りだす。そのためにふだんから幼児を見守り, その行動や発話から数量のどの側面に関心があり, 何を知ろうとしているのか把握しておこうとする姿勢が必要である。こう考えると子どもがもつ基礎的な数量の能力を十分に発揮し, 発達させるかどうかは日々子どもと生活を共にしている大人, 保育者によって決まるといえよう。

引用文献

Baroody, A. J. 1993 Fostering the mathematical learning of young children. In B. Spodek (Ed.), *Handbook of research on the education of young children.* Macmillan. pp. 151-175.

Fuson, K. C., Secada, W. G., & Hall, J. W. 1983 Matching, counting, and conservation of numerical equivalence. *Child Development,* **54**, 1429-1436.

Gelman, R. 1972 Logical capacity of very young children : Number invariance rules. *Child Development,* **43**, 75-90.

Gelman, R., & Gallistel, C. R. 1978 *The child's understanding of number.* Harvard University Press.［小林芳郎・中島実(訳) 1988 『数の発達心理学』 田研出版］

丸山良平 1993 「幼児の数転換能力の獲得における数詞の役割」『発達心理学研究』 4 34-41.

中沢和子 1986 『新版幼児の科学教育』 国土社

中沢和子 1981 『幼児の数と量の教育』 国土社

Piaget, J., & Szeminska, A. 1952 *The child's conception of number.* Routledge and Kegan Paul.［遠山啓・銀林浩・滝沢武久(訳) 1962 『数の発達心理学』 国土社］

Siegal, M. 1991 *Knowing children : Experiment in conversation and cognition.* Lawrence Erlbaum Associates.［鈴木敦子・外山紀子・鈴木宏昭(訳) 1993 『子どもは誤解されている：「発達」の神話に隠された能力』 新曜社］

Siegler, R. S. 1986 *Children's thinking.* Prentice-Hall.［無藤隆・日笠摩子(訳) 1992 『子どもの思考』 誠信書房］

Siegler, R. S., & Shrager, J. 1984 Strategy choice in addition and subtraction : How do children know what to do ? In C. Sophian (Ed.), *Origins of cognitive skills.* Erlbaum. pp. 229-293.

Siegler, R. S., & Robinson, M. 1982 The development of numerical understandings. In H. W. Reese & L. P. Lipsitt (Eds.), *Advances in child development and behavior.* Erlbaum. pp. 241-312.

Trick, L. M., & Pylyshyn, Z. W. 1994 Why are small and large numbers enumerated differently ? A limited-capacity preattentive stage in vison. *Psychological Review,* **101**, 80-102.

Woods, S. S., Resnick, L. B., & Groen, G. J. 1975 An experimental test of five process models for subtraction. *Journal of Educational Psychology*, **67**, 17-21.
Wynn, K. 1992 Addition and subtraction by human infants. *Nature*, **358**, 749-750.
Wynn, K. 1993 Addition and subtraction by human infants: Erratum. *Nature*, **361**, 374.
吉田甫　1991　『子どもは数をどのように理解しているのか：教えることから分数まで』　新曜社

第9章
身体運動の保育

……この章では……………………………………
土踏まずの未形成や低体温児，運動能力の低下など，最近，幼児の身体・運動面に関する問題点が多方面から指摘されている。しかしながら，このような幼児期における身体運動の問題は，単に体に影響を与えるだけでなく，子どもたちの心の発達にも影響を与えるものである。身体運動の保育について，発達的視点からとらえた幼児の運動能力の特性や心の発達との関連を踏まえつつ考えてみることにする。
……………………………………………………

1　幼児の運動能力の現状

　1997年に近藤らによって東京教育大学体育心理学研究室作成の幼児の運動能力検査（25メートル走，立ち幅跳び，ソフトボール投げ，両足連続跳び越し，体支持持続時間，捕球）の全国調査が前回の1986年以来，11年ぶりに行われた。この調査はこれまで，1966年，1973年にも行われてきており，この約40年間にわたる幼児の運動能力の推移が概観できるものである。図9-1はその結果のなかで，1986年と1997年の間の比較を行ったものである。この結果をみると，全体的傾向として1997年の結果は，11年前の1986年の結果に比べて，運動能力検査項目のすべての種目において性別，年齢を問わず確実に低下していることが指摘された。このことは，明らかに最近の幼児の運動能力は低下傾向にあることを示

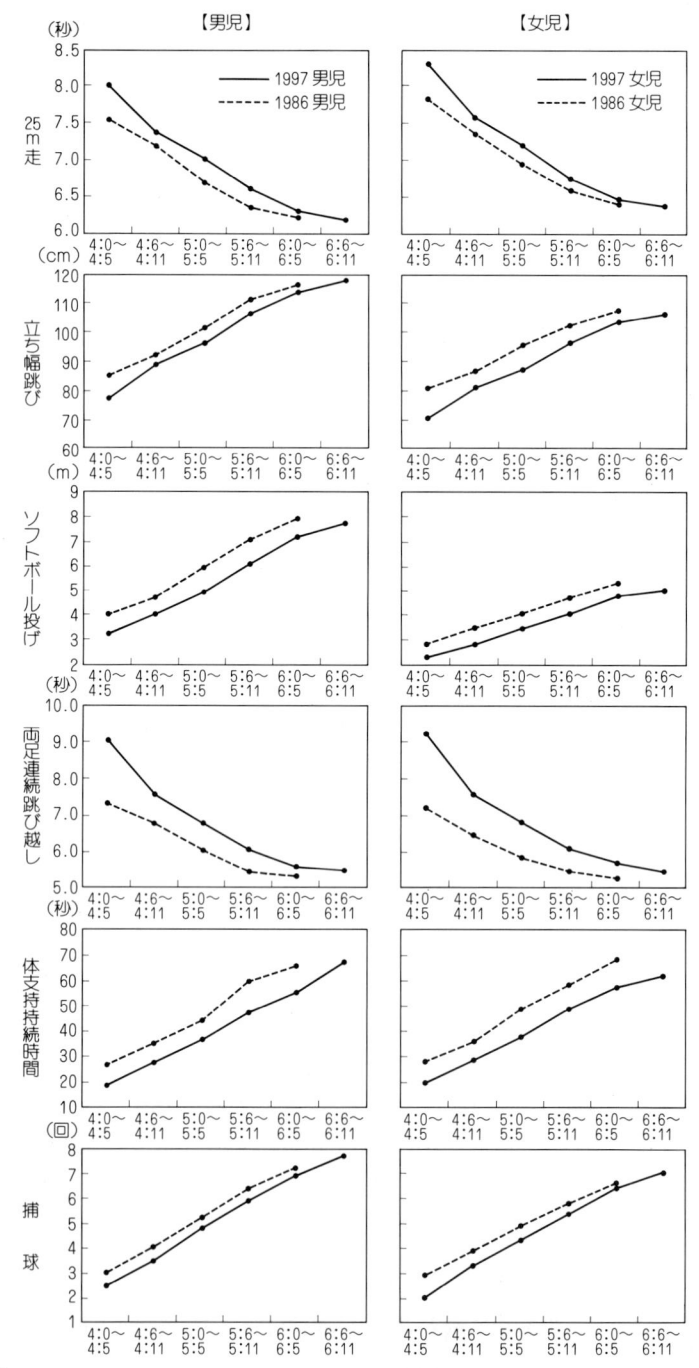

図9-1　1997年と1986年の幼児の運動能力の比較

（近藤ら，1998より）

している。

　では，なぜ，最近の幼児の運動能力は低下したのであろうか？　このことは，現代の幼児の生活や遊びの現状を反映しているものと考えられる。確かに，子どもたちを囲む社会は，昔に比べたら，屋外での遊び場の減少や路地の減少，少子化によるきょうだいの減少など著しく変化している。もちろん，子どもたちの遊びにおいても変化がみられる。最近の報告では1987年と1996年の10年の間に，小学校低学年の子どもたちが帰宅後に遊ぶ遊びとしては，テレビゲームやビデオが普及し，野球ごっこやドッチボールなどのボール遊びや鬼ごっこ，自転車など外で遊ぶことが減少し，家の外で遊ぶというよりは家のなかで遊ぶことが増えていることが報告されている（NHK放送文化研究所，1998）。このことは，いいかえれば，家庭に帰って外で身体を使って遊ぶ子どもが減少していることを意味している。

　これまで幼児期に育つべき運動能力は外で身体を使って遊ぶことによって自然と身についてきたものである。ところが，このような最近の幼児の外遊びの減少は，身体を使って外で遊ぶ機会をも減少させているのである。この外遊びの減少が，運動能力低下傾向の原因の一つと考えられ，この外遊びの減少自体が最近の幼児の運動能力の現状を考える上で大きな問題点であり，運動能力の低下はその兆候を示しているにすぎないのである。つまり，運動能力の低下は，幼児にとって重要な活動である遊びの減少を意味している。そこで，次になぜ，身体活動をともなった遊び（運動遊び）の減少が運動能力に影響を与えるかということについて，幼児期の運動の発達特性から考えていくことにする。

2　幼児期の運動発達の特性について

1　幼児の運動能力について

　運動能力とは何であろうか？　「まさお君はたけし君よりも運動能力が高い」

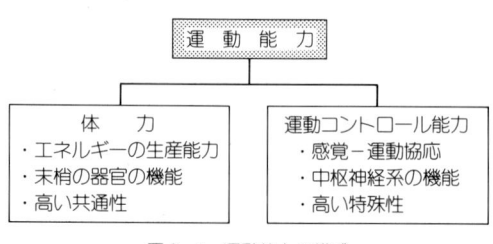

```
        ┌─────────┐
        │ 運動能力 │
        └────┬────┘
     ┌───────┴───────┐
┌────┴─────┐   ┌─────┴──────────┐
│  体  力  │   │ 運動コントロール能力 │
│・エネルギーの生産能力│   │・感覚−運動協応   │
│・末梢の器官の機能│   │・中枢神経系の機能  │
│・高い共通性 │   │・高い特殊性    │
└──────────┘   └────────────────┘
```

図9-2　運動能力の構成

(杉原, 2000)

ということはどのようなことを意味しているのであろうか。運動能力とは，一般的には「自分の体や，周りの人やものを自分の意図に基づいて随意的に操作する能力」と定義されている（『新修体育大事典』）。この定義に基づくと，まさお君はたけし君よりも自分の体や，まわりの人やものを自分の意図に基づいて随意的に操作する能力が高いことになる。

　杉原（2000）はこの運動能力を運動を実行するのに必要なエネルギーを生産する能力で体力とよばれる要因と，感覚を手がかりとして目的に合うように身体の運動をコントロールする能力で運動技能と呼ばれる要因の2通りに分けて考えている（図9-2）。この運動に関するエネルギーを生産する能力である体力は，筋肉や呼吸循環器系などの末梢の器官の機能であり，多くの運動に共通する能力である。また，運動をコントロールする能力は産出された能力を効率よく使う能力で大脳皮質を中心とする中枢神経系の機能に基づき，体力に比べてそれぞれの運動で特殊性が強い能力である。さらに，このエネルギーを生産する能力である体力は持久力や筋力などで主に青年期に急速に発達すると考えられている。一方，運動コントロール能力は，中枢神経系の発達に基礎を置くため，幼児期から児童期前半までの間で急激な伸びを示すといわれている。

　この考えに従うと，先ほどのまさお君は体力と運動コントロールに関してたけし君よりも優れた点があったことになる。

2　大人の運動能力と子どもの運動能力の違い

　幼児の運動能力の低下が話題になると，まわりの大人はつい，なんとか幼児

の運動能力の低下を抑えようと，いろいろな形で子どもたちの保育のなかに運動能力を高める遊びを導入しようと試みる傾向がある。このときよく間違えられるのが，大人がやっているような運動を子どもに降ろして行うやり方である。つまり，子どもを大人のミニチュアとしてとらえて行うやり方である。この考え方は子どもを体重や身長などの量的に小さい存在としてとらえる考え方で，本質的には子どもも大人と同じと考えている。しかしながら，これまでの多くの研究で多方面から，大人と子どもの本質的な違いが報告されている。このことは，運動能力のとらえ方でも同様である。そこで，大人と子どもの運動能力の違いについて，量的，構造的，質的の3つの観点から考えていくことにする。

まず，量的な違いであるが，この量的という視点は，何センチ遠くへ跳べたとか，何メートル遠くへボールが投げられた，何秒で25メートルを走れたかなどである。距離や速さなどをある単位で測定し記録として数字であらわされる形式である。この方法ではこれまでに多くの研究が報告され，その結果は当然，大人（成人）の方が幼児に比べれば，記録が良いということを示している。このように，単純に大人と子どもをこの量的な視点で比較してしまうと，子どもを量的に小さい大人としてとらえてしまう可能性があり，同じ幼児でも記録が高ければより大人に近いことになる。もちろん，この量的なとらえ方は，子どもの運動能力の現状や実態を客観的に評価し，確認するには重要な役割をもっており，その意味では，量的に評価される数字の意味をどのように（たとえば，保育環境の評価など）利用していくかが大切になってくる。

次に，幼児と成人の運動能力の構造的な違いについて考えていきたい。この構造的な違いについては，運動能力のなかでも体力と大きな関連がある。体力という用語は，いろいろな立場からの定義が行われている。図9-3は，そのなかで猪飼らが作成した体力の概念図である。われわれは通常，この図の身体的要素の行動体力である，筋力，敏捷性，持久性，パワー，平衡性，柔軟性，協応性を狭義の体力としてとらえ，学校などで行われる体力検査などで測定されている。しかしながら，幼児期の子どもたちの体力は成人のようには細分化されていない。むしろ未分化なのである。このことは，大人の場合，たとえば，

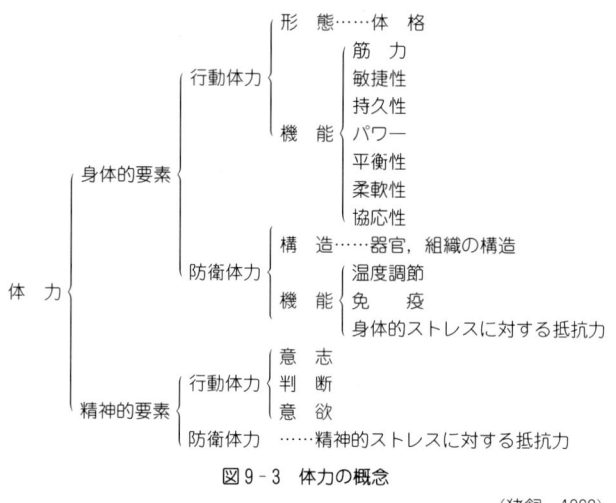

```
            ┌ 形 態……体 格
      ┌行動体力┤     ┌ 筋 力
      │       │     │ 敏捷性
      │       │     │ 持久性
      │       └機 能┤ パワー
身体的要素┤             │ 平衡性
      │             │ 柔軟性
      │             └ 協応性
      │       ┌構 造……器官,組織の構造
      └防衛体力┤     ┌ 温度調節
              └機 能┤ 免 疫
体 力┤                    └ 身体的ストレスに対する抵抗力
      │       ┌ 意 志
      │ ┌行動体力┤ 判 断
      │ │       └ 意 欲
      └精神的要素┤
        └防衛体力……精神的ストレスに対する抵抗力
```

図9-3 体力の概念

(猪飼, 1962)

持久力が低下すれば,持久力を高めるための運動として,ジョギングやウォーキングなどを行い,持久力の回復をするための運動をしたり,筋力が低下してくれば,筋力を増強するための運動を行う。つまり,細分化された一つひとつの体力の構成要素に合わせて運動のトレーニングを計画し,実行している。しかしながら,幼児の場合は,大人と比べて未分化なため,一つの身体を使った活動は,大人で分化されている体力要素すべてを総動員して運動活動を行っている。たとえば,特別な運動を実践していない大人が鬼ごっこを行えば,ほんの15分で,へとへとに疲れてしまうだろうが,幼児は平気で30分以上も鬼ごっこを継続して行うことができる。これは,幼児が量的な体力が大人と比べて高いわけではなく,大人が一つひとつの体力を小出しに利用していくのに対して,幼児は体力を総動員して鬼ごっこという身体を使った活動を実践していくためである。そのため,大人の場合は,鬼ごっこで疲れてしまっても,別の活動にすぐに取り組むことができるが,幼児の場合は,身体を使って思い切り遊んだ後は,使い果たしたエネルギーを取り戻すために十分な休息が必要になってくるのである。

　最後に,運動能力の質的な違いについて注目したい。この質的な違いとは,

第 9 章　身体運動の保育

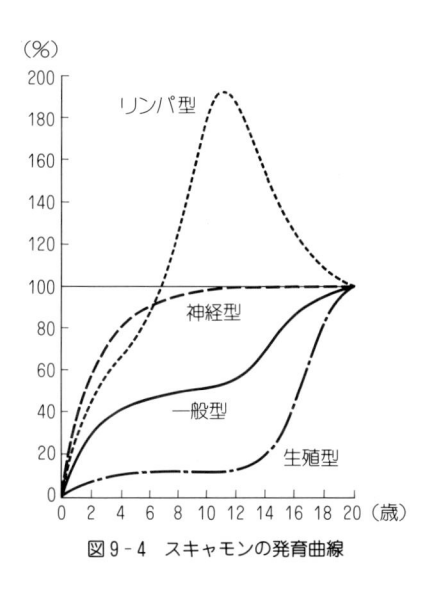

図 9-4　スキャモンの発育曲線

　幼児の運動発達の変化を前述した量的な違いでとらえるのではなくて，動きのより合理的なパターンへの変化や動きの獲得からとらえていこうとする立場である。この立場では，幼児と成人は本質的に異なる存在であるという考えが中核にあり，幼児期は動きを獲得する上で重要な時期であると考えている。このことを運動能力の立場からすると，幼児期に育つべき運動能力，いいかえると，成人期になってはなかなか伸びない運動能力があるということである。前述したように，杉原（2000）は，運動能力のなかでも運動コントロールに関する能力が幼児期ではもっとも伸びることを指摘している。この背景には幼児期から児童期にかけての中枢神経系の発達が考えられる。図 9-4 はスキャモンの発育曲線である。この曲線は成人（20歳）を100％として，それぞれの年齢の発育量を示しており，4つの類型のなかで，神経型が6歳で90％，14歳ではほぼ成人に近い値まで達していることを示している。つまり，幼児期から児童期にかけて中枢神経系が急速に発達しているのである。いいかえると幼児期は中枢神経系とかかわりのある能力である運動コントロールの能力がもっとも伸びる時期である。この運動をコントロールする能力は，調整力とも呼ばれ，環境の

はたらきかけに応じたより合理的な動きの獲得を導く能力である。そこで、次に幼児期における動きの獲得について考えてみる。

3 動きの発達──幼児期は動きの獲得の敏感期

幼児期は質的な面からとらえて動きの獲得のための重要な時期である。体育科学センターの調査（1980）では、成人がもつ84種類の基礎的運動パターン（さらに、大きくは姿勢制御運動、移動運動、操作運動の3つに分類される）は6～7歳ですでに子どもたちは獲得していることを報告している。このことは、幼児期において大人と同じ量の動きを獲得する経験を積むのに必要な時期があることを示しており、いいかえると、幼児期は動きを獲得する敏感期であることになる。敏感期とは、一般的にある能力が急激に発達する時期のことをいい、その能力をもっとも効果的に高めることのできる時期のことである。つまり、幼児期は動きの獲得にとって、もっとも効果がある時期であり、逆にこの時期を過ぎると獲得がかなりむずかしくなってくるのである。そのため、幼児期の動きの経験は大人とは異なる経験であり、動きの獲得においては人間の発達過程のなかでも重要な時期の一つになってくる。

この動きを獲得するために必要な能力が運動をコントロールする能力である。幼児期はこの運動をコントロールする能力である、運動の調整力が急速に発達し、多様な動きが獲得されていく時期である。

4 幼児期の運動能力を高めるには

では、以上のような幼児期の発達特性を踏まえて、運動能力を高めていくにはどうしたらいいのであろうか？　幼児期の運動能力は、量的には大人よりも未熟で、構造的には分化している大人に比べて未分化であり、質的には動きを獲得するのに敏感な時期である。このような幼児期の運動能力に関する発達特性を踏まえて、幼児の運動能力を伸ばしていくためにこの時期にもっともふさわしい運動経験は身体活動をともなった「遊び」である（運動遊び）。決して、大人が行っている運動種目を幼児用に形をミニチュア版に変更して降ろすよう

な活動ではない。これまでの私たちの幼児期における運動経験を考えてみると，もともと幼児は，戸外などで，身体を使って遊ぶことで自然と運動能力はついてきたのである。特別に成人が行っているような運動を無理に幼児期にやってきたりしてはいないのである。つまり，子どもたちが思いきり外で身体を使って遊ぶことで付随的に運動能力が高まってきたのである。いいかえると，幼児は決して，運動能力を高めるために運動をしてはいないのである。あくまで，幼児期に必要な経験は遊びであり，大人から子どもへの方向で導入されるような運動ではない。

　また，この時期は動きを獲得するうえで人間の発達過程のなかでもっとも重要な敏感期である。そのため，幼児期にふさわしい運動経験は一つの動きを繰り返し行うようなドリル形式の運動ではなく，多様な運動の経験をもつ運動遊びの経験である。運動遊びは，多様な動きの可能性をもっており，多様な運動パターンのバリエーションを含んでいるのである。つまり，ここで経験する多様な動きが，基礎的な運動パターンの獲得へと繋がっていくのである。たとえば，鬼ごっこを考えてみると，鬼から自分が逃げるときのスピードや方向の変化や鬼をかわすためのフェイント動作など多様な動きが含まれている。この動きの多様性に関して，杉原ら（2001）は基本運動の技能の空間的（動きの方向など），時間的（動きのリズムやタイミングなど），力量的（動きの強さなど）調整を変化させることで多様な運動のバリエーションが獲得されているということを述べている。つまり，運動遊びを行うことで幼児は多様な動きの経験を常に行っているのであり，幼児が多様な動きを経験できるような環境や教材を保育者が考えていく必要がある。

　このように考えると，今回の運動能力の低下は，幼児が身体を使って外遊びを行う機会が減少していることを意味しており，いいかえると動きの獲得する機会を減らしていることになる。その意味でも，幼稚園や保育所において，戸外で身体活動をともなった遊びを多く経験できる保育環境を準備してあげることが重要になる。

3　幼児の運動遊びを通して育ってくるもの

　これまでは子どもの運動発達特性の視点から幼児期にふさわしい活動として運動遊びの重要性について考えてきた。しかしながら，幼児の運動遊びを通して育ってくるものは，運動能力だけではない。ここでは，運動遊びを通して育ってくるものについて，運動面だけでなく，心や社会性，「からだ」を通してのコミュニケーションについて触れてみることにする。

1　体を動かしたくなる気持ち

　幼児期はいつも身体と心は相関関係ではたらき合っている。そのため，身体が動けば，心も動き，逆に，心が動くと身体も動きだす時期である。このように幼児期の子どもたちの体と心は密接な関係にあり，簡単明瞭にいえば，身体が育つことによって，心も育ってくるのが幼児期である。前述してきたように，この時期の子どもにふさわしい身体活動は運動遊びである。運動遊びはあくまでも遊びであり，子どもたちの興味・関心で行われる主体的，能動的な活動である。そのため，子どもたち自身で心が動かされることが，身体を動かす前提条件になってくる。つまり，子どもがなぜ身体を動かすかというと，子どもたちは自分のやりたいことをやるために身体を動かすのである。この体を動かしたいという気持ちを高めることは運動遊びの活動が盛り上がるうえで重要なことになってくる。

　この子どもたちが身体を動かしたいという気持ちをもつのはなぜであろうか。幼児は決して自分の運動能力や体力を高めるために運動をしてはいない。身体を動かすこと自体が楽しいから身体を動かしているのである。その結果が，運動能力や体力に結びついているのである。もともと人間は活動性欲求という身体を動かしたいという内発的動機を常に保有しているといわれている。この気持ちは，成人に比べて幼児においてはかなり高い。そのため，幼児はじっと黙

って椅子に座っていられないのである。彼らは常に身体を動かしたいのである。このことは，いいかえると幼児は身体を動かすことは楽しいことだという気持ちをもともともっていることになる。このように幼児は運動のもつ楽しさをいつも求めて運動しており，このような運動経験のなかでさらなる楽しさを知っていくのである。

　ここで注意しておかなければならないことは，この運動の楽しさの発達的な変化である。楽しさという表現は幼児においてはわれわれと若干異なる。幼児は，その瞬時瞬時の活動自体をおもしろいと感じ，活動すること自体を喜び，そこに楽しさを感じているのである。ところが，児童期後期に入ると子どもたちはある達成のプロセスを楽しむようになる。この段階にはいると，子どもたちは，うまくできるようになるために練習することができるようになってくる。たとえば，逆上がりを練習することは，児童にとっては，楽しさを得るために努力する適切な活動かもしれないが，幼児にとっては，決して楽しい運動の経験とは思われない。幼児にとっては，逆上がりを練習することより，鉄棒で遊ぶことが楽しいことだという経験を積むことが大切なことになる。このように幼児は，身体を動かす一瞬一瞬の喜び・楽しさを経験することが大切なことになってくると思われる。また，この気持ちが十分に幼児期に経験されることによって，児童期からの運動に取り組む気持ち（運動の楽しさの経験）を高めることに繋がると考えられる。

2　運動有能感

　幼児期はパーソナリティの核になる自己概念が芽生える時期であり，この時期にどのような自己概念が形成されるかがその後のパーソナリティに影響する。自己概念とは，簡単にいえば，自分自身のイメージであり，積極性や消極性などの行動傾向と関係しているのである。成功体験を経験し，肯定的な評価を受けると，幼児は自信を持ち，積極的にいろいろな行動に取り組むことができ，情緒的にも安定し肯定的な自己概念が形成されるといわれている。逆に失敗経験や否定的な評価を受けると幼児は自信を失い，劣等感をもち，行動に対して

消極的になってしまい否定的な自己概念が形成されてしまう。この自己の有能さの認知による肯定的な自己概念を形成する重要な経験の一つとして、運動経験が考えられる。

　幼児は「できたー」とか「やったー」など、できなかったことがうまくできたりすることで自己の有能さを認知する肯定的な経験を身体活動を通して経験し、その結果、運動に関する有能感（運動有能感）を形成していくのである。この運動有能感の経験は自己概念に影響を与え、さらには行動傾向に影響を与える。つまり、うまくやれることで新たなる挑戦が生み出されていくのである。また、幼児期はまだ自己のとらえ方に自分を中心にものをみる自己中心化傾向が残っており、的確な自己評価がむずかしい。そのため、運動有能感を幼児が認知するには他者評価に頼ることが多い。そして、この他者評価のなかでもっとも影響を与える人として保育者や親の存在がある。そのため、幼稚園や保育所では幼児が運動遊びをしたいという動機を高めてくれるような保育者が必要な存在となってくる。

　幼児はこの運動有能感を運動の経験を通して、獲得してきているのである。とくに、運動遊びは多様な経験を含んでおり、運動有能感を自己が認知する機会を多くもっている。しかしながら、最近の幼児が運動遊びをする機会が減ってきたことは、幼児がこの運動有能感を感じる機会を失わせている可能性をも含んでいる。

3　ルールやきまりの形成

　年齢とともに運動遊びが発展するためには、子どもたちのなかに他の子どもたちとともに共有されるルールやきまりというものが存在している。この時期のルールやきまりの形成は幼児の社会性が発達していることを示している。そこで、以下の事例に基づいて、このルールやきまりの問題を考えていくことにする。

　この事例は、フットベースボールごっこが始まるまでの子どもたちの話し合いのようすである。5歳の7人の子どもたちが園庭の真中に座り込み、話し合

いをしていた。この話し合いの話題は、チーム分けのことであった。彼らは、フットベースボールごっこやサッカーごっこの上手なとおる君と同じチームに入りたいので、どうしてもうまく2つのチームに分かれないのである。何度もとおる君自身が策を練って、分けようとするがなかなかうまく分けることができなかった。

このチーム分けの風景は、フットベースボールごっこをする前に子どもたちの頭のなかでは、すでにフットベースボールが始まっていたことを示している。つまり、フットベースボールごっこを実際に行為として活動する前に子どもたちは、フットベースボールごっこやこれまでの運動経験から得られた共通の認識かルールをもっており、このことが、彼らのフットベースボールごっこという遊びの枠組みを遊びが始まる前に形成していると考えられる。ここでは、すでに、子どもたちのなかに遊びをおもしろく、そして楽しく発展させるための見込みとか展望が存在しており、そのお互いの見解が妥協し合うまで話し合いが続いていた。この妥協点は、子どもたち自身が作り出したルールやきまりの形成へとつながっていくと考えられる。

このように、幼児期の運動遊びは、身体的な面だけでなく、きまりやルールの形成をともなう社会性の発達にも影響を与えると考えられる。

4 「からだ」を通してのコミュニケーション

身体活動がもつ別の役割の一つに、コミュニケーションの手段としての「からだ」の存在が考えられる。われわれのコミュニケーションの発達を考えた場合、「ことば」という道具をまだ所有しない乳幼児期のコミュニケーション手段は主に「からだ」を使用したノンバーバルコミュニケーションであった。しかしながら、「ことば」が獲得されてくると、われわれのコミュニケーションの手段は、「からだ」から「ことば」へと移行していくことになる。つまり、幼児期になると、われわれは、「ことば」という道具を使い、自分の意志を相手に伝え、相手の意志を受け入れることでコミュニケーションが成立していく機会が増えてくるのである。しかしながら、幼児の日常の生活を見てみると、

あえて「ことば」という手段を用いなくても，身振りでお互いの気持ちを伝え合うようなケースもいまだ多く見られる。

また，幼児の遊び場面等ではまず身振りらしいものが発生し，やがて音声や「ことば」がともなうようになり，「ことば」を使った方法へ移行していく。このとき，子ども同士の間では送り手と受け手がお互いの気持ちを「からだ」を通して伝え合っているのである。このような，幼児の遊びのなかにみられる子どもたちの「からだ」の動きは，従来の単なる身体的な活動だけでなく，社会的な相互作用の役割をはたしていることを意味している（森，1999）。このように，幼児期の身体活動は，人間同士の気持ちを理解していくためのコミュニケーションとしての大切な経験と関連している。

5　遊びの重要性

以上のように考えてくると，幼児期の運動のあり方としては，運動遊びがこの時期の幼児の適切な運動経験であることになる。身体活動をともなった子どもたちの主体的，能動的な活動である運動遊びの経験は，幼児期以降の発達全般に大きな影響を与えるものである。昨今の幼児の運動能力低下が問題になると，単純に運動能力を高めることだけを考え，すぐに幼児に何か運動を経験させることを考えやすいが，大切なことはその低下の背景にある幼児の外遊びの減少である。このことは，いいかえれば，幼児に何か運動種目をやらせることが，この時期に適切な運動のあり方ではなく，子どもたちが運動遊びを十分に経験できる保育環境を設定していくことが大切であることを指摘している。

4　運動遊びを高める保育環境の構成の重要性について

幼児の身体運動として必要な経験である運動遊びを高めていくためには，保育環境の構成を人的，物的環境の両面から考えていくことが大切になる。そのためには，ある環境で子どもたちのなかにどのような動きが見られたか。どの

ような気持ちが生まれ始めているかなどを常にとらえていくことが重要なことである。このことは，いいかえると，教材や環境を工夫する際に，その教材や環境の意味を考えていくことが重要なことを意味している。

1 動きを引き出す環境

3歳ぐらいの子が階段からの跳び降りを始めると，1段跳べるともう1段上へ跳び降りる高さを高くしていくようすや，水たまりをみると，なぜだかその中で水しぶきをたてたり，バチャバチャと跳ねているようすなどをよく目にする。このように，子どもたちを取り囲む環境の変化（階段の高さや水たまり）によって，引き出されるいろいろな動きがある。

固定遊具などはそのような特徴をもつ代表的な遊具である。固定遊具の特徴として，道具そのものが動きを引き出すという特性を持っている。滑り台は滑るという動きを，のぼり棒は登るということを，ブランコは振るということをである。このように，私たちのまわりにある環境はある意味ではわれわれの行動を引き出してくれる（アフォーダンスという概念と繋がる）。その意味では，子どもたちが自ら身体を動かしたくなる環境や多くの動きを引き出す環境を整えていくことが重要である。そのためには，まず，その環境で起こっている子どもの活動の実態を押さえ，次に起こるであろう子どもの活動を予測して環境を設定していくことが重要なことになってくる。その意味では，固定遊具は前もって子どもの動きが予測できる環境であり，それをどのように発展させるかを工夫できる遊具である。

2 動きたい気持ちを高める環境

子どもたちが外で身体を使って遊びたくなる気持ちをもたせるためにはまず，先生が外に出ることが大切なことである。

「先生が外で楽しいことをしているな」ということは，子どもが外で身体活動をしていく上で大切な動機づけになる。保育者が外で何か楽しいこと，面白いことをしているという気持ちを幼児がもつことは，幼児の心を引き出し，身

体を引き出すことになる。このように考えると，運動遊びの環境のなかには，固定遊具のような物的環境ばかりでなく，人的環境としての保育者の存在が大切な環境の一部として考えられる。つまり，保育者の関わりが遊びの展開に繋がっていき，その結果，保育者は子どもたちが身体を思いきり使って遊びたいという気持ちを引き出すための重要なモデルの役割をすることになる。その意味では子どもたちはいつも保育者を見ていることに留意しておく必要がある。

また，人的環境としての保育者にとってここで重要になることは，保育者がいかに集団や個を見るためのポジショニングをとるかといことである。適切なポジショニングをとることによって，子どもたちの遊びの展開に応じて集団の中に入ったり，出たりするための「間」というものが見える。この「間」をみいだすためにはそこで行われている遊び自体から何らかの情報を得る必要がある。この情報を獲得するためには，幼児一人ひとりや遊び集団を見るための教師の適切なポジショニングとして子どもたちとの適切な関係性を維持しつつ，子どもたちの遊びを受け止めるためのポジショニングの重要性が指摘される。

3　運動有能感をもてるような環境

先日，ある幼稚園で縄跳びごっこをしているようすを見ていたときのことである。縄跳びが上手なさとみちゃんが，先生のところにきて「かける跳び」ができるようになったと報告し，先生の目の前で跳んで見せていた。その傍らには，やっと縄跳びが回せて跳べるようになったゆかちゃんがおり，さとみちゃんが先生に「かける跳び」を見せた後に，自分の跳び方を先生に見てもらっていた。先生は，縄跳びの跳ぶ技能の高いさとみちゃんもあまり高くないゆかちゃんもどんな跳びかたかにかかわらず，「跳べた」ことを誉めていた。この後，さとみちゃんもゆかちゃんもそれぞれの跳び方に新たなる挑戦をしていた。

この事例は，縄跳びの上手なさとみちゃんにもあまり得意でないゆかちゃんにとってもお互いそれぞれの有能感を感じていたことが予測される。このことは，運動に関する有能感は子ども個々がそれぞれにもち合わせており，子どもたち一人ひとりが有能感をもてる可能性をもっていることに留意しておくこと

必要があることを示唆している。そのためには，一人ひとりの子どもたちが有能感を認知できるような環境を整えておくことが重要なことになる。そして，幼児においては，この有能感を認知するためには，自分の能力を客観的に自己評価することがむずかしいので，親や保育者のような自分以外の第三者の評価に影響を受けやすいのである。その意味では，有能感をもてるような環境において重要な役割をもつのが幼稚園や保育所においては，保育者であり，保育者は重要な環境の一部にもなっている。

引用文献

ガラヒュー，D.L.　杉原隆（監訳）　1999　『幼少年期の体育：発達的視点からのアプローチ』　大修館書店

今村嘉雄・宮畑虎彦（編著）　1976　『新修体育大事典』　不昧堂出版

石河利寬ら　1980　「幼稚園における体育カリキュラムの作成に関する研究」　『体育の科学』　**8**　150-155.

岩崎洋子（編著）　1999　『子どもの身体活動と心の育ち』　建帛社

近藤充夫・杉原隆・森司朗・吉田伊津美　1998　「最近の幼児の運動能力」　『体育の科学』　**48-10**　851-859.

森司朗　1999　「幼児の『からだ』の共振に関して：対人関係的自己の観点から」　『保育学研究』　**37-2**　152-157.

白石信子　1998　「『小学生の生活とテレビ』調査から，放送研究と調査」　NHK放送文化研究所

杉原隆　2000　「運動を中心に見た幼児期の発達」　杉原隆（編著）　『新版幼児の体育』　建帛社　pp.22-41.

杉原隆　2001　「領域『健康』における指導上の問題点」　杉原隆・柴崎正行・河邉貴子（編）　『保育内容　健康』　新保育講座7　ミネルヴァ書房　pp.165-208.

第10章
人間関係の保育

……この章では……………………………………
　保育所や幼稚園において，多くの子どもたちははじめての家庭外の集団生活を経験することになる。そこでのさまざまなやりとりを通して，子どもは保育者との関係，仲間との関係を形成してゆく。保育者との関係では相手が大人であるため，これまで家庭で培われてきたコミュニケーションのスキル（技能）を利用できるが，同年齢の仲間との関係では今まで通りにはうまくいかずにいざこざが起こりやすくなる。その体験を通して，子どもは新しいスキルを身につける必要に迫られる。そして，より意味のある仲間との関係を体験するために，子どもの環境を構成し整える保育者の直接的・間接的な援助が必要になるのである。保育のなかで子どもはどのように人間関係を経験しているのか，また，人間関係を豊かにする保育とはどんなものなのか，について考えたい。
………………………………………………………

1　領域「人間関係」

　では，「人間関係」とはどのような領域なのだろうか。保育についての基本的考え方を示すものとして，「幼稚園教育要領」と「保育所保育指針」がある。

幼稚園教育要領は「幼児教育及び保育の基本的考え方やあり方，方向性を示すもの」であり，保育所保育指針は「その基本的考え方をふまえて，養護的視点，教育的視点から子どもの各発達段階における内容をより具体的に示すもの」ととらえられる（原，2000，p. 13）。保育内容については，保育所保育指針も幼稚園教育要領に準じるため，ここでは幼稚園教育要領を取り上げる。

　幼稚園教育要領の「総則」の「幼稚園教育の目標」の一つとして，「人への愛情や信頼感を育て，自立と協同の態度及び道徳性の芽生えを培うようにすること」が挙げられており，これは次の「人間関係」領域に対応している。つづく「ねらい及び内容」では，人との関わりに関する領域としての「人間関係」が取り上げられ，他の「健康」「環境」「言葉」「表現」領域とともに，そのねらいは「幼稚園における生活の全体を通じ，幼児が様々な体験を積み重ねる中で相互に関連をもちながら次第に達成に向かうもの」であり，内容は「幼児が環境にかかわって展開する具体的な活動を通して総合的に指導されるもの」であることに留意することが強調されている。領域「人間関係」では，「他の人々と親しみ，支え合って生活するために，自立心を育て，人とかかわる力を養う」ことに主眼をおき，次の3つのねらいが設定されている。「(1)幼稚園生活を楽しみ，自分の力で行動することの充実感を味わう。(2)進んで身近な人とかかわり，愛情や信頼感を持つ。(3)社会生活における望ましい習慣や態度を身に付ける」。このねらいに沿った保育者の役割として，子どもが家族以外と生活することを心地よいと感じ，安心して主体的に活動に取り組める環境を構成し援助すること，保育者自身が愛情や信頼感をもち，子どもに対して共感的に接すること，集団の中で心地よく過ごすためにはきまりやルールが必要だと子ども自身が感じる経験をし，その問題を解決する際に必要な自己主張や自己抑制を支えることが大切である。

2　子どもと保育者との関係

　幼稚園や保育所に入った当初は，保護者と離れて不安な子どもも，園の生活に慣れるとともに，保育者が自分に親身に関わってくれる存在であることに気づいていく。
　現在の幼稚園教育要領では，「環境を通して行う」保育に重点が置かれ，人的環境としての保育者の重要性が強調されている。「総則」には，「教師は，幼児と人やものとのかかわりが重要であることを踏まえ，物的・空間的環境を構成しなければならない。また，教師は，幼児一人一人の活動の場面に応じて，様々な役割を果たし，その活動を豊かにしなければならない」と記され，「環境を通して行う」保育を行う際の，保育者の役割を明確に示している。また，津守（1980）も「子どもが自分自身を打ち込んで遊ぶようになるのには，そのかげに，保育者のはたらきがある」(p.4)と述べている。そして，乳児期から保育所で保育を受ける子どもも，保育者との関係が安定していれば，仲間と複雑な遊びをしたり，攻撃的でないなど，社会的に有能で協調的な行動をとるようになるのである（Hows, Matheson, & Hamilton, 1994）。
　では，保育者は具体的にどのようなはたらきかけをするのだろうか。乳児においては子どもが複数いても仲間関係が成立するとは限らず，子ども同士の関係を取り結ぼうとする保育者の意図が介在する（荻野，1986）。幼児では子ども同士のやりとりが始まり，仲間関係は自然と成立するかもしれない。しかし，より豊かな仲間関係を促すためには，子ども同士のやりとりが自由に展開できる十分な時間と場所を，保育者は用意する必要がある（斉藤ら，1986）。また，斉藤ら（1986）は，子どもたちのやりとりへの関わり（介入）について，まず，状況の把握をし，緊急に関わりの必要な身体的暴力のように，けがの可能性があるとき以外（たとえば，物のうばい合い，口げんか，一時的仲間はずれ）は，一歩退いて経過の把握に努める余裕をもつことが，仲間関係の機能を高めることに

つながると述べている。その上で保育者が関わる場合には，子どもたちの話を聞いて状況をできるだけ把握し，当事者の子どもたちが互いに相手を理解できるよう，意図の確認をしたり，修正や説明を加えたりして，子どもができるだけ自分で問題解決の方法を考えるように援助することが大切である。

次に，具体的な事例を挙げながら考えたい。【事例1】は，筆者が幼稚園で観察を始めた当初，子どもや園に慣れるため，保育実習をする機会に恵まれたときのものである。実習の2日目で，子どもの名前を覚えるので精一杯だった頃である。この場面で子どもたちが経験している人間関係と，子どもへの関わり方の反省点について検討する。

【事例1】　ブランコの順番・実習生の関わり（4月末：実習記録より）

> 　4，5歳男児と女児数人が，ブランコで遊んでいる。私は，後ろでブランコを押していた。新入園児の4歳女児えりかが私に「ブランコに乗りたい」と言ってきたので，「誰か代わってくれる人いないかな？」と私がみんなにたずねる。ブランコに乗っている4歳男児だいきは「いなーい」と答える。「誰か交代してくれないかな」ともう一度言うと，そのだいきが「もう少ししたらいいよ」と言う。私が「あと5回したらいいかな？」と尋ねると，だいきは「えー，それだけー」と不満そう。「じゃあ，7回？」と言うと，だいきは「やーだー」。「じゃあ，10回は？」とたずねると，だいきに「100回したらいいよ」と言われ，困ってしまう。そのとき，ようすを見ていた5歳男児あつしがブランコから離れ，「いいよ」と代わってくれた。わたしは，「あつしさん，ありがとう」とお礼を言い，ブランコの番を待っていたえりかに「お兄さんが譲ってくれたのよ，優しいね」と声をかける。
> 　この後，みんなで数を数えて順番待ちをし，「代わりましょ」と声をかけるようになると，だいきも含めて他の子どもたちが進んでブランコを譲り合い，代わりばんこに乗るようになり，そのたびに子どもたちが「〇〇ちゃん，優しいね」とうれしそうに話している。

筆者の関わり方について，まず第1に，4歳女児えりかのブランコに乗りたい気持ちを，新入園児だったとはいえ，完全に代弁してしまったことはえりかが仲間に対して自己主張する機会，「人間関係」の「自分の思ったことを相手

に伝え，相手の思っていることに気付く」機会を損なってしまった。関わるとしても，えりかを「『代わって』とお願いしてみたら」と励まし，うまく言えないようだったら，えりかの気持ちを支えながら，ブランコに乗っている子どもたちに「えりかちゃんも乗りたい」ことを伝えてもよかっただろう。

　第2に，筆者の「誰か交代してくれないかな」に対して，せっかくだいきが「もう少ししたらいいよ」と答えているのに，筆者から「あと5回したらいいかな？」と回数を決めてせかしてしまっている。だいきは「まだもう少し乗りたい」気持ちと「交代してもいい」という気持ちの間で揺れていたと思われる。とくに「交代してもいい」気持ちは，「人間関係」の「友達とのかかわりを深め，思いやりをもつ」や「共同の遊具や用具を大切にし，みんなで使う」につながるものだったが，筆者がだいきの微妙な気持ちをくみ取れずに急いでしまったため，だいきの思いやりの気持ちを生かすことができなかった。だいきに任せて「もう少ししたら交代してくれるの。だいきくんありがとう。えりかちゃんよかったね」と声をかけたり，「もう少ししたらいいの。もう少しってどのくらい？」とだいきが自分で基準を決めるようにはたらきかけたならば，だいきは別の対応をしたのではないだろうか。

　第3に，筆者が4歳男児だいきとのやりとりに行き詰まって困ったとき，おそらく困った表情をしていたのだろうが，「困ったな。どうしたらいいのかな」とやりとりを見ていた他の子どもにも解決策を一緒に考えるようなことばかけをすれば良かったと思う。もし誰も交代する子どもがいなかったら，明確に「どうしたらいいのかな」と子どもに投げかけることは必要だっただろう。この事例では，5歳男児あつしが，だいきとのやりとりで筆者が困っているようすを察し，解決策を自分で考え，「もう少し乗りたい」気持ちを抑制して自分から「いいよ」とブランコを譲って問題を解決している。あつしはこの事例のなかで，「人間関係」の「自分の思ったことを相手に伝え，相手の思っていることに気付く」経験や「友達とのかかわりを深め，思いやりをもつ」経験，「共同の遊具や用具を大切にし，みんなで使う」経験，「自分で考え，自分で行動する」経験をしているといえるだろう。

最後に，あつしの思いやり行動に対して，筆者が心から「ありがとう」や「お兄さんが譲ってくれたのよ，優しいね」と言えたのはよかったのかもしれない。あつしが「譲ってあげることができた」と自分の行動に満足できるだけでなく，望ましいモデルが示されたことによって他の子どもたちも「今度は私も交代してみようか」と考えて，仲間を思いやる気持ちを行動に移しやすくなったのではないだろうか。このことは，その後子どもたちがブランコを進んで譲り合うようになり，「〇〇ちゃん，優しいね」と言い合っていたことと関連すると思われる。もちろん，数を数えて順番に交代することはそれ以前も行われていたのだろうし，すでに身についている子どももいただろう。とはいえ，子どもたちはこの事例のなかで，共同の遊具を順番に交代するという社会的ルールを身につける経験，つまり「人間関係」の「友達と楽しく生活する中できまりの大切さに気付き，守ろうとする」経験や「共同の遊具や用具を大切にし，みんなで使う」経験をしたのではないだろうか。

【事例2】　いざこざ・保育者の関わり（3歳児　3月：観察記録より）（約10分）

　3歳男児あきら，こういち，かずまは，バー（木製の板）を組み立てた家の中にいる。木片の入ったカゴや三輪車などがある。あきらは水を飲みに行き，そのそばの鉄棒の所から「こういちー，かずまー，しんじー！」と大声で呼びかけた。こういちとかずまは先ほどまで同じ場で遊んでいた仲間だが，しんじはブランコに乗っている。呼びかけを数回繰り返したが，誰も応じなかったため，少し怒ったようすで戻ろうと鉄棒の下をくぐったときに頭をゴツンとぶつける。あきらは痛そうに頭をさすりながらバーの家へ戻り，こういちたちが楽しく遊んでいるようすを見ていたが，こういちとかずまに不満そうに「ちょっと来いよー」と言うと，こういちとかずまは「いやだよ」と答える。あきらは「来なきゃ殺す」と言った後，「包丁使えないくせに。俺使えるもん」と言う。2人は唖然としたようす。あきらは続けて「お風呂一人で入れないくせに！」と言うと，こういちとかずまは「入れるよー！」と答える。あきらは「ウソつき！　ウソつけ！」と応じた後，あきらはこういちの頭を叩き，次にかずまの頭を叩く。あきらはそばにいたしんじに「ゴキーンって」とかずまを叩くようにけしかける。しんじが手を出さないので，あきらはしんじの背中を押してけしかける。しんじが叩かないため，あきらはかずまを

第10章 人間関係の保育

「ゴチン，グリグリグリ」と頭を叩いてグリグリする。

やりとりのようすを途中から見ていた保育者が後方から近づき，叩いていたあきらの右手を押さえるように握る。あきらは驚いて見上げ，手を外そうとしたがうまくいかない。保育者に気づいたこういちやかずまやしんじは口々に「やったー」「大成功！」とうれしそうに言う。手を握られたまま，あきらは「ううっ」と泣き出す。保育者はそばにしゃがんで黙って手を握っていたが，「あきらさん，はな組（年中組）になって大きくなるんだものね」と言ってあきらの手をはなし，泣き収まるまでしゃがんだまま待っている。あきらが泣き収まる頃，保育者はティッシュペーパーであきらの顔をふき「もうわかるわね，あきらさん。もうすぐはな組さんになるんだもんね」とことばかけをする。こういちやかずまは「叩いたらいけないんだよ」「そうだよ」というが，あきらが気になるようす。保育者はみんなに「（涙が）もうとまるわよ」と声をかける。泣きやんだあきらを見て保育者は立ち上がり「ほら，とまっちゃった」と声をかける。こういちやかずま，しんじには「何ごっこなの？」とたずね，「カクレンジャーのお寿司やさんなの，そう」と言った後，その場から少し離れたところでようすを見ている。泣きやんだあきらは，先に遊び始めたこういちに近づき，恥ずかしそうに「何いつもそんなこと，やってんですよ」とこういちの頭をなでる。こういちがニコニコして「お買い物してきて」と木片を渡すと，あきらは木片で自分の頭を叩くようにして「アイテテ，アイテ」とおどける。みんなで「いらっしゃーい！」と言ってお寿司やさんごっこが始まる。

注：(　)内は筆者による補足。以下の事例でも同様である。

【事例2】以降は，同じ子どもたちを3〜5歳児まで縦断的に観察したものの一部である。3歳児3月頃は，子どもと保育者との信頼関係も確立され，子どもは仲間と一緒に遊ぶことを楽しむとともに，進級することへの期待から張り切っている時期である。その時期のいざこざへの保育者の関わりと，子どもの経験している人間関係について考えたい。

あきらは普段から仲間とよく遊んでいるが，他の仲間を従えつつ命令するような場面も観察された。しかし，この事例では，こういちやかずまも自己主張ができるようになり，あきらに「ちょっと来いよー」と言われても，「いやだよ」と拒否している。あきらは自分に仲間の関心を集めたいのだが，こういちとかずまは楽しそうに遊んでいて思い通りについてこない。そのくやしさから，

あきらは「包丁使えないくせに」「お風呂一人で入れないくせに！」と自分ができること（本当にできるかは不明）を自慢したが，こういちとかずまが「入れるよー！」と答えたために，優越感が得られない。あきらは積み重なった不満な気持ちを対処できず，こういちとかずまを叩いている。さらに，あきらはしんじを味方につけようと，かずまを叩くようけしかけるが，しんじもためらったため，再び気持ちを抑えきれずにかずまを叩いたと推測される。

では，保育者の関わり方について見てみよう。第1に，保育者はいざこざが始まってあきらがはじめに叩き出す前にはやりとりを見ていたが，あきらが再度かずまを叩いてグリグリを始めたときに関わっている。状況把握をしたうえで，あきらの行動がエスカレートしそうになったときに，タイミングよく関わっているのである。

第2に，保育者の関わり方は，グリグリしていたあきらの手をしっかりと握ってはなさず，黙って何もことばかけをしていない。驚いたあきらが抵抗して泣き出してからも，「はな組になって大きくなるんだものね」と声をかける程度で，あまり話しかけずにそばにしゃがんであきらが泣き収まるまで待っている。保育者は「叩くことはいけない」という内容のことばを一切使っていないが，おそらくあきらは手を握られて泣いている間，「思い通りにならないくやしさ」と「保育者に手を握られてしまった恥ずかしさ」を感じるとともに，「叩いてはいけないのにやってしまったため，保育者に手を握られた」ことがわかっていたと推測される。保育者は，あきらが泣いてからは，ずっとそばにいて不安定な状態を受け止めつつ，あきらが自分で振り返って反省する時間を十分に用意し，その反省を確認するように，最後に「もうわかるわね，あきらさん。もうすぐはな組さんになるんだもんね」と声をかけている。この「もうすぐはな組さんになる」という表現は，進級への期待に応えることばかけであり，以前よりも大きくなっていろいろなことができるようになっている（あるいは，これからなる）という自分の可能性への期待と自分の行動への責任を，子どもが感じるようにうながしていると思われる。あきらは「人間関係」の「良いことや悪いことがあることに気付き，考えながら行動する」経験や「自分で

考え,自分で行動する」経験をしていたといえるだろう。また,まわりのこういちやかずま,しんじは,泣いているあきらをみて,おだやかに「叩くのはいけないんだよ」と話しかけながら,泣くあきらを気づかっているようすであり,「良いことや悪いことがあることに気付き,考えながら行動する」経験の他に,「友達とのかかわりを深め,思いやりをもつ」経験をしていると考えられる。

　最後に,あきらの泣きの後,保育者は「(涙が)もうとまるわよ」「ほら,とまっちゃった」とことばかけをして,あきらが不安定な気持ちを立て直すことを支える一方で,こういちやかずまやしんじに「何ごっこなの？」とこれから始まる遊びをたずねて,楽しい気持ちにさせている。その後,保育者はその場を離れて子どもたちに任せつつも,あきらがこういちに関わっていくようすを見届けている。こういちはあきらをすぐに受け入れ,「お買い物してきて」と役目を与え,あきらも決まり悪さを吹き飛ばすようにふざけている。この場面で,子どもたちは,「自分で考え,自分で行動する」経験のほか,「先生や友達と共に過ごすことの喜びを味わう」経験,「友達のよさに気付き,一緒に活動する楽しさを味わう」経験,「友達とのかかわりを深め,思いやりをもつ」経験をしているのだろう。

　ここでの保育者の関わりは,「いけないことはいけない」とする毅然とした対応と,子どもの気持ちに寄りそったあたたかな対応とのバランスが良いように思われる。また,この事例のような「ことばがなくても通じる」関わりには,子どもにその状況を察することができるほどのスキルがあることも必要だろう。しかし,何よりも「今のこの子なら,言わなくてもわかる」と信頼ができるほど,子どもと保育者との信頼関係が深まっていないとむずかしい関わりなのかもしれない。

3　子ども同士の関係

　乳児でも1歳近くになると,仲間を見て活発に反応したり,模倣をしたり,

物を介して関わったりする社会的行動がみられる（荻野, 1986; 遠藤, 1990, 1995）。幼稚園や保育所に入った子どもは, まず親代わりの保育者の存在を認識し, 園生活に慣れて余裕が生まれてくると, 他の子どもたちの存在に気がつくようになる。子ども同士の関係, とくにほぼ同年齢の子ども同士の関係は, 一般に「仲間関係」といわれている。なお, 類似した「友人関係」という用語は, 多くの場合, 互恵的でより親密な関係（友情）が形成された2人, または3人以上の関係をあらわすのに使用される（本郷, 1994）。友人関係は幼児期にもみられるが, まだ持続的なものではなく, 場面に影響される変わりやすい関係である。ここでは仲間関係に注目して, とくに幼児期の子どもが出会うさまざまな保育場面で展開されるコミュニケーションのうち, 「仲間入り」「いざこざ」「ふざけ」を取り上げる。その後, 事例を挙げて, 子どもがどんな経験しているかについて考えたい。

1 仲間入り

子どもはすでに遊んでいる集団に仲間入りするとき, 「入れて」という決まった言い方をよく使う。また, 「入れて」と言わずに仲間入りすると, 「入れてって言ってない」と非難されることもある。この「入れて」「よせて」という明瞭な方略は年齢が上がると増加し, 日本では仲間入りの成功率も高い（倉持・無藤, 1991; 倉持・柴坂, 1999）。しかし, 「入れて」という言い方を使うと「だめよ」とすぐに拒否される可能性もあるため, それ以外に遊びの提案や質問をするなどの社会的スキルを駆使して仲間入りすることもある（植田・無藤, 1990）。また, 年長になると, 仲間入りは, 遊びよりも遊んでいる子に魅かれることが多くなり, 逆に遊んでいる集団にとって"遊びたい子"が仲間入りしようとすればすぐに受け入れるが, そうでない子なら入れようとしなくなるという（倉持・柴坂, 1999）。

では, 仲間入りにおいて, いざこざが生じるのはなぜだろうか。それは, 仲間入りされる側の立場に立ってみるとわかりやすい。子どもは他の仲間が入ることによって関係が壊れる可能性が高くなることを経験的に知っているため,

近づいてきた他の子を排除して，今遊んでいる仲間とのやりとりを守ろうとするのである（Corsaro, 1985）。「他の子を仲間入りさせない」行動には，その子なりの理由があることに，保育者は気づく必要があるだろうし，保育者が「みんなで仲良く」を過度に押しつけることが，仲間入りされる子どもの楽しさを奪ってしまう危険性があることにも注意する必要があるだろう。

2　いざこざ

　子どもが集団生活をする場面では，ものの所有やルール違反などをめぐって，自分と相手との間で要求のぶつかり合いがよく起こる。それを解決するためには，相互の要求を調整することが必要になる。子どもはいざこざを経験するなかで，自分を主張または抑制したり，他者の気持ちを理解して思いやりや共感する気持ちをもったり，社会的ルールの大切さを理解したり，コミュニケーション能力を高めたりして，集団生活に必要な社会的コンピテンス（有能さ）を身につけていく。たとえば，幼稚園の3歳児において，はじめはいざこざ自体不成立だったが，後になるほどいざこざが展開し，終わり方も自己主張するだけでなく，自分の感情の抑制や意見の調整が可能になり，相互理解をして解決できるようになる（木下ら, 1986）。保育所の1歳児と3歳児の物をめぐる相互作用では，「交渉」と「先占の尊重」の原則（先に持っている人と交渉することなく，その物を獲得しない）を検討したところ，年齢とともに相手の意思を確認する交渉が多くなり，相手が持っている物に手を触れる前に交渉することが多くなった（山本, 1991）。さらに，幼稚園の5歳児では，同じ遊び集団内では「先にもっていた」などの「先取り」方略や，遊びの状況設定などを話す「イメージ」方略が多く，異なる遊び集団の場合は，「少しだけね」と時間や量の借りる限度を示す「限定」方略や，「少しならいい」と時間や量の貸す条件を示す「条件」方略が多かった（倉持, 1992）。先行所有のルールを理解し，相手の所属する集団によって交渉する方略を選択し，いざこざに対処していることがわかる。

　いざこざが起きた場合には，保育者はあわてずに，子どもは仲間との葛藤の積み重ねから，関係を崩さず仲間との折り合いをつけるスキルを学んでいるこ

と，その経験を乗り越えて仲間と協力して遊ぶ楽しさを実感し，ますます豊かな関係を形成できることを思い出し，この機会をどう生かすか考える姿勢が大切である。

3 ふざけ

子どもは，遊びのなかで，意図的に変なことばを言ったり，おかしな行動をとって，仲間や保育者を笑わせることがある。これは，ふざけ行動と呼ばれ，大げさな振る舞いをしたり（大げさ・滑稽），相手の真似をしたり（真似），ことば遊びをしたり（ことば遊び・替え歌），相手をからかったり（からかい），トイレことばを話す（タブー）といった種類がある（掘越・無藤，2000）。子どもは仲間と楽しさを共有したいためにふざけをするが（平井・山田，1989），とくにトイレことばやオッパイ，チンチンなどのタブーは大人によって望ましくない行動と見なされる。しかし，タブーを含めたふざけには，いざこざなどの緊迫した状況を和らげて回避したり（Corsaro, 1985；掘越・無藤，2000），仲間との関係を強化するなどのはたらきがあり，仲間関係を調整するのに大きく役立っている。

ふざけについて，保育者の立場では，けじめという視点から制止する必要があるのかもしれない。しかし，子どもがふざけを使って仲間との関係を調整していること，また，タブーが時期的に3歳児の終わりから4歳児に多いこと（掘越・無藤，2000）を認識することによって，子どもの気持ちに共感しながら接することができるのではないだろうか。

4 仲間とのやりとりの実際

ここでは，上に挙げた仲間入り，いざこざ，ふざけの事例を取り上げ，子どもたちがどんな経験をしているのかを検討したい。

【事例3】 カルタ・いざこざ・ふざけ（3歳児　1月：詳細な観察記録より）（約40秒）

3歳男児こういち，しんじ，3歳女児いずみ，なおこ，もえは，3歳児教室のテーブルに座ってカルタ取りをしている。しんじが読み札を（でたらめに）読んでお

り，もえがしんじに読み札を読みたいことを少し強引に伝えるが，しんじはまだあまり読んでいないので続けて読む。

こういち	：「ねー，うちんちね，ドンキー・コング買ってね」
しんじ→こういち	：「うちんち，ドンキー・コング」
もえ→しんじ	：「私，読みたいんだよー！」と体をテーブルに乗り出して，もえの前にいるしんじの方に手を出し，読み札カードを取ろうとする。
しんじ→もえ	：カルタの読み札を握って「はい，し」と1番上にあるカードをもえに見せる。
こういち→もえ	：「はい，取った」と自分が取った［し］の絵札を見て，もえに見せる。
もえ→しんじ	：「読みたい！」としんじの方に手を伸ばし，読み札を取ろうとする。
しんじ	：もえと視線を合わせず，もえに取られないよう読み札を自分の方に引き寄せる。
なおこ→もえ	：「もう取って（いるよ）」
しんじ	：「しっ，しっ，もう取った」と［し］の読み札をテーブルに置き，もえを見る。
いずみ→もえ	：「もう取っちゃったって」
もえ→しんじ	：「あー，もう，読みたいって，言っただけでしょ，意地悪！」と大声で怒りだし，じだんだを踏む。
しんじ→もえ	：「しん君，まだ全然＊＊＊」と読み札を両手で握りながら，もえを見る。
こういち→もえ	：立ち上がり「えっ，おさー，ちょっと，タイムタイム，けんかするのはなし」と言ってから，「おさーるさーんだよ～！」と両手をサルのように頭の上とあごの下にあてて，にこにこしておどけて歌う。
もえ	：こういちを見て大笑いする。
しんじ	：にこにこしながら読み札を触る。
いずみ	：うれしそうに「そっくり！」
なおこ	：「ききゅうはきどううだ。ありがとーございましたー」とおどけた調子で，にこにこしながら歌うように言う。

しんじ	：うれしそうにサルのポーズをして，「ききゅうは，ウンチー！ききゅうはウンチー！」と，おどけた調子でうれしそうに歌って笑う。
こういち	：「あ，いいこと考えた。こいわうんこ，こいわうんこ，あ，汚かったねー，だってよ」と歌うようににこにこして言う。
しんじ	：こういちの歌を聞いて笑う。

注：＊＊＊は聞き取り不能な箇所。以下の事例においても同様である。

【事例3】は3歳児1月の事例で，ウンチやオシッコやお尻などのタブーのふざけが頻繁に行われていた頃（堀越・無藤，2000）のものである。しんじともえとの間で読み札を読む役割をめぐっていざこざが起き，こういちが「おさーるさーんだよ～！」とサルの真似をするふざけをすることで，しんじともえのいざこざで高まった緊張を一挙に和らげている。このこういちのふざけをきっかけに，しんじともえが笑って，いざこざが中断し，まわりにいたいずみやなおこもうれしそうに「そっくり！」と言ったり，「ききゅうはきどぅうだ。ありがとーございましたー」とおどけた調子で歌って，肯定的な反応を示している。さらに，こういちのサル真似となおこのおかしな歌から，しんじがサル真似をしながら「ききゅうは，ウンチー！」とウンチの替え歌を歌い，それを聞いたこういちが「こいわうんこ，こいわうんこ，あ，汚かったねー，だってよ」とウンコの歌を歌っている。このように，こういちのふざけでいざこざの緊張が和らいだとたん，さらにふざけがどんどん連発したのである。多くの場合，いざこざや誰かが泣いて緊張が高まると，当事者だけでなく，まわりの子どもも巻き込まれて不安になるため，その状況に早く適切に対処しようという気持ちが生まれて広がり，ふざけが出やすくなるようである。とくにこの事例では，こういちの「ちょっと，タイムタイム，けんかするのはなし」という表現から，いざこざを中断しようとする気持ちがはっきりと示されている。いざこざが中断して緊張が和らいだあとも，他の子どもたちがふざけに対して積極的に笑ったり，サル真似やウンチの替え歌などのふざけが次つぎと展開したの

は，一度不安定になった仲間関係を早く修復したいと思っていたからではないだろうか。

ここでのいざこざの当事者はしんじともえであり，いざこざを中断するきっかけを作ったのはこういちであるが，当事者として関わっていなくても，第三者の立場から仲間のやりとりを見る経験を積み重ねることは，状況を客観的な視点から見ることができるようになる上で重要である。また，自分もその状況に巻き込まれて，疑似的に体験することになる場合もある。そのため，仲間と一緒に過ごすことは，より豊かな仲間関係のやりとりを経験することにつながってくるのである。

【事例4】 ブロック投げ・仲間入り・いざこざ・ふざけ
（4歳児 5月：詳細な観察記録より）（約60秒）

4歳男児しんじは，組立てたブロックを持って，4歳男児こういち・しょう・けいすけ・かずまのいる箱積木へ行く。そこでは小さなブロックを壁面にぶつけて遊んでいる。

しんじ→しょう　　：小さなブロックを手にとり，しょうに近づいて差し出す。
しょう→しんじ　　：しんじの出したブロックを右手で払い，「お前はだめー！」
こういち　　　　　：箱積木の上からブロックを投げ，壁にぶつかる。
しょう　　　　　　：こういちを見て「ほら，こういちはいいね」
けいすけ・しょう→しんじ：しんじを指さし「お前はだめー」
しょう→しんじ　　：「弱いのはだめー，弱いのはだめー」
しんじ→けいすけ・しょう：「お前もよわーい」とけいすけを押し，しょうを指さし「お前も＊＊＊」
しょう→しんじ　　：真顔で「キンタマ打ってやろうか」
けいすけ→しんじ　：しんじの手をつかみ「おい，こうゆう風にぶん殴ってやろうか」
しょう→しんじ　　：「キンタマ打ってやろうか」
けいすけ→しんじ　：げんこつをしんじの頭上に構え「じゃあ，ぶん殴ってやろうか」
しんじ→けいすけ　：小さい声で「いいよ」（断り）

> | | |
> |---|---|
> | こういち　　　　： | しんじとけいすけの様子を見ていたが，ニコッと笑って向きを変え，「ルルルー，うわっとっと！」とおどけて箱積木から飛び降りる。 |
> | けいすけ→しんじ： | しんじに向かって右手を大きく振りかぶるが，「あいてー！」とおどけた顔をし，げんこつで自分の頭を何度も叩く。 |
> | しんじ→けいすけ　： | けいすけを見て笑い，「軽く首絞めちゃお」とうれしそうにけいすけの首を後ろからつかむ。 |
> | けいすけ→しんじ： | 「何だよ！」と怒ってしんじの手をつかんで離し，げんこつを高く上げ，「ほんとにぶん殴るよ，そんなことすると」 |
> | しんじ→けいすけ： | げんこつを見て後ずさりするが，「ウシシシシ」と笑う。 |
> | しょう→しんじ　　： | 顔を斜めに構えてゆっくりと「いーじーめてやろーか」 |
> | けいすけ→しんじ： | げんこつを振り上げ「いーじーめて」 |
> | しんじ→けいすけ・しょう： | 大きな声で「先生に怒られるだけ！」 |
> | けいすけ→しょう： | 「やっぱ，やめよっか」と笑って箱積木へ戻る。 |
> | しょう→けいすけ： | 「やっぱ，やめよっか」とけいすけの後を追う。 |
> | しんじ　　　　　： | ブロックを拾い上げてにこにこ笑う。 |
> | しんじはこういちと話したり，箱積木から飛び降りたりする。けいすけとしょうは再びブロック投げをする。 | |

　【事例4】は4歳児5月の事例で，4歳児から新しく入園したしょうとけいすけの遊んでいるブロック投げへ，3歳児から進級したしんじが仲間入りしようとして，いざこざが起きている。しんじはしょうにブロックを差し出して仲間入りしようとするが，しょうはブロックを手で払い「お前はだめー！」と拒否し，けいすけも拒否する。しんじと少し前まで一緒に遊んでいた同じ進級児のこういちが「こういちはいいね」と認められた一方で，しんじは行くとすぐにしょうに強く拒否されてしまう。おそらくこの事例以前に，しんじ対しょうとけいすけの間で何かいざこざがあったと推測される。しんじの仲間入りの方法は，「入れて」とは言わずに，ブロック投げに必要なブロックを差し出すはたらきかけであるが，しょうとけいすけに拒否される。しょうの「弱いのはだめー」に対し，しんじは「お前もよわーい」と対抗するが，しょうとけいすけ

第10章　人間関係の保育

がそれぞれ「キンタマ打ってやろうか」「ぶん殴ってやろうか」と脅しをかけると，しんじは緊張して小声になって「いいよ」と断っている。けいすけがしんじを叩こうとして振りかぶって緊張が高まったとき，そのようすを見ていたこういちが「ルルルー，うわっとっと！」とおどけて箱積木から飛び降りている。こういちにはくわしい状況まではわからなかっただろうが，しんじとけいすけの緊迫した状況を察して，ふざけをしたと考えられる。さらにそのふざけの影響を受けて，けいすけもしんじの頭を叩くという望ましくない行動は取らずに，「あいてー！」とおどけた顔で自分の頭を叩くというふざけをし，しんじとの緊迫した状況を和らげたのだろう。一度いざこざは中断され，けいすけは自分の頭を何度も叩き，しんじも見て笑うが，しんじが調子に乗って「軽く首絞めちゃお」とけいすけの首をつかんでからかうふざけをしたため，けいすけは「何だよ！」と怒り出し，「ほんとにぶん殴るよ」と脅して，再び緊迫した状況に戻ってしまう。しんじは後ずさりしながら緊張した笑いを漏らすが，しょうとけいすけが「いーじーめてやろーか」とげんこつを振り上げて脅すと，真剣に大きな声で「先生に怒られるだけ！」と言い返している。口実として先生の力を利用し，間接的に先生がしんじの味方に加わった状態を作り出す（斉藤ら，1986）という方法を取ることで，しんじは自分の危機的状況を乗り切ろうとしている。結果的にしょうもけいすけも「やっぱ，やめよっか」と脅すのをやめて離れ，しんじは自分の力で危機的状況を回避したのである。

【事例5】　ピーちゃんごっこ・仲間入り・いざこざ（5歳児　10月：観察記録より）
　　　　（約5分）

　5歳女児あやは長縄の列に並んでいる。そこへ5歳女児みさきといずみが手をつないで「ピーピ，ピ，ピー，ピー」と歌いながらそばを通る。あやはいずみの手をとり，「ボクちゃん，ピーちゃん3号！」とうれしそうに言うが，みさきは「そんなのないよー！」と文句を言う。あやは怒って「2号（いずみ）もあるじゃん。だから，いーじゃん」といずみを指す。みさきといずみは顔を見合わせるが，あやに答えず「ピーピーピーピーピピピ」と歌いながら手をつないで行ってしまう。あやは怒って玄関へ走っていく。中に入ってホールでピアノを弾く。そばになおこが来

ると，あやは「ゆかちゃん呼んできて」と頼み，なおこは「いいよ」と呼びに行く。なおこが戻ってくると，あやは再び「みさピー呼んできて」と言い，再びなおこは呼びに行く。先に呼ばれたゆかが走って来る。あやはゆかに曲の弾き方をたずね，2人で一緒にその曲を弾く。

　なおこが戻ってきて「みさピーとかが，ウソかホントか何かたくらんでるのかって」と伝えると，みさきといずみが無表情でやってくる。あやは「何をたくらんでるって？」とたずね，ゆかも「何が？」とたずねる。いずみは「何か呼んだんでしょ，みさピーを。あたし，ただ見ただけだもん！」と怒って言う。みさきも「見てたんだもん」と言う。あやはゆかの背中のかげにかくれて「ゆかピー教えて。ゆかピー教えて」とおどける。ゆかは「教えてって何を？」とあやにたずねると，みさきは「ゆかちゃんは知らないよ！」と言う。ゆかが「なーに？」とたずねると，みさきは「(さっきの) ピーちゃんのことでしょ，ピーちゃんのこと」と怒って言う。あやは「違うよ！」と答えてから，ゆかの肩を叩いて耳元でささやこうとする。そのときゆかが「わかったぞ！」と言う。あやは決まり悪そうにピアノを弾き出すが，みさきは「そんなことね，関係ないんだよ」とゆかに言う。ゆかは「***（外で）見たんだ。なんかね，3番のピーちゃんがね，あやちゃん，***（やりたいって）言ったんだよね。それで，みさピー，怒ったんでしょ？」とたずねると，みさきは「怒ってなんかいないよ」と答え，いずみも「怒ったんじゃなくてね，あやちゃん，***みさピーと遊びたいからってねー，3番のピーちゃんになったんだよね」と言う。ゆかは「で，みさピーはそれで何をしたの？」とたずねると，みさきは「私，怒ってないもん」と答え，なおこが「ただ走ったりしてるって***」と付け加えると，みさきは「そうだよ」と言う。あやはピアノを弾くのをやめ，「どうしてさー，あたしを入れてくれなかったの？」とゆかに手をかけて文句を言う。みさきは「今，2人で遊んでたんだもんね」といずみに同意を求め，いずみもうなずく。あやが無表情でその場を離れていくと，いずみは「やっぱ，お弁当終わったら，3人で遊ぼうよ」と言う。ゆかとなおこはあやの後を追い，みさきはいずみを連れて行く。(約40分後，園庭の日陰であや，ゆか，なおこ，みさき，いずみ，さえが一緒に白砂や小石を集めて遊んでいるようすが観察される。)

　【事例5】は5歳児10月の事例で，あやがみさきといずみのピーちゃんごっこへの仲間入りに失敗したことからはじまり，結果的にそのことをめぐっていざこざが起きている。この頃，あやはみさきやいずみとよく遊んでいたが，こ

の事例ではみさきといずみが先に2人で遊んでいる。あやはいずみの手を取って「ボクちゃん，ピーちゃん3号！」とうれしそうに話しかけて仲間入りをしようとするが，みさきに「そんなのないよー！」とあやの発話に沿った表現で拒否されてしまう。あやの仲間入りは，「入れて」と言わずに，いずみの手を取って親しみを伝えながら，「ピーちゃん3号」という適切な役を先に提示して自分を位置づけており，上手な関わり方といえる。当然入れてもらえるという期待もあったのだろう。しかし，みさきに拒否され，その上「2号（いずみ）もあるじゃん。だから，いーじゃん」ともっともな理由をつけて，さらに主張したにもかかわらず，みさきといずみは答えずに楽しそうに行ってしまうという形で再び間接的に拒否されてしまう。あやは怒ってその場から離れ，中へ入って一人でピアノを弾いて，怒りを鎮め，自分の気持ちを調整している。その後，あやはなおこに頼んで，ゆかとみさきを呼んでいる。ゆかとは一緒にピアノを弾いて楽しい時間を共有でき，あやの気持ちの立て直しもできたが，みさきを呼んだことで，いざこざが生じる。なぜあやはみさきを呼んだのだろうか。ゆかとみさきにピアノを教わりながら一緒に遊びたかったのかもしれないし，優しくて頼りになるゆかを味方につけて，みさきたちに文句を言いたかったのかもしれない。少なくともみさきといずみは後者の理由で呼ばれたと感じたため，あやが「何かたくらんでる」と思い，みさきは「ピーちゃんのことでしょ」と言って，みさきといずみは見てただけで怒ってないことを強い調子で主張して，自己防衛している。一方，あやはおそらく予想外にみさきといずみが怒ってやってきたことに戸惑い，ゆかをより所にして「ゆかピー教えて」とおどけたり，ゆかの耳元で話そうとしたり，ピアノを弾いたりしている。間に入ったゆかははじめは話がわからず「何が？」とたずねていたが，途中で「わかったぞ！」と言って状況がわかりだすと，みさきやいずみの話を聞いたり，確認してたずねたりして，第三者として中立的に関わり，状況を整理をしている。最後にあやは「どうしてさー，あたしを入れてくれなかったの？」と一番に言いたかったことをきくと，みさきたちは「今，2人で遊んでたんだもんね」と2人で遊んでいたかった気持ちを伝えるが，いずみはあやの気持ちを

思いやり，「やっぱ，お弁当が終わったら，3人で遊ぼうよ」と提案している。このときはあやがその場を離れたため，仲間で話し合ったものの，ものわかれのような形で終わっているが，約40分後にはみんな一緒に遊んでいたことから，その間に今までのいざこざをめぐる問題を解決したと推測される。この事例で，ゆかははじめ巻き込まれた形で参加していたが，状況がわかりだすと，自分から積極的に関わり，中立的な立場から調停している。年長になるにつれて，このような中立的立場から関わることのできる子が増えてくるといわれている（斉藤ら，1986）。子どもが仲間と話し合い，保育者の手を借りずに自分たちでいざこざを解決しようとしている点で，【事例2】とは異なり，子どもの育ちが感じられるのである。

　以上，保育のなかでみられる「人間関係」領域を取り上げるとともに，子どもと保育者との関係，子ども同士の関係のなかで経験されることや育まれるものについて，とくに仲間入り，いざこざ，ふざけを通して考えてきた。人間関係を育てる保育とは，子どもが豊かな経験をすることを保障するものであり，そのために保育者が人的物的環境を整え構成することが何よりも大切だといえるだろう。たとえば，人的環境として，保育には，保護者と保育者との関係，保育者同士の関係も存在している。保護者と保育者との関係では，近年新たに「子育て支援」という形で，保育者が保護者を援助する役割を担うようになっている。一方で，保育における保護者の役割を強調し，保護者が保育中の子どもの活動に関心をもって保育者と意見交換するような，保護者が積極的に保育に関わる方向性もあるのではないだろうか。また，保育者同士の関係では，より子どもにふさわしい保育を目指す仲間として，ベテランの保育者だけでなく，新任の保育者からも教わる気持ちをもって互いを尊重し合うほかに，普段から子どもの話をしたり，保育の悩みを気軽に相談できたり，話し合いの場で積極的に発言できるような雰囲気を作るように，保育者一人ひとりが心がけることが必要である。このような保護者と保育者との関係，保育者同士の関係が，子どもと保育者との関係や子ども同士の関係とうまく歯車がかみ合って連動する

ことによって，子どもが安心して生活できる望ましい人的環境が整うのであり，そのときにこそ，子ども一人ひとりの発達が保障されたといえるのだろう。

引用・参考文献

Corsaro, W. A. 1985 *Friendship and peer culture in the early years.* Ablex.
遠藤純代　1990　「友だち関係」　無藤隆・高橋恵子・田島信元(編)　『発達心理学入門Ⅰ：乳児・幼児・児童』　東京大学出版会　pp. 161-176.
遠藤純代　1995　「遊びと仲間関係」　麻生武・内田伸子(編)　『人生への旅立ち：胎児・乳児・幼児前期』　講座生涯発達心理学2　金子書房　pp. 229-263.
原孝成　2000　「領域『人間関係』の目標とねらい」　保育者と研究者の連携を考える会(編)　『保育における人間関係』　ナカニシヤ出版　pp. 1-13.
平井信義・山田まり子　1989　『子どものユーモア：おどけ・ふざけの心理』　創元社
本郷一夫　1994　「仲間関係」　日本児童研究所(編)　『児童心理学の進歩』　金子書房　pp. 227-253.
保育者と研究者の連携を考える会(編)　2000　『保育における人間関係』　ナカニシヤ出版
掘越紀香・無藤隆　2000　「幼児にとってのふざけ行動の意味：タブーのふざけの変化」　『子ども社会研究』　**6**　43-55.
Hows, C., Matheson, C. C., & Hamilton, C. E. 1994 Children's relationships with peers: Differential associations with aspects of the teacher-child relationship. *Child Development,* **65,** 253-263.
厚生省児童家庭局　1999　「保育所保育指針」
倉持清美　1992　「幼稚園の中のものをめぐる子ども同士のいざこざ：いざこざで使用される方略と子ども同士の関係」　『発達心理学研究』　**3**　1-8.
倉持清美・無藤隆　1991　「入れて，貸してへどう応じるか：一時的遊び集団における遊び集団外からの関わりへの対処の方法」　『保育学研究』　**29**　132-144.
倉持清美・柴坂寿子　1999　「クラス集団における幼児間の認識と仲間入り行動」　『心理学研究』　**70**　301-309.
文部省　1998　「幼稚園教育要領」
無藤隆・森上史朗(編)　1990　『保育内容　人間関係』　保育講座7　ミネルヴァ書房
荻野美佐子　1986　「低年齢児集団における子ども間関係の形成」　無藤隆・内田伸子・斉藤こずゑ(編著)　『子ども時代を豊かに：新しい保育心理学』　学文社　pp. 18-58.
斉藤こずゑ・木下芳子・朝生あけみ　1986　「仲間関係」　無藤隆・内田伸子・斉藤こずゑ(編著)　『子ども時代を豊かに：新しい保育心理学』　学文社　pp. 59-111.
高橋たまき・中沢和子・森上史朗(編)　1996　『遊びの発達学：基礎編・展開編』　培風館
津守真　1980　『保育における体験と思索』　大日本図書

植田清美・無藤隆　1990　「人とのかかわりを見る視点」　無藤隆・森上史朗(編)『保育内容　人間関係』　保育講座 7　ミネルヴァ書房　pp. 47-89.

山本登志哉　1991　「幼児期に於ける「先占の尊重」原則の形成とその機能：所有の個体発生をめぐって」『教育心理学研究』　**39**　122-132.

第11章
環境と保育
子どもを取り巻く環境と子どもの発達は
インタラクティブなコミュニケーション

………この章では………

子どもの自己形成や発達に，環境がさまざまな形で大きな影響をおよぼすものであることはいうまでもない。保育実践でも「環境を通して行う教育」が提唱され，ますますその意義が重視されてきている。保育者がどのように子どもと環境の関係をとらえ，どのような視点でよりよい保育環境を構成していくかなどを，現行の幼稚園教育要領を踏まえながら考えていく。自然環境，人的環境，文化的環境，数量・文字など知的なものとの出会いという視点から，子どもと環境のインタラクティブな関係がどのように見えてくるだろうか。

20世紀は「児童の世紀」として子どもに希望を託し，その子どもに多視点から分析的にアプローチすることによって幕を開けたが，21世紀はおそらく「環境の世紀」となるのではないか。オゾン層の破壊や地球温暖化，自然破壊や環境汚染への不安にはじまり，環境ホルモンの問題。健康食品が横行し過熱化する健康への関心。モバイル通信の活発化，インターネットの普及率が20％を超え，利用人口が2,700万人に達する現状と大幅な拡大化の予測。情報メディアの多様化にともない，いわゆるIT（情報技術）革命が進行するなか，日々肥大化していく情報環境等々。近年，さまざまな意味でわれわれを取り巻く「環境」への関心が高まっているのは周知のことである。

「環境」というのは，どのような場合でも誰が主体者となるかによって，その構成が成り立つ考え方で，当然のことながらその主体者を変えることによって，環境の意味も変わってくる。ここで考える「保育における環境」の主体者は，いうまでもなく子どもである。子どもを主体者として，それを取り巻くものすべてが子どもにとって環境となる。したがって，子どもがその環境とどうかかわるかを基点として，その「環境」は考えられなければならない。

1　保育における環境とは

　日本の幼児教育の方向を大きく示す「幼稚園教育要領」に，1989年告示のものから，幼稚園教育の基本として「幼児期の特性を踏まえ，環境を通して行うものであることを基本とする」という考え方が導入され，1998年の改訂（2000年度から実施）においてもこの考え方がそのまま踏襲されている。『幼稚園教育要領解説』（文部省，1999）によれば，この「環境を通して行う教育」の基本は「教育内容に基づいた計画的な環境をつくり出し，その環境にかかわって幼児が主体性を十分に発揮して展開する生活を通して，望ましい方向に向かって幼児の発達を促すようにすること」にあると解説されている。
　幼児が環境に関わって主体的に生活を展開するためには，「幼児の生活」ということが大切に考えられなければならない。幼児期の子どもにはその時期ならではの特性や心性があり，したがって生活もその仕方にはそれにともなって固有のものがあることがよく理解されなければならない。つまり，ことのはじめに，その特性や心性をも含めた子ども理解を，まず必須とするということである。
　また，ここでは，日常的に幼児を取り巻いている環境を再度意識的にとらえ直し，その認識の上に立って計画的に環境の構成を試みることを示唆しているが，同時にそこからさらに一歩進めて，環境が単に幼児へ影響を与える一方向的な存在としてとらえられるのではなく，幼児が自ら主体的にその環境と関わ

第11章 環境と保育

ることで展開していくであろう新たな生活の可能性に着目している点が興味深い。環境は，子どもを包みながら刺激を与え，発達を促し，その子どもからの働きかけを受けて意味世界を変容していく存在として認識され，子どもと環境の相互交渉により，より充実した子どもの発達が促されるという，インタラクティブな環境観が提唱されている。

写真11-1　4月春，幼稚園は花ざかり

　たとえば，写真11-1は4月春。どこの幼稚園，保育所でもみられるような普通の光景である。幼稚園，保育所では，春の訪れを祝い，子どもたちのこれからの新しい1年間のスタートにエールをおくり，また新入園児への歓迎の意を込めて，美しい木々や花々で装いを新たにする。園に足を踏み入れた子どもたちは，大きくなったことの自覚と，みずからの晴れがましい喜びとともに，春という心が浮き立つ季節を，また保育者の喜びの心を，身体全身で感じ受けとめることだろう。こうして4月が始まる。子どもを取り巻く環境を，子どもの心の動きを予測して，計画的に構成するというその好例でもあろう。

　しかし，保育でのこの草花と子どもの出会いは，公園の花壇の草花との出会いと違って，同じく「きれい」の感動にはじまったとしても，そこには終息しない。ある子は，きれいと思うあまり手折ろうとするかもしれない。そこですかさず，保育者は，命の限り精一杯咲いている花について語り，子どもたちに命のかけがえのなさを教えることだろう。自然のままに咲く花には，蝶や蜂などの虫が寄ってくるであろうから，保育者は受粉の不思議について語るかもしれない。時が経ち花びらが散れば，それを使って子どもはままごとのご馳走を作り，ごっこの家族をもてなすかもしれない。また，ブローチや髪飾りにする子もいることだろう。花が終われば，保育者は球根に考えをめぐらせ，時期を見てその処置に入る。子どもは，春に美しく咲いた花が球根から生まれていたことを目の当たりにし，驚くかもしれない。

保育者は次年度の春のために球根の準備を整え，その際たくさんに株別れした球根のうち，小さいものは子どもたちに分けられるだろう。そうすれば子どもたちはすぐさま球根屋を開き，お店やさんごっこがはじまる。お客を呼び止めては，この球根を埋めておけば，来年の春には今年見たようなあの花が咲くことを，誇らしく希望を込めて語り，そうして球根は売られていく。お客によって球根は家に持ち帰られ，家の庭で春に芽を吹くかもしれない。一方，保育者によって整えられ補充された球根を，子どもたちは保育者と一緒に再び花壇に埋めていく。そして，春を待つことを知る。
　こうして，子どもたちは身近な環境から，自分たちの生活へ遊びを取り込み，また環境へと戻しながら新たな環境をつくり出していく。そこには，一人ひとりの子どもにかかわって，数えきれないさまざまな心のドラマが展開されていたはずである。春のなにげない光景も，多くの可能性を秘めた環境となる。
　環境はその応答性が重要であり，子どもたちは環境とのやりとりを通して，話題を共有し，また経験を共有し，そこからイメージを共有していくことができる。さまざまな環境の応答性に着目し，その可能性を拡大していくのは，保育者の環境認識によるところが大きいに違いない。環境は設定してしまえばそれで終わりというものではなく，そこから子どもが新たな可能性を発見して，自分にとっての環境を意味づけていくものなのである。
　こうした環境への認識を生かし，「環境を通して行う教育」をよりよく達成していくために，「幼稚園教育要領」ではさらに「幼児期にふさわしい生活が展開されること」「遊びを通しての総合的な指導が行われるようにすること」「一人ひとりの特性に応じた指導が行われるようにすること」の3点を保育の重要な心得として示している。
　しっかりと信頼が培われた保育者との関係のなかで，幼児は安心してさまざまなものに挑戦しながら自分の世界を拡大していく。そして，自らの興味や関心に促されるままに自発的な活動を展開し，そのなかで直接的で具体的な経験を積み重ね，自分の生きる世界や自分を取り巻く環境について学ぶ力をつけていく。友だちとの十分な関わり合いも忘れてはならないだろう。他者を知り，

また自分を知り，互いの違いを認め，みんなで協調していく方法を見いだすといった社会性の発達も幼児期の重要な生活を構成するものである。こうしたことが，子どもたち自身によって主体的になされ，獲得されていく生活こそが「幼児期にふさわしい生活」ということができるだろう。

また，幼児期の子どもにとって遊びは生活そのものとさえいえる。遊びには，幼児の成長や発達に重要な体験が多く含まれていて，遊ぶことを通して子どもは周囲の環境にさまざまな意味をみいだし，そのみいだされた意味に従って関わりを変えていく。子どもの諸能力や，感情は総合的に発達していくものであり，子どもは遊びが可能にする総合的な体験を通して，達成感や充実感，また挫折や葛藤などを経験していくのである。その点を保育者は踏まえて，指導の好機をとらえながら子どもに援助していくことが望まれる。

その好機を機敏にとらえていくには，何よりも子ども一人ひとりの特性を保育者が把握していることが必須の条件となるに違いない。その子らしい考え方，見方，感じ方，関わり方があり，そこから発して一人ひとりによって環境の受けとめ方，関わり方が異なってくるのである。そうした子ども一人ひとりの独自な生き方を保障し認めていくことを，保育の原点に，保育者は子どもと環境との関わりをとらえていく必要がある。すべては，子どもにはじまり，子どもにかえる環境の構成に心を砕くことを，われわれは心がけていかねばならないのである。

このことは，やはり集団保育を担う保育所の保育基準となる「保育所保育指針」でも，「保育の環境」として扱われ，「保育の環境には，保育士や子どもなどの人的環境，施設や遊具などの物的環境，さらには，自然や社会の事象などがある。そして，人，物，場が相互に関連し合って，子どもに一つの環境状況をつくり出す。こうした環境により，子どもの生活が安定し，活動が豊かなものとなるように，計画的に環境を構成し，工夫して保育することが大切である」と述べられている。

また，「幼稚園教育要領」に保育内容として5領域を設定する際，身近な環境との関わりに関する領域「環境」を設けており，「環境を通して行なう教育」

と領域「環境」が同じ重層構造で構成されるよう配慮されていることも，子どもと環境と保育の関わりの重要性を示しているといえるだろう。領域「環境」は，「周囲の様々な環境に好奇心や探求心をもってかかわり，それらを生活に取り入れていこうとする力を養う」と趣旨が説明されている。実質的には，領域「環境」は子どもが園生活で直接かかわる面を取り上げたものとなっているが，ある環境のなかに生きる子どもの自発的な活動がいかに重視されるべきか，またその環境との触れ合いが，いかに子どもに気づきと感動を与え，子ども自身の生活として意味をもちうるか，といった視点は一貫してつらぬかれている。

　幼児にとって身近な環境を，自然環境，文化的環境，人的環境，数量・文字等の知的なものとの出会いと大きく括りながら考えていくことにしよう。

2　自然環境と保育

　人為をはるかに超えて存在する自然は，驚異に満ち，子どもの好奇心をそそる魅力に溢れている。雨が降っても，雪が降っても，風が吹いただけでも，たちどころに世界を変えてしまう。豊かな自然環境は，なによりも子どもの発達にとってかけがえのないものに違いないが，都市化が進む現代，豊かな自然とふれあって保育が行われることがより困難になりつつあることも事実である。本来，幼稚園や保育所は人為的な囲い込み空間であり，従来から自然を保育に導入するために，意図的な計画が必要とされてきた。しかし，以前は幼稚園，保育所の外にはまだまだ十分な自然があり，家庭に戻ってからの接触に期待できたが，現在ではそれもむずかしくなってきており，さらに意識的に自然を保育に生かしていくことが求められている。四季の変化をどう体験させ，動植物との出会いをどう進めていくか。それらを保育する立場としてどう意図していくか。など真剣に考えていかなければならない課題となっている。

1 身近なところから四季の変化を感じよう

まずは，身近なところから。園庭に植えられた樹木はどうだろうか。春になると花が咲き，夏には緑の葉を茂らせ木陰を作る。秋には実をならせ，紅葉して散り，落ち葉が風に舞う。冬には，かたい木立が寒さに耐える。そんな姿を子どもに見せる樹木がどれくらいあるだろうか。子どもたちが登って遊べる木があればなおさらによい（写真11-2）。子どもたちは，自然環境からの恩恵を目で見，耳で聞き，手で触れ，全身で確かめることができるだろう。陽の光にさえ，四季はある。春のやわらかい日差し，夏の焼けるような暑さ。子どもたちは裸になって，水と戯れることだろう（写真11-3）。秋には庭の落ち葉を集め，焼き芋が楽しめるかもしれない。冬に雪が降れば，子どもたちは雪の白さ冷たさに心躍らせることだろう（写真11-4）。

そうした四季の変化を楽しむことは，自分が自然のなかに生かされている存在であること，命のすべてが自然の恩恵の内にあることへの気づきとなっていくに違いない。自然に感動する気持から，好奇心が芽生え，自然と自然法則についての基本的な知識を知りたがるかもしれない。保育者は，その子どもの心の動きをとらえて，よりくわしく調べる態度

写真11-2　木のぼり大好き

写真11-3　夏の暑い日に

写真11-4　楽しい雪遊び

や方法について語ることができるだろう。園に備えてある図鑑や絵本が活躍するのも、子どもの知的好奇心が発動すればこそである。

　人間の環境設定には限界があり、自然が与えてくれる恵みの大きさを保育者はつねに認識している必要がある。しかし、自然環境は、人間にとって好ましい状況ばかりでなく、好ましくない状況もあることを知るべきで、草が茂れば、虫も多くなり、虫が多くなるのは楽しいが、子どもを刺す蚊や毒虫が出るかもしれない。自然界に害虫はおらず、すべては存在に意味のある生き物であり、安全性と子どもの経験重視の狭間で、保育者が葛藤を迫られることもしばしば起こるに違いない。そうした難題にどう対処していくか、保育者の自然観や保育観が問われることになる。

　よほどの余裕ある敷地や好条件に恵まれない限り、一つの園内で自然との触れ合いのすべてを解決していくのは無理で、かなり限界があることはいうまでもない。そこを補う方法として、遠足のような園外保育が計画されるが、むしろ日々の生活のなかでということを考えると、近くの公園や、森、林、河原などを計画的に利用していくことが有効であろう。現在多くの園では、保育計画にそうした柔軟な取り組みを加え、可能な限りそうした地域の環境を利用して補っているものと思われる。

2　栽培活動や飼育活動で自然の命と関わってみよう

　幼稚園や保育所では、子どもが命と出会い関わるなかで「命の尊厳」を知り「思いやりの心」を育むことを目的に、栽培活動や飼育活動を積極的に取り入れている。植物の栽培からは、朝顔の花が咲いたり、ミニトマトが実ったりという喜びの現象を通して、端的な形で自然のメカニズムを学ぶことができるし、また小動物の飼育からは、日々世話をする行為を通して、自分以外の命に愛情を育むことが可能だからである。飼育の場合、その多くはハムスターやうさぎ、にわとりやアヒル、小鳥、金魚、ザリガニ、おたまじゃくし等比較的性格がおとなしく、飼育設備や方法が簡単なものが選ばれている。4月当初、不安に緊張している新入園児を、これら小動物の可愛い挙動や柔らかい体が和ませてく

れるようで，園と子どもをつなぐ効果的な環境として活用したりする。

　しかし，本来は，「命の大切さ」や他の生物と共生して生きることを学ぶことが大切なことであるので，そのためには生物本来の生活や，本性を知ることが欠かせない。限られた空間のなかでの植物栽培や小動物の飼育には，本来その生物が望むような環境は用意できるものではない。人間本位になりがちであることを，保育者は念頭に置いて，できうる限り動物の本性を尊重し，固有の生活に近づけて生活させるよう配慮をしていく必要がある。しかし，どんなに大切に世話をしたとしても生き物の命には限りがあり，子どもたちが生き物の「死」と直面しなければならないことも出てくる。保育者はその死の経験をどう扱うか，「命」への自分自身の感性を磨いておく必要があろう。その経験から子どもは，悲しみのなかにも人間の力を超えたものの存在があることを知るであろうし，そこからいずれは自分自身の「死」への予感も感じ取れるようになるのではないだろうか。保育者の誠実な対応が，それを可能にする。かわいがって世話をするだけが飼育ではなく，死をも認めてはじめて飼育の意味が示されるのである。

3　身近な自然の素材，水，土，砂に親しんでみよう

　砂や土は，1歳前後の幼い子どもでも長時間関わって遊べるほど，さまざまに変化して楽しませてくれる，自然からの恵みの素材である。陽にさらせば乾いてさらさらとなり，水を含ませれば握って固めることもできるという可塑性に富んだ素材である。遊びの方法も多種多様で，まぜる，握る，型抜きをする，容器に盛ればご飯になり，ケーキにも，カレーライスにもなる。山を作りトンネルを通す。砂場に穴を掘る。溝を作り，水を入れれば川になり，大量の水が入れば川が氾濫して海にもなる。子どもたちのイメージがそのまま形をとって出現する砂場。一人でも遊べるし，共同しても遊べる。大地の温もりを感じることもできるし，ワイルドに踏み荒らすこともできる。作ったものを全部壊して，元の何もなかったただの砂に戻すことさえできるのである（写真11-5）。

　道具を使うことで，砂を制御する微妙なコントロールを学習し，よりダイナ

写真11-5 砂遊び「トンネルできたよ」

ミックなものへと遊びを昇華させていくことも可能である。計画性と偶然性がないまぜになって、新たな局面へと子どもを導き意外な体験をさせてくれる、そうした素材が水であり、土であり、砂である。一番身近な自然物との関わりがここにあるわけであるが、この単純な素材は、子どもに小宇宙をつくり出させる力をもっているといっても過言ではない。子どもの集中と遊びの持続時間は大変長く、エネルギーに溢れた遊びが出現する。より充実した遊びの展開を可能にするには、保育者の環境整備（たとえば、水場の位置と水が運べる動線の整備、道具の置かれる位置、遊びが終わった後の砂の整備等々）への配慮が欠かせない。

最近、生活のなかでの衛生管理が進み、過剰なまでの清潔意識が子どもに課せられることから、「汚い」「不潔」ということを忌み嫌う傾向があることが指摘されている。土や砂に水をまぜて遊ぶどろんこ遊びは、まさに汚いものの代表なのか、触ることに抵抗を示す子も出てきているという。実に残念なことである。そのような場合には、保育者が自ら砂遊びを見せ、遊び終わったらよく洗って砂を落とし、そうすれば汚くないことを示して、家庭のしつけで身についた嫌悪感を取り除くことからはじめる必要があるだろう。砂遊びのおもしろさが体験を通して実感できれば、次から子どもは変わっていく。自然要素の強い環境との関わりに、「汚い」「不潔」といった意識からの解放という配慮が、必要とされる時代になってきているのである。

3　文化的環境と保育

自然環境と子どもの出会いが人為を超えてあるものとの出会いであるならば、文化的環境との出会いは、人が関わって造り上げていく世界との出会いという

ことになる。幼児は家庭や地域で人々と生活するうちに，共通する価値観や生活様式，習慣等を学びながら共同体の一員として成長していく。地域の行事に参加したり，公共施設を訪れたり，地域社会と関わりながら，社会的存在としての自分に気づいていく。幼稚園や保育所でも同じ営みがあり，幼児たちは園という，家庭とは違った集団生活の環境を通して，さまざまな生活の仕方に出会い，その方法を獲得しながら，新たに自分自身の生活を築き上げていくのである。

1　物との関わりのなかから

　幼児の多くは，自分の行為を通して考える傾向にあるという。まず子どもは，物と出会い，心動かされ（感動），心動かされた物に興味を抱く（関心）。興味をもてばそれがどのような物であるのかを知りたくなり（疑問），いろいろと試してみる（実験）。そしてその物の正体を突き止め（解決），満足感を味わう。これら一連の行為が自分の能力への自信となって，次のチャレンジへの意欲につながっていく。といったことが，行為で考える道筋であろうか。これを，子どもは「繰り返す」という行動で，確かなものにしていくのである。

　試行錯誤しながら，子どもは物の多様な性質に気づき，記憶し，その性質に従ってその物には適切な扱いや働きかけがあることを学ぶ。物に繰り返しチャレンジすることによって，子どもは知識を得，扱うスキルを上達させていく。こうして物の本質に迫っていくのである。また，幼児は「模倣」という手段を使うことも多い。これは物についての知識を得る効率のよい学習方法で，まずまねてみて，その物の扱いを習得しようという子どもの知恵である。繰り返しの行動やまねの行動は，一見単調に見えることもあるが，子どもにとっては重要なことが多く，保育者は子どもが十分満足するまでその物と関われるよう配慮していくことが必要である。

　このようにして環境のなかに埋め込まれているさまざまな物に関心を抱き，その物のもつ機能と性質を知りたいという意欲が，練習を遊びとして楽しませ，最終的には適切な扱い方へと導びかれるという回路を通りながら，物を支配す

写真11-6 物との関わりは子どもたちの自由な発想で

る自然の法則を理解するのであり、これが、物を応用して使うという新たな発想へと子どもを誘っていく。物と関わりながら想像力をたくましく発達させ、その想像力を駆使して物を試し、物についての豊かな知識を獲得するというメカニズムからいうと、玩具も遊具も使い方の固定化されたものよりも、子どもたちが自由に発想できるものを用意するよう心がけていくことが重要であるように思われる（写真11-6）。

2 情報がつくる環境のなかから

　従来と異なって一番変化の大きい環境構成が、この情報がつくる環境であろうと思われる。非常に速い速度で質が変化し、情報量も肥大化している。その情報に子どもはそのままさらされ、振り回されているのが、今日の子どもの日常生活の現状であろう。子どもへの情報は複合的に展開される場合が多く、たとえば雑誌のまんがに人気が出るとアニメーション化されて、低年齢の幼児にも提供され、テレビで放映されると、CMで商品と結びつけられ、そのキャラクターグッズが売り出される。並行してアニメはビデオ化されて、何度でも再生可能なものとなって家庭に再び戻ってくる。アニメはまた雑誌にもどり、書店の店頭に並べられては、絵本や児童図書を押しのけて、あざとく子どもの注目を集めるといったようにである。商業ベースでの緻密に計算された複合的な情報環境が出現し、子どもは市場であることが露骨に示されている。現在子どもに圧倒的人気の「ポケモン」はその最たるもので、まんが、アニメ、テレビ、映画、ゲーム、カード、キャラクターグッズ、食品、CM、雑誌、攻略本として書籍に、そして海外へもその勢いの翼をかって流れている。こうした児童文化的状況にさらにパソコンの導入も教育の視野に入ってきており、インターネ

ットの利用などますます情報環境が過熱化する傾向を見せている。

これらの情報は，当然のことながら園生活とも無縁ではなく，遊びの形で持ち込まれ，保育者が子どもの話題を拾い上げるのに汲々とするなどということも起こる。情報に振り回される子どもの現状をしっかり把握し，家庭への指導も通して，子どもがこうした情報の氾濫にある程度の距離を保てるよう，節度をもった対応が望まれるところだろう。

3　子どもの読書環境に思いを馳せる保育

子どもの本離れが叫ばれて久しい。状況はそれほど改善されているとは言い難いようである。2000年は「子ども読書年」。さまざまな試みが為されたが，一貫していたのは，子どもと本をつなぐ活動の重視であった。本は，物と違ってそのままでは子どもに届かないものである。大人が子どもにその楽しさを手わたすことから，本との出会いははじまる。

赤ちゃんは生後7か月くらいで絵本に興味をもちはじめることが多いことから，赤ちゃんの定期健診時に絵本をプレゼントして，本に親しむきっかけをつくる活動「ブックスタート」が育児支援の一環として，東京の杉並区で開始された。発祥の地イギリスでは，9割の自治体で導入しているという。若い親に，本に親しむことの楽しさに目覚めてもらう効果も期待できる試みとして注目を集めている。

園では，お話，絵本，紙芝居な

写真11-7　オオカミと7ひきの子やぎをペープサートで

写真11-8　紙芝居ごっこ

ど物語と子どもをつなぐ活動は従来から重視されてきているが，保育者によって十分にそれが為されると，今度は遊びのなかで，子どもたちは自分たちの活動としてそれを再現していく（写真11-7，写真11-8）。つまり，環境への主体的な関わりが実現されていくのである。子どもと本をつなぐことは，子どもに今ここに見えている世界だけでなく，見えていない世界が存在することを教え，想像力を豊かに養うことにつながる。保育者が心を込めて，楽しい物語を手わたせば，その体験が「絵本は愛の体験」ということばが象徴するように，子どもの心に暖かく豊かな思いを残すに違いない。

4　地域社会に目を向けていく保育を

園で集団生活をしていく一方で，つねに自分が地域で生きている社会的存在であることを，子どもに意識させていく必要があり，自分を取り巻く環境としての地域との関わりに，積極的に目を向けていくことが重要であると思われる。園は，治外法権的に園のみで孤立するのではなく，園も地域の重要な一つの要素であることの認識からはじまって，積極的に地域の人びとと交流し，開かれた園を目指すことが望まれる。風通しのよい地域連携の環境が，子どもの社会性の発達に貢献することは多くあるに違いない。また，少子化で1クラスの人数も少人数化する傾向にある現在，クラスのフットワークをよくして，近くの図書館の児童室を訪れるなども，先の子どもの読書環境を広げる意味で有効であろう。

4　数量・図形・標識・文字への関心と保育

抽象度の高い数や量，図形への子どもの関心の喚起は，従来から無理のない形で保育に導入されるよう試みられてきた。抽象度の高いものであればこそ，生活の具体的な側面から関心を抱かせていこうとする意図である。ブロックや積み木を形の違いによって工夫して使ったり，バトンリレーの競争遊びでは，

グループは同じ人数でないとうまく競争して遊べないことを知ったり，おやつのクッキーを同じ数ずつ配るのには，いくつずつにしたらよいか考えたりと，生活のなかでの例に事欠くことがない。この時期の子どもには，個人差や年齢による発達差がある。その段階に応じて，まずは色，数，量，形に興味を持

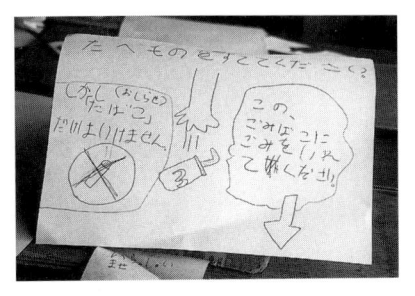

写真11-9　おみせやさんごっこにて

たせることからはじまり，分けたり，集めたり，数えたり，比べたり，違いに気づかせたりという方法で，遊びを通して生活に導入してきた。また生活のなかにあるものを，遊びとして具体化させて数量，図形等への認識を高めてきたといってもよいだろうか。標識や文字についても同様である。まずは生活のなかから興味をもってみいだすことからはじまって，遊びのなかで修得していくことを援助する（写真11-9）。現在も，ねらいは「身近な事象を見たり，考えたり，扱ったりする中で，物の性質や数量，文字などに対する感覚を豊かにする」といったように，照準が感覚を養うことに定められおり，さまざまな機会を通して，具体的にものと接しながら認識していくよう配慮する必要がある。

5　子どもと保育者の信頼関係が基盤となった保育環境を

　子どもは環境に適応するという性格をもつ存在である。良くも悪くも環境に沿って自分の生活を組み立てていく。保育がよりよい環境をつねに志向し続けていくのは，その性格に拠っている。よりよい環境のなかで，子ども一人ひとりが自己を十全に表現し，感動をそして喜びを身体で感じて育ち，主体的な自我を形成していってほしいと願うからである。
　しかし，保育者がどのようにすぐれた計画性をもち，子どもの行動を見通して環境を構成しようとも，おそらく保育者と子どものしっかりした信頼関係な

しには，なんの意味ももたないのが保育環境であろう。その意味では，保育者自身も環境の一つとなるのであり，保育者はその自覚を欠かせない。子どもが自発的，主体的に関わってくる存在として，保育者である自分が存在しているか。子どもの要求に十分に沿っていけるだけの質を自分が保持しているか。幼児とともによりよい保育環境をつくり出すために，自分が何をなしえるのかといった日々の問い直しは，保育者には必須のことだろう。さらに，信頼関係の安定した環境づくりには，保育者間の協力も不可欠である。その基盤の上に，園以外の人びととの交流が加われば，子どもは自分を取り巻くさまざまな人的環境を園生活を通して体験することが可能となってくる。

　子どもたちは，自分を取り巻いている環境と，人的環境であれ，自然環境であれ，文化的環境であれ，インタラクティブにコミュニケーションをとって自ら発達していく存在であり，その理想的な実現を最大限に援助していくのが保育環境の使命であろう。

参考文献

浅岡靖央・加藤理(編著)　1998　『子どもの育ちと文化』　相川書房
カーソン, R.　上遠恵子(訳)　1996　『センス・オブ・ワンダー』　新潮社
本田和子　1999　『変貌する子ども世界：子どもパワーの光と影』　中央公論新社
本田和子　2000　『子ども100年のエポック』　フレーベル館
松居友　2000　『絵本は愛の体験です。』　洋泉社
文部省　1999　『幼稚園教育要領解説』　フレーベル館
森下みさ子　1996　『おもちゃ革命』　岩波書店
森上史朗ら(編)　1997　『環境を通しての保育とは』　フレーベル館
森上史朗・今井和子(編著)　1995　『集団って何だろう』　ミネルヴァ書房
中村柾子　1997　『絵本はともだち』　福音館書店
中沢新一　1997　『ポケットの中の野性』　岩波書店
小川博久　2000　『保育援助論』　生活ジャーナル
仙田満　1992　『子どもとあそび：環境建築家の眼』　岩波書店
津守真　1987　『子どもの世界をどうみるか』　日本放送出版協会
津守真　1997　『保育者の地平』　ミネルヴァ書房
津守真ら　1999　『人間現象としての保育研究』　増補版　光生館

第12章
ことばと保育

……この章では……………………………
　子どもがことばを獲得していく過程とまわりの大人や子どもがその過程にどのように関わっているのかを考えてみたい。ことばは子どもがみずから獲得していくものであり，子どもはそれを自分流に使う試みをくり返しながら，その社会のことばを自分のものにしていく。保育の場は保育者や子どもたちの相互交流の場であり，子どもがことばを自分のものにしていく場である。そこで，保育者に求められているのはどんなことだろうか。具体的な事例をもとに考えてみよう。
……………………………………………

　　　「すなあん」
　　秋のお彼岸の日に　おはぎの包みをあけて
　私　「好きなのを一つずつ取って，どれにする？」
　　　「これ　つぶあん」
　L　「これ　こしあん？」
　N　「これ　すなあん？」
　　まわりにくろごまがまぶしてある。
　　皆，一瞬びっくりして静まり返る。顔を見合わせて大笑いとなる。
　　　　　　　　　　　（N：5歳2か月，L：7歳5か月）

　Nはこれまでもお彼岸にはこのようにして，祖母のうちでおはぎを食べてきた。そして，このような会話の交わされるなかにいた。5歳になったこの秋，

"つぶ・あん""こし・あん"のことばの意味がはじめて自分なりにわかった。だから，さっそく自分なりに使ってみた。まわりの大人たちは，"くろごま"を"すな"と言ったNに大笑いする。ここには，知らないことばをこんなふうに使おうとするNを，"大きくなった"と暖かく見守る笑いがある。このように，子どもたちがことばを獲得していく場には，それを大きくなったしるし，と喜んでくれる大人がいる。

人は「ことばで伝え合う」人びとのなかに生まれ，そのなかでみずからも「ことばで伝え合う」者になる。その過程にあるNは，新しく聞いたことばを自分流に解釈し使ってみることで確かめながら，そのことばを自分のことばにしていく。Nのこの姿は"自分の積極的な活動を通して外なる世界を内なる世界にとり入れていく"発達全般に通じる姿である。

では，子どもにとって「ことばで伝え合う場」とはどのようなものだろうか。また，まわりにいる大人（幼稚園・保育所の先生，家庭における母親などの保育者）や子どもは，その場にどのように関わっているのだろうか。それらのことについて考えてみたい。

1　基盤にある発達

ことばの発達は個人差の大きいものであるが，そのプロセスはどの子どもにも共通するものである。その平均的な発達は，1歳前後にはじめて意味のあることばを発し（初語），1歳半から2歳の頃には語彙が急激に増加し，2語をつないで話すようになる（2語文）。また，3歳の頃には3，4語をつないで知らない人にも通じる文を話すことができるようになり，その語彙も900語近くになる。これらのことばの発達は，他のさまざまな発達と相互に関連した統合的なものである。生まれたばかりの乳児はまだことばを話さないが，その基盤となる発達はすでに始まっていることがわかっている。そこで，まず，ことばを話すことの基盤にある発達について考えてみよう。

第12章　ことばと保育

1　コミュニケーションの場にいること

　ことばのやりとりは人のコミュニケーションの一つである。「コミュニケーション」とは人が互いに意志や要求などを伝達し合うことである。
　それを動物の伝達行動（ときにこれもコミュニケーションと呼ばれる）との違いにみてみよう。たとえば，ミツバチは高度な言語をもっているといわれるが，それは蜜を見つけた蜂から蜜を集めにいく蜂へ，蜜のありかの情報を正確に伝達するだけの一方的なものである。そこには会話はなく指令的なものである。
　一方，人のコミュニケーションは相互的なものである。「相互的」であるとは，相手の反応を見てそれに応ずることである。それを支えているのは基盤にある情動の共有である。情動の共有は生後まもなくからあることがわかっている。
　つぎに，人のコミュニケーションの場における相互交流のようすをみてみよう。

（1）「間」を共有する
【事例1】

> 　朝，一緒の床の中で，
> N 「グー，出して」
> 私 ✊　　　N 🖐
> N　私のグーをそっと包んで，私のほうを見て，にっこりする。

　朝，目覚めたばかりのN（2歳6か月）と私は，一緒の布団の中にいて心地よい。2人でいることで満ち足りている。このとき2人は，場（雰囲気）を共有し，情動を共有している。そんな2人のやりとりが相互的であるとき，相手の反応を見てそれに応じていく。するとそこに「間」が生まれる。私がグーを出すと，（それを見て）Nは私のグーを大事そうにそっと包む。（私がそのようす

図12-1 話題の共有

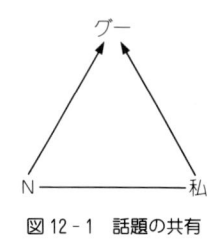

を見ていることを感じとりながら）「ね，私，こんなふうに（つぶさずに）そっと包めるようになったのよ」と私を見つめ，（私がNを見つめ返したのを確認してから）にっこりする（仲，1992a）。この過程にはことばはないが動作と表情による交流がある。この相互的な交流が，「間」を共有する体験をもたらしている。

（2）　話題になるものを共有する

　図12-1に示したように，Nと私は一つのもの「グー」に注目している。Nと私の二者の関係に話題になる「もの（グー）」が介在したとき，ここにできた「自分―もの―ひと」の三者の関係を「三項関係」と呼ぶ。これは「誰が何を」という文の構造でもある。2人で同じものを見る「視線の共有」はこの始まりであり，指さしの出現は「三項関係」が形成されたことを示す，といわれている。Nと私は話題になるものを共有している。

（3）　対話の構造を体験する

　【事例1】では，Nが「話し手」，私が「聞き手」で，両者に役割はあるがその交代はない。岩田（1988a）は，2歳前半は，大人→子ども，子ども→大人のように一方通行的で持続しないことばのやりとりが特徴的だとしている。これが双方向で持続すると対話となる。「対話」とは，話し手と聞き手が一つの話題を共有して，役割を交代しながら互いに伝え合う会話のことである。図12-2は対話の構造を示したものである。このように，対話には「話題の共有」と「役割の交代」が必要である。

　まだことばを使った「対話」の体験のない子どもでも，遊びのなかで動作によって，一つのものを共有することや役割を交代することを体験している。たとえば，ボール遊びには「投げ手」と「受け手」による「ボール」のやりとりがあり，この遊びは両者が交互に役割を交代し合うことで成り立っている。このような目に見える「もの」を実際にやりとりすることで，「対話の構造」や

第12章　ことばと保育

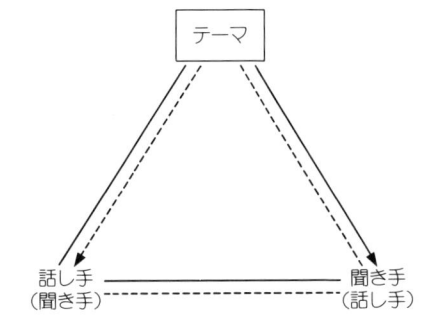

図12-2　対話の構造
（岡本，1982，p.56より作成）
話し手と聞き手のあいだに共通のテーマの成立を必要とする。1つのテーマを巡って，2人が話し手となったり聞き手となって，関わり合うのが対話の基本構造である。そこでは2人のパートナーが1つの「テーマ」を共有し合う。「話し手―テーマ―聞き手」のあいだに三角形関係の成立が必要となる。

そこに生まれる「間」を体験していることがことばのやりとりの基盤となる。

(4) ことばを使って伝える

　これまでみてきたように，コミュニケーションの場は，共有関係が成り立っている場であり，人は一つのことを共有することの心地よさを体験する。
　そこには，伝えたいこと（意志，要求など）があり，伝えたい人がいる。その手段はことばとは限らない。たとえば【事例1】では，Nは表情や動作などで私に伝えてきた。そして，Nにとって私（の手）が大事なものであることが包むポーズを通して私に伝わってきた。けれども，それが伝わるにはNと私がその場の状況を共有していることが必要であった。
　一方，"今ここにないもの"を話題として共有できるのはことばをおいてない。たとえば，「お彼岸に食べたおはぎが食べたい」という要求を伝えることができるのは，それがことばによるコミュニケーションだからである。それは，ことばが「シンボル（象徴）」と呼ばれるものだからである。つぎに，そのことについて考えてみよう。

2　シンボルが形成されること

　人は，「内なる世界にことばを取り入れる」という。では，内的世界はどのように形成されるのだろうか。それを「見る」ことの変化についてみてみよう（やまだ，1987を参照）。

203

生後5か月頃になると、「見た」ものに手を伸ばしてとることができるようになる。この時期、「もの」に直接働きかけ動的に行動する。「もの」はつかんだりなめたりする行動の対象である。それが9か月頃には、「もの」は認識の対象へと質的に変化をする。すると「もの」は手にとらずに置いたまま（または、そっとさわって）じっと「見る」ようになる。行動が静的になり、ものに対する情動や行動が内化され、内的世界が形成され、ものについての表象ができてくる（仲，1996）。そしてシンボルが形成される。
　その過程の実際はどのようなものだろう。

（1）　見たものを再現する
【事例2】

> Nと一緒にテレビを見ていた兄のLが、「みんなのうた」の画面を見て「あ、『あめのてんてん』だ」と曲名を言った。
> Nは、「おつむてんてん」のポーズをして、"こう？"と私の方にまなざしをむけた。

　生後10か月のNはまだことばを話さない。この日、Nは「（雨の）てんてん」ということばを聞いて、それが自分の知っている「（おつむ）てんてん」のことだと思った。そしてそれを私に確かめようとした。Nが自分の方からNなりの表現でたずねてきたことに、私は驚いた。ここには、ことばを自分の世界に取り入れようとするNの姿がある。私にとって、これがNの話しことば表出にむけてのはじめてのできごとだった。
　Nが「おつむてんてん」をしたとき、Nの目の前では誰も「おつむてんてん」をしていない。Nは目の前のモデルをまねた（即時模倣）のではない。自分の内面にあるイメージ（表象）をモデルにまねをして再現したのである（遅延模倣）。Nが「おつむてんてん」をして遊んだときのことを覚えていることから、Nは内的世界をもち始めていることがわかる。
　即時模倣や遅延模倣は他者模倣と呼ばれる。一方、自分の動作をまねることを自己模倣という。よく見られるものに食べるふりや寝るふりがある。これが

ごっこ遊びのなかで，お母さんの役を演じる動作として再現されるとシンボルとなる。

（2） シンボルが形成される

Nが皿に砂を盛り「ごはん」と言ったとき，砂は「ごはん」に見立てられたという。ここでNが見立てることができたのは，すでに実物のごはんを知っていて，表象（ごはんのイメージ）をNの内面にもっていたからである。

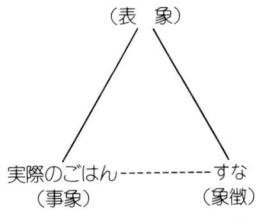

図12-3　ごはんのイメージ

（表象）
実際のごはん----------すな
（事象）　　　　　　（象徴）

砂とごはんのように本来関係のない2つのものが，砂はごはんを意味すると関係づけられ，そこに実在していない（食事を思わせる）場面を作り出したとき，「すな」は「ごはん」のシンボル（象徴）であるという。「シンボル・すな」が表しているのは，Nの内面にある表象（ごはんのイメージ）であって実物のごはんではない（図12-3参照）。

ここで見立てられた「すな」は「ごはん」との形の類似性を手掛かりにした（過渡的な）シンボルである。このシンボル「すな」が，「ゴ・ハ・ン」という音を組み合わせた「ゴハン」という音声に置き換えられたとき，ことば（シンボル）となる。「ゴハン」という音声と実物の「ごはん」の間に類似したところはない。このように，シンボルが形成されるにはイメージと内的世界の存在が前提となることがわかる。

（3） ことばを使って考える

雪が降った朝，真っ白く雪化粧した庭を見ていたLが，「Lちゃんとこ，雪ふったけど，おばあちゃんとこは…」と，ぽつんと言った（2歳7か月）。どこまでも続く銀世界に，思わず遠くにいる祖母の所はどうなのだろうと考えた。この内面の考えごとがことばになって表出された。そして，Lのひとり言が私に聞こえた。3歳までの考えごとは話しことばを手がかりに行われるといわれている。これは，相手に向けた発話（外言）ではない。内面のもう一人の自分との対話なのである（内言）。内言は認識や思考を深めるのに必要とされる。

このように，人は生まれたときから相互的なコミュニケーションをくり返すことでさまざまな共有関係を体験する。そして"人は伝えたいことを共有できる"という人に対する信頼をもつ。この信頼がことばで伝え合う過程の基盤に必要である。また，ことばがシンボルであることから，ことばを取り入れる内的世界が形成されていることが前提となる。

2　ことばで伝え合う過程

　ことばは子どもが自ら獲得していくものである。それはオウムが外から与えられたことばを機械的に覚えていく過程とはまったく異なっている。子どもはことばを自分流に使う試みを繰り返しながら，その社会のことばを自分のことばにしていく。
　岡本（1995, p.113）は，幼児期の言語行動は，自分とよく知り合う親しい人との間に交わす，ことばのやりとり関係（「一次的ことば」）としてあらわれると，いっている。その特徴を児童期に獲得される「二次的ことば」と対照させて表示したのが表12-1である。この表から，幼児期の子どもがことばで伝え合う過程は，（１）状況文脈に支えられた，（２）親しい特定の人との，（３）会話を通して，行われていることがわかる。

表12-1　一次的ことばと二次的ことばの特徴

コミュニケーションの形態	一次的ことば	二次的ことば
状況成立の文脈	具体的現実場面 ことばプラス状況文脈	現実を離れた場面 ことばの文脈
対象	少数の親しい特定者	不特定の一般者
展開	会話式の相互交渉	一方向的自己設計
媒体	話しことば	話しことば 書きことば

(岡本, 1985, p.52)

　岡本は，二次的ことばの獲得で一次的ことばが終わるのではなく，両者は以後は重層的に発達する，としている。

では，具体的にことばで伝え合うようすをみてみよう。

1　親しい人との関わりのなかで

（1）　状況的文脈に支えられて

【事例3】

> 夏の午後，午睡から起きて，
> L　「おかあちゃん，はやくざる出して」
> 私　「ざる？」
> L　「そう。きのう，お庭で，おやつのぶどう食べたでしょ。あのとき，下に敷いたざるのこと」
> 私　「ざる…，ね…，あ，わかった。ござ，のことね」
> L　（にっこり）「そうか。ござ，なんだよね。ござるっておぼえておいたんだ」

　4歳のLは，昨日はじめて「ござ」ということばを聞いた。そこで，歌と一緒に覚えておいた。それは"ぼくの頭にちょんまげがあったら　さよならのあいさつさらばでござる"という歌詞の一部で，「ござ（・る）」というLの自己流の覚え方だった。

　私は，昨日Lと一緒に庭でおやつを食べた。この共有体験があったので「（ご・）ざる」ということばでさえ，「ござ」のことと受け止めることができた。この会話から，Lは「庭でおやつを食べるときに下に敷くのは"あれ"に決まっている，そのことをおかあさんがわからないはずがない」と思い込んで，私とのやりとりをしていることがわかる。

　このように，この時期の子どもは，そこで話題にしている状況を相手もわかっているはず，と思ってやりとりをしている。

（2）　親しい特定の人と

　Lは昨日庭でおやつを食べたことが楽しかった。だから今日も"あれ"を敷いておやつを庭で食べたいと思った。そしてそのことを私に伝えた。このよう

に，Lには伝えたいことがあり，伝えたい人がいる。子どもにとって「親しい人」とは，伝えたいことをわかってほしい人であり，わかってくれる人である。
　一方，私はなんとかしてLの自己流の表現を理解したいと思った。そこで昨日の状況をたよりに，Lの自己流の表現"ざる"と結びつきそうな，これまでのLとの生活に思いを巡らして，Lの気に入っていた歌の"ご・ざ・る"ということばにたどり着いた。大人にとって「（子どもと）親しい人」とは，生活をともにしていてそのことばの背景を共有している人であり，ことばが不十分でもなんとかその表現の意味することを理解したいと思う人であり，「思わず」それに思いを巡らしてしまう人なのである。

（3）会話を通して
　【事例3】の会話では，Lと私の二者の関係に話題になるもの「ござ」が介在して「三項関係」が形成されている（図12-1参照）。一方，最初はLが話し手であり私は聞き手である。途中で「あ，わかった。ござ，のことね」と，私が話し手に転じて役割を交代している。ここには「三項関係（話題の共有）」があり，「役割の交代」がある。この会話は対話になっている。子どもは親しい人との会話のなかで，一つの話題を共有し役割を交代しながら「対話」を体験していく。

2　保育者に求められるもの (1)

【事例4】

>　夕食後，壁の補修をしている父を見て，
> N　「N，大きくなったら大工さんになってそういうのやってみたいな」
> 私　「ふーん，Nは大工さんになりたいの」
> N　「……N，やっぱりケーキやさんがいいな」
> 私　「ふーん，どうしてケーキやさん？」
> N　「だってケーキをたくさんつくってお母さんにあげられるから」

この時期の子どもと親しい人とのことばを通したやりとりは，主に1対1の対面の会話で行われる。その会話のなかで，ことばが状況文脈に支えられていて親しい人にしか共有できないようなとき，ことばを補って，他の人にも共有できるように会話を導くのは，相手をする大人の役目である（たとえば，「ブーブー」と言ったとき，「あっ，ブーブー来たね。赤いブーブーだね」のように）。

　また，この会話を少しでも「対話」に近づけるように導くことも相手をする大人に求められる。【事例4】で5歳半のNが「大きくなったら大工さんになって…」と言ったとき，「ふーん」とそこで会話をおしまいにするのでなく，「Nは大工さんになりたいの」と聞くことで，「N，やっぱりケーキやさんがいいな」という予想もしないようなNのことばに出会うことになる。

　これらの，会話を対話の方向に促すことができるのは，相手をする大人が目の前にいるその子どもに興味をもっているからである。これまでみてきたように，「対話の構造」の基盤には，"相手のことをもっと知りたい""相手にどうしても知ってほしい"という相手との共有関係が成り立っている。そこで，保育者には，目の前にいる子どもにとって"より親しい人"となることが，まず求められる。

3　ことばで伝え合う場をつくる

　これまで，親しい人との1対1の対面の会話を通して，子どもがことばを獲得する過程についてみてきた。けれども，実際の子どもたちはさまざまな人や場面と出会い，そのなかでもことばで伝え合う体験をしている。そこで，つぎに，実際の生活の場でことばで伝え合うようすをみてみよう。

1 さまざまな関わりのなかで

（1） 絵本を一緒に見ながら

【事例5】

> 4歳児の保育室で，3人が頭を寄せて，机の上の『さかなのくらし』という一冊の本を見ている。あきとがページを順番にめくっていく。「うみのギャング　サメ」と書いてあるところで手が止まる。
> あきと　「わー，なに，これ」
> ひろし　「サメ」
> あきと　「なにザメ？　このでかいの。見たサメとちょっとちがう」
> ふみお　「なんのサメだって？」
> ひろし　「ギャングザメじゃないの」
> ふみお　「カマスみたい」
> ひろし　「サメさわったことあるんだからな」

　これは子ども同士3人の会話である。同じ年の子が一冊の絵本を見ても表現したいことは一人ひとり違う。あきとは前に見たサメはこんなに大きくなかったと思い出している。ひろしはサメにさわったことがあることが自慢である。ふみおははじめてサメを絵本で見てその形が前に見たカマスみたいだと思っている。

　この会話からサメについてのこれまでの体験や知識は一人ひとり違うことがわかる。見ている絵本のなかからは，いまにもサメが襲ってきそうだし，“ギャング”“サメ”ということばからもこわさが伝わってくる。「サメさわったことある」という友だちの話を聞きながらあとの2人はその大きさやこわさに想像を巡らせている。

　子ども同士の会話では，自分が言いたいことを互いに言い合っているだけになることも多い。また，自分の言ったことを相手がどう受けとめたのかに関心をもたないことも多い。この場面では，絵本のなかのサメについて3人で話題を共有している。それぞれが経験したことや考えたことなどを自分なりのこと

第12章　ことばと保育

ばで表現し相手の話すことばを聞こうとしている。3人の真ん中に一冊の本が介在したことで、一つの話題にそったやりとりが続いた。

（2）　文字のある遊びのなかで

【事例6】

> A「いらっしゃいませ。なににしますか」
>   Nに向かって、「ああ、メニューは？」
> N「それが、なくなっちゃったのよ」
> A「おばちゃんにかいてもらおうよ」
> N「いいよ。わたしがかくから」
>   Nが書けない「ゅ」などはお客の私が手のひらに書いてみせるとそれを書き写す。でき上がったその紙を二つ折にして、その表に「めにゅう」と書く。

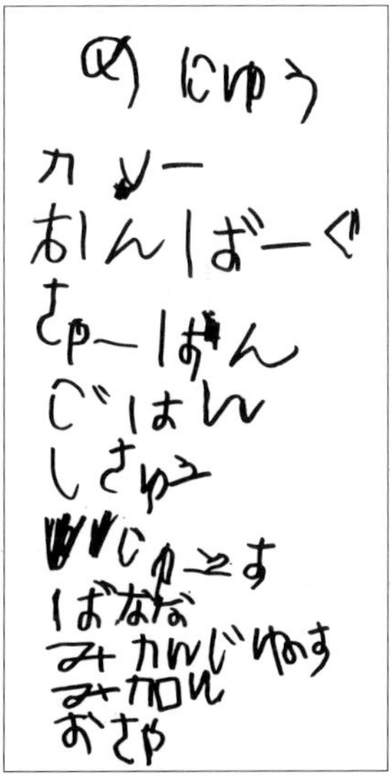

図12-4　Nのメニュー
(仲, 1992b)

　毎日の遊びの場に一緒にいる2歳年上の兄や姉は文字を書くことを楽しんでいる。そんな年長の子どもたちのなかにいる3歳児のAとNは、まだ文字を十分に書けない。けれども（文字で伝え合う）メニューを介在させて遊ぶことをごく自然に始めた。そしてこの遊びは一年も続いた。

　これまで2人は、文字を書く必要があるときはまわりにいる書ける人に書いてもらって遊んできた。ところがこの日、Nは必要に応じてはじめて自分でメニューを書いた（図12-4）。このように、日常生活のなかに文字があることで、2人が文字に対する関心や興味をもって遊んでいることがわかる。

　文字を使うことの喜びや楽しさや憧れは、文字を使って遊ぶ年長の子どもたちとの関わりによってもたらされた。

（3） 同じ体験を共有して

【事例7】

> ある幼稚園の保健室で観察をしていると，りかは私の目の前に来て，あやとりで作った"かわ"を見せて，その糸の隙間から私を覗いた。そこで二人は見つめ合った。りかはもう一度"かわ"を作り直すと，今度は私の額にぴったりとそれを押しつけた。その目が「どうしたの，ここ」と聞いていることが私にはやっとわかった。
> 私　「やけどしたの」
> りか「私もね，前，つり輪から落ちてけがをしたこと，あるよ」

　その日，やけどをしていた私の額には絆創膏が貼られていた。貼っている私はそのことをすっかり忘れていたけれど，りかはそれが気になって近づいてきた。その日はじめてりかと出会った私はそのことに気づかなかった。りかは私の額のこの場所を囲むようにあやとりの糸を押しつけた。そうされてはじめて，りかの伝えたいことが私に伝わった。先にことばを発したのは私の方だった。すると，りかの口からすでに用意されていたようにことばが飛び出した。りかはその長い一文を一気に言うと，驚いている私の返事も待たずに，さーっと，友だちのところへ飛んで行ってしまった。

　りかにとって観察者の私は，これまでにみてきたような「親しい人」ではない。りかがけがをしたときの状況も共有してはいない。そこで，そのやりとりも「親しい人」とのそれとは違ってくる。りかはまず，表情と動作で私に徐々に近づいてきた。そして，私のことばを聞いて，伝えたいことを一気に言い終えると姿を消してしまった。

　りかと私は自分の額にけがをした体験を共有していた。りかは私の額の絆創膏を一目見て，私に親しみを覚えて近寄ってきたのだった。

2　保育者に求められるもの (2)

　日常生活のなかには，子どもが関わりをもつ人や場はさまざまにある。その実際の生活の場面から，子ども同士，異年齢，初対面の大人との交流のようすを

みてきた。これらの交流は，これまでみてきた親しい人とのように，いつも成り立つわけではない。では，何がこれらの交流を支えているのだろうか。

　これらの交流に共通するのは，その場にいる人たちが一つのもの（話題）を共有して，その場が伝え合う場になっていることである。その場の話題は，絵本のなかのサメであり，文字で書かれたメニューであり，額のきずであった。このように，子どもは，自分が経験し考えたことを自分なりに表現し，相手の表現することも聞こうとする。そこでまず，子どもたちが共有できるものを準備したり，一緒に作ったりすることが，保育者の役目である。そして一緒に活動するなかで，機会をみつけてみずからも子どもたちと会話し，また，子ども同士の会話が持続し展開する方向への仲介役となることが求められる。

　また，【事例7】の交流からは，子どもであってもその子なりにもてるコミュニケーション能力をフル活用して，初対面の大人を相手に，真剣に自分の伝えたいことを伝えようとしていることがわかる。子どもは子どもなりに"伝えたいことは共有できる"という，人に寄せる信頼をもっていて，相手にもそれを求めている。大人はことばのコミュニケーションに頼りがちだが，子どもからのコミュニケーションの誘いは，まなざしや身振りなどさまざまである。それらを敏感に受けとめて，ことばで伝えあう場をつくることが保育をする者に求められている。

引用・文献

岩田純一　1988a　「ことばの発達に必要なもの」『発達』**35**　ミネルヴァ書房　17-26.

岩田純一　1988b　「子どもの生活とことば」　岡本夏木（編著）『認識とことばの発達心理学』　ミネルヴァ書房, pp. 265-286.

内田伸子　1999　『発達心理学　ことばの獲得と教育』　岩波書店

岡本夏木　1982　『子どもとことば』　岩波書店

岡本夏木　1985　『ことばと発達』　岩波書店

岡本夏木　1995　「表現の発達研究」　岡本夏木・浜田寿美男　『発達心理学入門』　岩波書店　pp. 98-121.

無藤隆　1997　「協同するからだとことば」　金子書房

仲明子　1992a　「みそっかすのジャンケンに探る(3)」　児童文化研究誌　『舞々』**13**　106-113.

仲明子　1992b　「遊びのスクランブル交差点(5)」　『幼児の教育』**91-10**　フレー

ベル館　53-63.
仲明子　1996　「ことばで伝えあう」　松本園子(編著)　『乳児の生活と保育』　樹
　　村房　pp. 71-95.（乳児期のことばと保育については，本書を参考にされたい。）
やまだようこ　1987　『ことばの前のことば』　新曜社

第13章
表現の保育

……この章では……………………………………
表現とは，内面的，精神的，主体的な感情や思いを，外面的，客観的な形あるものとしてあらわすことだといわれている。それだけだろうか。表現を発する側からだけでなく，受ける側からも考えたいと思う。また，人が生きてゆくのと同じように，表現も否応なく生きてゆく時代と場所に影響を受ける。音楽に関していえば，私たちは，西洋音楽も受け入れ，日本伝統音楽も残し，最近では，西洋とか日本とかにとらわれないさまざまな民族の音楽を耳にしている。映画やビデオに使われている音楽も同様である。おもに音楽の表現について，歴史から，音楽教育の先達から，各人の音楽経験から，そして文化から教わりたいと思う。
……………………………………………………………

1 歴史から学ぶ（本邦最初の幼稚園開園以降）

1 唱歌の誕生

　1872年に学制が公布されたが，音楽の授業は方針も教材もないまま，何年間も取りかかれないでいた。1876（明治9）年，東京女子高等師範学校（お茶の水女子大学の前身）の附属幼稚園を開園するにあたり，宮内庁の式部寮に唱歌の

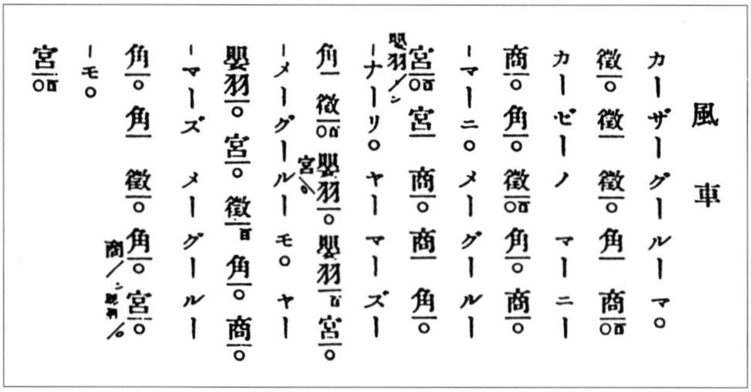

```
風車

カーザーグールーマ。
徴○ 徴○ 徴○ 角○ 商○
カーピーノ マーニ
商○ 角○ 徴○ 角○ 商○
マーニ
嬰羽○ 宮○ 商○ 商○ 角○
ナーリ ヤーマーズ
角○ 徴○ 嬰羽○ 嬰羽○ 宮○
メーグールー モー ヤー
角○ 角○ 宮○ 角○ 商○
モー
宮○ 商／嬰羽○
```

譜例13-1　雅楽譜であらわされた『保育唱歌』より〈風車〉

作曲を依頼した。1877年から1880年にかけて，100曲ほどの唱歌が作られ，それらは『保育唱歌』と呼ばれている。式部寮というのは，宮中での雅楽演奏と西洋音楽演奏の両方を受けもつ音楽エリート集団とでもいうべき所だった。そこの音楽家たちに依頼して作られたこの保育唱歌は，雅楽的なメロディラインをもつものであった（譜例13-1）。またこの保育唱歌の楽譜は一般の人の目にさらされることはあまりなく，主に東京女子高等師範学校でそれを学んだ卒業生たちの口伝でそれぞれの就職先に波及した。

　さて，保育唱歌作成とほぼ同じころ，日本近代の音楽教育制度上で重要な人物がアメリカに留学していた。伊沢修二（1851-1917）である。1875年，日本政府に命じられてボストンに渡り，そこの音楽教育を視察した。1878年帰国した後，数年をかけて子どものための教材と音楽教師育成用の教材を苦慮し，ボストンで知り合ったメーソン（Mason, Luther Whiting 1818-1896）や式部寮の音楽家たちの協力で，1881〜1884年『小学唱歌集』（文部省 音楽取調掛編）を，1887年『幼稚園唱歌集』（文部省 音楽取調掛編）を発行した。これらの唱歌集で，「当分之ヲ欠ク」とされていた音楽授業に使うことのできる教科書ができたのである。その内容は，数々の歌と楽典である。歌は〈見わたせば〉（むすんでひらいてのメロディに美文調歌詞）（譜例13-2）〈蛍の光〉〈蝶々〉〈霞か雲か〉〈庭の千草〉〈進め進め〉（すずめのお宿のメロディ）などで，西洋の民謡に日本語の雅な歌詞をつけたものが多かった。また，西洋音楽の初歩的基礎を記したその楽

第13章　表現の保育

譜例 13-2　『小学唱歌集』初編より〈見わたせば〉

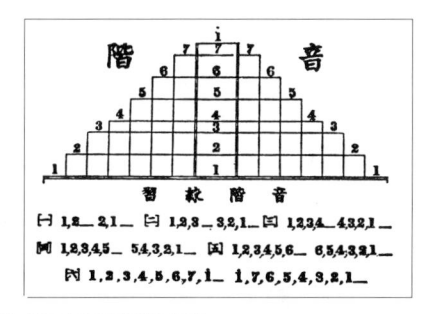

譜例 13-3　『小学唱歌集』初編より数字譜の解説

典には，五線を使わなくてすむ数字譜という簡便化された楽譜による解説（譜例 13-3）も併記されていた。当時の日本の人びとが，いかによく数字譜を吸収したかが，月刊誌『婦人と子ども』の記事に多く見受けられる(1)。

　当時の音楽教育を担った先駆者のなかには，伝統音楽をなおざりにしたくない思いが多少あったにもかかわらず，この『小学唱歌集』の発刊で，わが国では西洋音楽一辺倒の音楽教育が学校教育の場で一人歩きを始めたといえるのではないだろうか。その過程のなかで，数字譜を用いることから始め，五線譜へと移行し，五線譜の文盲率を減らしていった。

　前出の月刊誌『婦人と子ども』創刊と同じ年1901（明治34）年，滝廉太郎，東基吉，東くめらによって作られた『幼稚園唱歌』が発行される。これまでの

譜例13-4 『幼稚園唱歌』より〈お正月〉

唱歌とは違って、子どもの会話に近い歌詞、日本人の作曲家によるメロディの歌が伴奏曲つきで生まれた。代表作は、〈お正月〉（出だし：もういくつ寝るとお正月、東くめ作詞、滝廉太郎作曲）（譜例13-4）である。

2 童謡の誕生

『幼稚園唱歌』に見られる歌の作り方は大正時代になってさらに花開いた。教育教材としての目的が主であった唱歌と一線を画して、童心に主眼を置いた点から童謡と呼ばれた。1918（大正7）年創刊の雑誌『赤い鳥』に、〈雨〉（出だし：雨がふります雨がふる、北原白秋作詞、弘田龍太郎作曲）（譜例13-5）、〈赤い鳥小鳥〉（出だし：赤い鳥小鳥なぜなぜ赤い、北原白秋作詞、成田為三作曲）、〈かなりや〉（出だし：唄を忘れた金糸雀は、西条八十作詞、成田為三作曲）、〈からたちの花〉（出だし：からたちの花が咲いたよ、北原白秋作詞、山田耕筰作曲）などが発表された。雑誌『金の船』には〈七つの子〉（出だし：烏なぜ啼くの、野口雨情作詞、本居長世作曲）、〈青い眼の人形〉（出だし：青い眼をしたお人形は、野口雨情作詞、本居長世作曲）などが掲載された。そのほか〈赤とんぼ〉（1921年『樫の実』、出だし：夕焼、小焼の赤とんぼ、三木露風作詞、山田耕筰作曲）や〈赤い靴〉（1921年『小学女生』、出だし：赤い靴はいてた女の子、野口雨情作詞、本居長世作曲）も童謡の代表作である。

第13章　表現の保育

譜例13-5　『赤い鳥』より〈雨〉

3　新しい遊戯

　幼稚園開園当時から，遊戯をカリキュラムに組む試みは見られ，歌に合わせて体を動かす遊戯が主流だった。しかし明治の終わりごろから徐々に，子どもに目を向けた新しい動きが出てきた。和田実目白幼稚園長の「唱歌遊戯ばかりが盛んであるが，それらにはいろいろな規律があり，外観をよくするために多くは度に過ぎている。今後の保育者は注意しその窮屈な範囲を脱し閉じられた遊戯室から出て自由な多方面の発達を心がけるべき（抜粋）」とする意見や土川五郎麹町幼稚園長の「現行の遊戯には運動が萎縮しており，活動量にも不足の感がある。また，運動感覚を忘れているし，表情が主知的に傾き，歌と曲とが合っていない」とする意見に代表されるものである。

　明治の終わりごろから運動会などでポルカが踊られ，大正時代には多種の外国の踊りが導入された。踊り用の曲ばかりでなく，オースティンのピアノ曲『人形の夢と目覚め』に動きをつけた記録も残っている。また1925（大正14）年には，ダルクローズ（くわしくは後述）のリトミックが小林宗作氏により紹介さ

譜例13-6 『ウタノホン』より〈うみ〉

れ，その後広く普及した。

4 昭和時代（第2次世界大戦まで）の唱歌の誕生

代表的な唱歌集としては，1931（昭和6）年から翌年にかけて出版された『エホンショウカ』春，夏，秋，冬の巻がある。〈こいのぼり〉（出だし：屋根より高いこいのぼり，近藤宮子作詞，小出浩平作曲）や〈チューリップ〉（出だし：さいたさいたチューリップの花が，近藤宮子作詞，井上武士作曲）が含まれている。

また，1941年出版の『ウタノホン』には，〈うみ〉（出だし：海は広いな大きいな，林柳波作詞，井上武士作曲）（譜例13-6）や〈おうま〉（出だし：お馬の親子はなかよしこよし，林柳波作詞，松島彝作曲）が含まれている。子どもの音域と呼吸に合った，歌いやすく，明るい調の歌が生まれた。

5 昭和時代（第2次世界大戦まで）の童謡の誕生

1925（昭和元）年から1934年にかけて出版された『コドモノクニ』には，〈鞠と殿様〉（出だし：てんてん手鞠てん手鞠：西条八十作詞，中山晋平作曲）や〈グッドバイ〉（出だし：グッドバイグッドバイグッドバイバイ，佐藤義美作詞，河村光陽作曲）が含まれている。

童謡のなかには，蓄音機の普及によりレコード童謡と呼ばれる〈かもめの水兵さん〉（1937年キングレコード，武内俊子作詞，河村光陽作曲），〈赤い帽子白い帽子〉（1937年キングレコード，武内俊子作詞，河村光陽作曲），〈ないしょ話〉（1939年キングレコード，結城よしを作詞，山口保治作曲），〈あの子はだあれ〉（1939年コロンビ

第13章　表現の保育

〈ホ！ホ！ホ！〉

〈きみのなまえ〉

〈さんぽ〉

〈ぼくんちのチャボ〉

譜例13-7　戦後の子どもの歌とその特徴

アレコード，細川雄太郎作詞，海沼実作曲），〈リンゴのひとりごと〉（1940年キングレコード，武内俊子作詞，河村光陽作曲）などが昭和10年代に次々と市場に出た。

6　戦後の子どもの歌

　レコードのみならず，ラジオ，テレビ，カセットレコーダー，CDなどのおかげで歌はますます生活のなかに入ってきている。戦後の子どもの歌は，唱歌や童謡に比べて音符の細分化やそれにともなうリズムの複雑化が特徴であろう。〈ホ！ホ！ホ！〉（伊藤アキラ作詞，越部信義作曲），〈きみのなまえ〉（かしわ哲作詞作曲），〈さんぽ〉（中川李枝子作詞，久石譲作曲），〈ぼくんちのチャボ〉（小黒恵子作詞，三枝成章作曲）にその例が見られる（譜例13-7）。さらに，日本語の会話口調の変化を反映して，装飾音的に使われる子音＋母音もあらわれてきた。わかりやすい例は，〈クラリネットをこわしちゃった〉（石井好子作詞，フランス民謡）の歌詞クラの箇所に見られる。〈Hungry Spider〉（槙原敬之作詞作曲）で

221

譜例13-8　装飾音的な使われ方

は，何か所も子音＋母音＋子音＋母音が一音になだれこむ音楽作りがされている（譜例13-8）。このような歌を聴くと，時代によって話しことばが変わるように，歌の作り方も歌い方も変わることがわかる。

　おびただしい数の唱歌，童謡，戦後の子どもの歌が生まれたが，私たちはそれぞれのジャンルを部分的にではあるが継承してきている。今後，どの歌が淘汰され，どの歌が淘汰されないのか定かではないが，その継承には，家庭，地域，保育所，幼稚園，学校やメディアが大きな役割を果たしている。

2　音楽教育の先達から学ぶ

1　ジャック＝ダルクローズ（Jaques-Dalcroze, Emile：1865-1950）

　スイスの作曲家，ユーリズミックス（Eurhythmic）の創始者。「表現のためには外的感覚と内的活動が必要である。この場合，外的感覚とは，聴く，見る，触れる，動くことであり，内的活動とは記憶，記憶の呼び返し，判断，意志，想像である。この２つのことをスムーズにコントロールしなくてはならない。そのためには，無意識に使っていた筋肉運動感覚を意識的に使えるようにしなくては」と編み出されたのがユーリズミックス（ダルクローズリトミック）である。リズムに重きを置き，聴くことと身体的反応，歌うことと身体的反応，読譜や記譜と身体的反応を瞬時に結びつける音楽教育法である。

2 コダーイ (Kodaly, Zoltan : 1882-1967)

　ハンガリーの作曲家，民族音楽学者，音楽教育家，コダーイ・メソードの創始者。ブダペスト音楽院在学中，そこでのドイツ音楽一辺倒の教育に，このままではハンガリー人全員が他国の音楽文化に染まってしまうのではないかとの危惧を抱いた。そして，音楽院で上級生だったバルトーク，ベラと徹底的にハンガリー民謡を採取した。真のハンガリー文化を生むには，ハンガリーの民族音楽の上に築かれた音楽教育が必要だという信念のもとにコダーイ・メソードを創始した。このメソードの特徴は，音楽上の母国語から音楽の学習を始めることを奨励し，わらべ歌，民謡を重視した。また，すべての人が音楽の読み書きができるようになるようソルフェージュ教育も重視し，五線譜よりとりかかりやすいハンドサインやレターサインを考案した。そして，歌うことは音楽家としての資質の基礎作りにとって最高の手段であるから，歌う声に細心の注意を払うよう示唆した。

3 オルフ (Orff, Carl : 1895-1982)

　ドイツの作曲家，音楽教育家，シュールヴェルクの創始者。1924年，オルフはギュンター，ドロシーと共にギュンターシューレをミュンヘンに創立した。体操，舞踊，音楽を教えるこの学校での実践をもとに，学校教育用作品『シュールヴェルク』を編纂した。この作品はドラムや基盤となる拍による拍子，テンポ，リズムを経験することから始まる。ダンスや楽器演奏を通して拍子，テンポ，リズムを表現すること，つまり，「それらの要素を学ぶ」のではなく，「それらの要素を行う」ことに重点を置いた。子どもがもっているアイデアを表現できる機会を与え，いきいきとした音楽作りができることを目標としている。

4 ペイプ (Pape, Mary : 生年不詳)

　1970年，ロンドン市教育庁音楽指導主事，幼児学校校長。ペイプが校長を勤める幼児学校には，0歳から7歳の子どもたちが通い，自由保育の形態をとっ

ている。子どもたちが自由に使うことのできるミュージックコーナーの整え方，効果音つきのお話，手作り楽器の作り方を実践例で示した。日常的な音楽のありかたについて，「ピアノのある音楽室での授業だけが音楽だとされた時代があったために，音楽についての考え方が固定化されてしまいました。ピアノを弾かない新世代の教師が育っていて，ピアノを弾けることがとりもなおさず音楽教育なのだという考え方はすたれてきました。子どもたちに音楽をあたえ，子どもたちがやりたい時にはいつでも音楽ができるようにし，彼らの創造力をふくらませ，リズムに対する要求を満足させ，新しい音を発見したり耳を傾けたりするようにさせましょう。音楽を彼らの生活に不可欠なものとすればよいのです」と著書のなかで述べ，子どもがふつうに口ずさむ歌の伴奏には，ギターやオートハープのような柔らかい音の楽器を推奨している。

「どんな学校でも，よい歌と遊戯は日常行われていますが，子どもたちによって音が実験される機会はあまりありません。このような活動は，はじめはたいへん自由に，一人ひとりでなされています。しかし後になると，子どもたちは一緒になって演奏し，聞かされた物語をもっとおもしろいものにしようと，楽器を使うこともできるようになり，合作の歌をつけたり，あたえられたリズムや言葉に伴奏をつけたり，そののちには印象や詩や物語に合う曲を作ったりもするようになる」として，彼女の幼児学校での子どもたちによる音楽劇作りの過程を例に挙げている。

5　小泉文夫（1927-1983）

民族音楽学者。民謡，わらべ歌などの民俗音楽研究を基礎とした民族音楽学の方法を広めた。この場合わらべ歌とは，遊び歌，まりつき歌，なわとび歌，手あわせ歌，絵描き歌，（〈おつむてんてん〉や〈あがり目さがり目〉のような）からだ遊び，じゃんけんなどを指す。メロディはテトラコルドと呼ばれる日本音階[4]からなり，歌詞は地域，時代のトピックスによってつねに変化する。東京芸術大学民族音楽ゼミナールでの共同研究で，東京にわらべ歌が数多く伝承されていることを証明した。子どもたちによって用いられるわらべ歌の種類が，多

人数で遊べるものから少人数で遊べるものに徐々に変わってきていることやテレビのCMの中に日本語に直結した音楽表現があることも示唆した。

6 シェーファー（Schafer, R. Murray：1933- ）

元サイモン・フレーザー大学教育学部教授。子どもたちも身のまわりにある音と沈黙に注意を喚起することから始める音楽教育を提唱する。「世界には，音が過剰にあふれている。つまり音は，人びとよりずっと速いスピードで増殖しているのだ。たとえたった1人の声でも，もしラジオやテレビから聞こえてきたら，テレビやラジオの数だけ，音はどんどん増えていく。コンサートで聞く音楽はたった1回きりしか聞けないが，録音はどこにいても何度でもくりかえして聞くことができる。そのうえ，多くの音がどんどん大きくなっていき，そのなかでもほんとうにやかましい音は，私たちの耳を傷つけたり壊したりしさえする。そこで，私たちにできる2つのことがある。まず，耳をふさいで聞くのをやめること。または，サウンドスケープの変化を理解するために，ちょっと努力して，とても密接に，そして批判的に音を聞いてみること」。批判的に音を聞く次には，音のイメージ（たとえば，木がパチパチ燃えている，かわいた枯れ葉の上を歩く，千人の大工さんがかなづちを使っている，歌っている鳥の群れなど）を想像することを勧めている。

7 藤田芙美子（1937- ）

国立音楽大学教授。日本の子どもたちの行動を観察し，今まで音楽行動の枠に入れられることの少なかった音楽行動の芽生えともいうべき行動に注目した。子どもたちと先生との音楽行動に気づくきっかけとなったのは，ある幼稚園での出欠のやりとりだったそうだ。

　　先生「A子ちゃーん？」　子ども「はーい」
　　先生「B君？」　子ども「はい」

先生の問いかけと子どもの返事が人数分続くわけであるが，それらすべてが拍節的であり，整っていることに注目した。先生は拍を整え，間を上手に取り，

呼吸を調節しながら問いかける。そのなかで子どもは，拍を整えること，間の取り方，呼吸を調節しながら使うことを学ぶ。これは立派な音楽行動である。そう気づいた目で子どもたちの生活のなかに同じような音楽行動を観察すると，子どもの自発的音楽行動には，かけ声，応答唱，唱えことば，わらべ歌のような，話しことばとも歌ともつかない中間の形式が圧倒的に多く，しかもはっきりした抑揚と拍節を有するものが多い。さらに子どもたちがそのような行動を起こす際の呼吸コントロールの仕方も0歳から年次を追って分析した。

3　各人の音楽経験から学ぶ

　音楽や表現の教育方法には，このようにいろいろなアプローチの仕方がある。いずれの方法かを考えるとき，音楽と自分との今までの関わり方が問題になってくる。

　　あなたは，音楽に合わせて身体を動かすのが好きな子だったでしょうか？（ダルクローズ）
　　友達やクラスメートと音楽作りをした時，充実感があったでしょうか？（オルフ）
　　清らかな声の歌やわらべ歌が好きでしたか？（コダーイ）
　　音楽の付いたお話や劇にわくわくしたことはなかったですか？（ペイブ）
　　日本のわらべ歌や絵描き歌で遊んだことはありますか？（小泉文夫）
　　テレビのCMの音楽や台詞を真似したことはなかったでしょうか？（小泉文夫）
　　身のまわりの音に耳を傾けたり，そのような音を頭の中でイメージしてみたことはありませんか？（シェーファー）
　　小さいころ，台詞とも歌ともつかない唱え言葉を口にしていたでしょうか？（藤田芙美子）

　また自分の音楽経験を考えるとき，ぜひ参考にしてほしいのが，作曲家柴田南雄氏の『わが音楽，わが人生』（1995）という本である。この本は，明治以後今日までの西洋音楽の受容史に，柴田氏の生涯と音楽上の体験を重ね合わせ

るという形態を取っている。書かれているエピソードを簡単に紹介しておく。

○幼年時代に受けた音感教育は，母親に習っていたピアノの稽古より，むしろ親父の鼻唄からの影響の方が大きかったのではないか。父の歌は，〈お江戸日本橋〉〈鉄道唱歌〉〈箱根八里〉などで，どの歌も，率直で素朴で野暮くさいが健康な歌，という感じだった。

○その父がしばしば「香れ，匂え，園生の桜」（譜例13-9）という歌詞の，じつに暗い不気味な感じの歌を口ずさんでいた。最後の「ら」が1音下がって終わるのでとくに暗い感じがした。

○童謡の〈青い眼の人形〉（譜例13-10）については，声に出して歌うことなどなかった。「仲よく遊んでやっとくれ」と，声に出して2度もくり返すことなど，恥ずかしくてできなかった。歌は文語体で歌うものという観念が父母の歌の影響からしみ込んでいた。住居が下町だったり，姉や妹がいたりすれば様子はちがっていたかも知れない。

○アイルランド民謡のレコード（当時の大ソプラノ歌手ジュラルディン・ファーラー）を子ども心にも美しいと思った。

○1921～1923（大正10～12）年に通った幼稚園で，『幼稚園唱歌』にある歌はほとんど教わった。滝廉太郎作曲のものはすべて今でも記憶に残っている。また幼稚園で場所を移動する時にいつも同じスキップの調子がピアノで弾かれた。トイレに行くにも下校時にもそのスキップで飛び跳ねて行った。

○最初のハーモニー体験は，われわれのボーイソプラノと中学生のバスとで，フランス語の歌を合唱した小学校低学年の時で，後列から響いてくるバスの声で，尾骶骨のあたりがくすぐったくなって困った。

○尋常科時代の秋，学校から伊豆旅行に行き，大島の旅館で島のあんこ娘が〈大島節〉を伝授してくれた。級友たちがなかなかメロディを覚えないのがじつに不思議だった。今のようにテレビで民謡歌手の歌と日常的に接していないから，都会の子には律音階の民謡は異種の音楽文化だったのだ。

柴田氏はこのように，恰悧な目でご自身と音楽の関わりを回想している。父方の祖先・母方の祖先・父のこと・母のこと・兄弟姉妹，近所，友だち，おけいこごと・幼稚園以前・幼稚園・小学校・中学校・高等学校・大学・その後にわたって，そのときどきに出会った音楽に対してどのように心が動いたかも含めてである。祖先，生きている時代，住んでいる場所，家庭環境，兄弟姉妹，

譜例 13 - 9 『小学唱歌集』初編より〈かをれ〉

青い眼の人形

野口雨情 作詩
本居長世 作曲

譜例 13 - 10 『金の船』より〈青い眼の人形〉

いとこたちとの関わり，友だちとの関わり，教育環境，趣向などを考え合わせると，音楽はいかに個人的な経験かがわかる。また，時代の影響を受けるものでもある。柴田氏にならって，西洋音楽の受容と自分の音楽上の体験，日本伝統音楽の温存と自分の音楽上の体験，音楽体験をしたときの自分の心の動き（プラス面もマイナス面も）をたどってみてはいかがだろうか。この作業をていねいにこなすことが，各人の音楽表現について多くを教えてくれると思う。

第13章 表現の保育

4 　　　　文化から学ぶ

　音楽というと，学校で習ったものやおけいこで習ったものを思い浮かべがちであるが，ここでは，私たちが文化としてもっているドラマ，アニメ，映画やビデオなどに付いている音楽について考えてみよう。1957（昭和32）年ごろ，ラジオで『巌窟王』や『ソロモンの洞窟』が放送された。1963〜66年にかけてテレビで放映された『鉄腕アトム』を知っている人はいないだろうか？　最近では衛星アニメ劇場の『レ・ミセラブル』を見た人は？　監督，脚本，音楽，俳優すべてが秀逸な映画はたくさんあるが，たとえばラッセ・ハルストレム監督の『やかまし村の子どもたち』，ロブ・ライナー監督の『スタンド・バイ・ミー』，マジッド・マジディ監督の『運動靴と赤い金魚』，アルフォンソ・クアロン監督の『リトル・プリンセス』を見た人はいないだろうか？　このようなドラマやアニメ，映画には，登場人物の感情をあらわす音楽，場の雰囲気をあらわす音楽，登場人物が置かれている状況の説明となる音楽，連想により時空を自由に飛ぶことのできる音楽，登場人物の耳に実際聴こえているだろう音楽などさまざまな音楽がついている。

　表現というと，表現の主体になる側のこと（図13-1）を思い浮かべがちであるが，表現の受け手になること（図13-2）も多いのである。"私"は"二人称で呼ばれる人"の場にいることも，"三人称で呼ばれる人"の場にいることもある。多くの場合，図13-1と図13-2間の表現のキャッチボールがなされる。

　映画やビデオでは，映画制作者たちが表現の主体であり，私たちは一般視聴者である。（図13-3）そこでは，音楽や音響効果が使われ，映画制作者たちの思いがより強く見ている人に感じられる。ドラマやアニメでも同様である。音楽がつくこと，あるいは音楽が突然なくなることによって，登場人物の心の動きが振幅の広くなった形で視聴者に伝わってくる。自分の経験以外のストーリーのなかで，感情を知ったり，想像したりできるのである。ここに音楽の大事

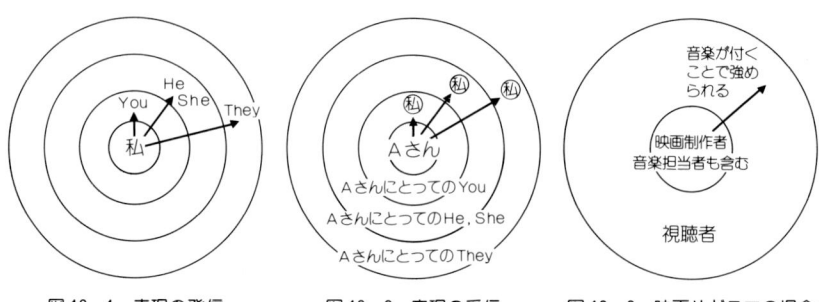

図13-1 表現の発信　　　図13-2 表現の受信　　　図13-3 映画やドラマの場合

な機能があり，この機能に支えられたさまざまな感情を学び，積み重ねることによって，表現の行き来が潤滑になるのだと思う。

注
(1) 1901〜1918（明治34〜大正7）年までの月刊誌『婦人と子ども』の記事のなかには計71件の楽譜があるのだが，その内訳は数字譜54件，五線譜15件，そのほか2件となっている。（伊吹山真帆子 1995 「遅れてきたおたまじゃくし」『幼児の教育』 **95-3** 日本幼稚園協会 12-20. 参照のこと）
(2) 「保育事項実施程度」『婦人と子ども』 **3-4** 61-65. 参照のこと。
(3) 第25回京阪神連合保育会京都保育会提出曲
(4) テトラコードは，完全4度音程の2音とそのなかに含まれる1音との3音で構成される。なかに含まれる音の高さによって，都節のテトラコード，律のテトラコード，民謡のテトラコード，沖縄のテトラコードの4種類がある。

引用・参考文献
チョクシー, A.・エイブラムソン, R.・ガレスピー, A.・ウッズ, D. 板野和彦（訳） 1994 『音楽教育メソードの比較』 全音楽譜出版社
Fujita, F. 1989 *Problems of language, culture and the appropriateness of musical expression in Japanese children's performance.* Academia Music.
堀内敬三ら（編） 1958 『日本唱歌集』 岩波文庫 岩波書店
小泉文夫 1994 『日本の音：世界のなかの日本音楽』 平凡社ライブラリー71 平凡社
ペイプ, M. 伊吹山真帆子（訳） 1982 『音楽とともに：幼児の音楽教育』 全音楽譜出版社
シェーファー, R. M. 今田匡彦 1996 『音さがしの本』 春秋社
柴田南雄 1995 『わが音楽 わが人生』 岩波書店
東京女子高等師範学校附属幼稚園内フレーベル會（編） 1908-1917 『婦人と子ども』 **8**巻, **17**巻
与田準一（編） 1957 『日本童謡集』 岩波文庫 岩波書店

第14章
保育者としての成長

……この章では……

幼稚園教諭や保育所保育士に代表される，専門職としての保育者の成長を見ていく。保育者に必要な専門性として，子どもへの愛情，健康，明朗活発さなどがあげられる（全国保母養成協議会専門委員会，1994）が，果たしてこれだけなのだろうか。また経験をつむことによって，保育者の何が，どのように変化するのだろうか。保育者は小学校以降の教師とよく似た役回りをとるが，その対象も場の特徴も学校とは異なっている。保育者が乳幼児と関わりながら，保育の場で，まさに経験をつみながら成長していく姿を描いていくことにしよう。

1　保育の場の特徴と保育者の問題解決

　実習先の幼稚園や保育所で，多くの先輩保育者たちに出会うだろう。「こんなすばらしい先生がいる！」と強く印象づけられたり，その出会いがきっかけで「あの先生のようになりたい」とあこがれを抱いたりもする。一方「経験をつんでも，こういう先生にはなりたくない」と感じることもある。また幼少期に自分の受けた保育経験をベースに，保育者への道を歩んでいく場合もあろう。
　さまざまな職業において，その仕事を通して人間が成長していく様相が明ら

かにされている。とりわけ対人的職業では、専門性が高く、いったんその職に就くと長く勤務することなどから、小学校以降の教師（秋田，1999；吉崎，1998）や看護婦（Benner, 1992）が研究対象にされてきた。

　保育者の成長を検討する前に、保育の場の特徴と保育者の問題解決についてふれておこう。

　はじめてわが子を入園させるとき、親はさまざまに心配をする。「うまくやっていけるだろうか？」「友だちができるだろうか？」「引っ込み思案なので、うまく話せないのでは？」などと、不安の種は尽きない。

　さて、仮に母親が心配する問題があったとして、入園後にそのままの形であらわれるのだろうか。また母親が感じている問題を、保育者が同じように認識するのだろうか。答えは否であろう。したがって、保育者がある問題を指摘しても、家庭ではまったく気づかないということもある。

　乳幼児の問題は、保育者との関係や子ども同士の関係、あるいは幼稚園や保育所という場との関係などから浮き彫りにされる。つまり家庭とは違った幼稚園や保育所という場の特徴や、母親や父親とは異なる保育者の独特の認識の仕方があり、それらによって問題が特定化されると考えられる。

　さらに、義務教育とは異なる保育の特徴をあげることができる。保育者が継続的に担任する場合が多いこと、保育においては教材が固定的ではなく、幼児同士の相互作用が自由なことなどである。したがって保育者は幼児の状態とその変化をとらえることが不可欠になり、必然的に幼児の年齢にそった発達的な変化、幼児の個人差、幼児同士の関係などを考慮することが必要になる。

　問題解決という視点から保育をとらえることで、保育者が何を問題としてみいだすのか、問題として認識する理由は何か、どのように問題に取り組み、問題解決をめざすのかを検討することができる。

2 経験をつむことによる保育者の変容

　保育者は経験をつむことによって成長するが，経験をつめば必然的に成長するというものではない。とはいえ，成長に最も影響しそうなのは経験年数であろう。そこでまず保育者が自分自身の変化をどのようにとらえているかを，33名の保育者の語りから明らかにしよう。

1　保育者自身が語る変化の認識

　表14-1に示されるように，変化の認識は「幼児の見方やとらえ方」と「幼児への対応」に大きく2分された。幼児の見方やとらえ方の変化は，さらに4つの内容に分類された。なお以後の（　）内の数字は，その保育者の経験年数を示す。
　〈視点が多面的になる〉の例は，「乱暴な子に対して，抑えるだけになっていたかなと思う。それをその子なりのよさというか，そのまま受け止められるようになった。そこをつぶすのではなく，別な面を伸ばせるようになった」（19年）である。〈枠組みが広がる〉の例は，「自分の目で見えたひとつの枠組みで子どもを見ていたと思う。そこからはずれた子は，『何とかしなくちゃ』とか『どうやったら自分の枠組みの中にはいってくるのだろうか？』と，それが自分の技量だと思って一生懸命がんばっていたが，今はそうじゃないと思う」（27年）である。
　変化はおおむね肯定的に評価されたが，〈状態を把握する際に予測がつく〉をあげたある保育者は，その変化を否定的に評価した。「若い頃は，わからない分だけじっくり見ていることが多かった。今は子どもがやっていることの先が見えてしまう。予測がつき過ぎて，見え過ぎて，気がつくと声をかけていて『しまった』と思う」（14年）というのである。
　幼児への対応の変化は，さらに5つの内容に分類された。〈問題への対処に

表14-1 保育者としての変化の認識

変化したと認識する側面	回答数
幼児の見方やとらえ方	(17名)
視　点（一面的→多面的）	8
枠組み（狭い→広い）	4
理　解（表面的→内面的）	3
状態把握（さぐり→予測）	2
幼児への対応	(24名)
問題への対処（即応→見通し）	10
意図（保育者→幼児の意図も考慮）	7
遊び・生活（既有知識なし→知識蓄積）	4
母親への対応（要求→共感）	2
レパートリー（少ない→多い）	1
N＝33	41名

注：複数回答者がいるので，回答数は人数をこえる。

（高濱，2000）

見通しがもてるようになる〉の例は，「子どもが泣いていたりすると，すぐ『どうしたの？』と関わっていた。今は少し見るというか，対応するときにちょっと待ってみるというか，『どうなってこう泣いているのかな？』と考えてから関われるようになった」（2年），「私は子どもに早急な変化を望むタイプだったが，待てるようになったし，見守るようになった」（10年），「目の前の問題行動にしばられる面があったが，長いスパンで見ていく大切さを感じている。2〜3年かければ変わってくる。今すぐがむしゃらにがんばらなくてもいいのではないか」（14年）などである。経験の少ない保育者は待つことに重点をおくが，経験者はより長期的な見通しをあげていることがわかる。

〈幼児の意図も考慮して対応できるようになった〉の例は，「1年目，2年目はまわりの先生の目も気になるし，ほかのクラスと比較する。自分の気持ちだけで子どもを動かしていたが，一歩引いて待っていられるようになった」（4年），「私が何か提案したときに，子どもが『いやだー』とか『そんなのおもしろくないよ』とかいうと，以前なら『そんなこといってもダメよ』とか『やるのよ』と話したが，それに耳を傾けられるようになった」（7年）である。保育者は，徐々に幼児の意図との接点を見出していくようだ。

表14-2 保育者としての変化のきっかけ

変化のきっかけとなった要因	回答数
担任した幼児の年齢や担任の仕方	11
先輩や同僚保育者・研究仲間の助言	9
対応のむずかしい幼児の担任経験	8
転　勤	3
指導に関する危機的できごと	2
経験の蓄積自体	2
その他	4
N=33	39名

注：複数回答者がいるので，回答数は人数をこえる。

(高濱，2000)

新人保育者の混乱ぶりを示すのが，〈幼児の遊びや幼稚園の生活がわかるようになった〉である。「最初は遊び方がよくわからなかった。（教育実習とは違い）実際に長い期間，1年間も遊ぶことははじめて。最初はとまどった」（2年），「1年目は学生からポンと先生になって，とにかくどうしたらいいのかわからなかった。『他の先生のようになりたい』と思って，無我夢中でやっていた。見通しもなく手さぐりだった。1年たって，行事の流れもわかるようになった」（4年）などである。新人の保育者は園という文化に参入し，その文化に適応していくことが求められるのである。

2　保育者としての変化のきっかけ

このような保育者の変化は，何がきっかけで起きるのだろうか。保育者があげた要因を表14-2に示した。

〈担任した幼児の年齢や担任の仕方〉がもっとも多く，ついで〈先輩や同僚保育者・研究仲間の助言〉，次に〈指導のむずかしい幼児の担任経験〉があげられた。

新人の保育者では，「4歳の子を持ちあがって担任したので，成長の姿を見られた」（2年），「同じ4歳児を続けて3年受け持ったので，余裕をもてるようになった」（3年），「3，4，5歳児を一通り経験したので，子どもに対し

て無理な要求はしなくなった」(10年)のように,それぞれの担任の経験から幼児の発達の状況を理解していく。

　他者の助言も有効のようだ。保育記録や資料にもとづいたアドバイス,研究保育で指導を受けたこと,主任保育者に自分の保育を見てもらったこと,先輩の保育を見せてもらったことなどがあげられた。「1日の記録を書きながら,『きょうはちょっとまずかったかな』と振り返る。記録は最初,あったことを何でもかんでも書いていた。見てくれた主任に『この時,あなたはどんな気持ちだったか？』『この子はどういう気持ちだったのか？』と聞かれた」(2年),「降園前にクラス全員で集まる時間があったが,まとまりなく大騒ぎさせていた。(その様子を見てくれた)主任が『楽しいことがないからじゃない？』といった。『集まって楽しいことを』『自分が楽しいと思えるように』と考え出したら変わったと思う。それまでは義務になっていて,集まりが苦痛だった」(4年)などである。園内の日常的な話し合いや研究会のほかに,外部の研究会で多様なアドバイスをもらった経験をあげた保育者もいる。

　経験をつんだ保育者では,変化のきっかけは一通りではなかった。おそらくそのときどきに抱える問題や関心を向けることに照らして,どの体験を意味あるものとして重みづけるかが決まるからであろう。

3　経験による変化の内容

　保育経験によって,保育者の何が,どのように変化していくのだろうか。保育者の経験年数をコントロールし,初心者(経験2～4年),中堅者(経験5～10年),経験者(11年以上)の3群に分け,同一条件のもとで各経験群の反応を比較した。

　3人の幼児の事例(自己主張的な幼児,自己抑制的な幼児,その中間的行動特徴を示す幼児)を読んでもらい,まず対応しやすいと感じる幼児をあげてもらった。次にそう感じた理由,その幼児に設定する保育目標,目標設定の理由,幼児がどのように変化していくかという予測,その事例で不足だと思う情報などを話してもらった。次に対応がむずかしいと感じる幼児をあげてもらい,同様の質

表14-3 保育者の知識の構造と運用の仕方

	2～4年群	5～10年群	11年以上群
知識の量	少ない	多い	多い
幼児をとらえる視点	単一	単一～複数	複数
対応と変化の予測	なし	あり	あり
見るべき場面・判断基準	なし	なし	あり
長期的な見通し	なし	なし	あり

(高濱, 2000)

問をした。最後に残った事例についても同様の質問をした。

　これらの反応を分析した結果，事例に対する難易の認識に経験差はなかったが，難易の認識の理由には差があった。つまり経験にかかわらず，保育者は自分をあらわさない自己抑制的な幼児を対応しにくいと感じ，自己主張的な幼児や両者の中間に位置づく幼児は対応しやすいと感じた。またそう感じる理由には経験差があった。とくにむずかしい事例の場合，初心者は理解のしにくさや関係の築きにくさを理由にあげたが，経験者は対応していく上での保育者自身の問題を予測したのである。

　さらに幼児をとらえる視点に経験差があること，経験をつむことによって幼児や保育に関する知識量がふえること，経験者はむずかしい事例に多くの知識を使って推論することなどが明らかになった。そして対応がむずかしいと感じる幼児の場合に，経験による差が出やすいことがわかった。以上を整理して，表14-3に示した。

3　経験者のスキャニングの特徴

　初心者と経験者の違いは，対応のむずかしい幼児の場合に顕著であった。それらを具体的に見ていこう。以下のような4歳児6月頃の事例を提示し，「この事例で不足だと思う情報は何ですか？」「さらにどのようなことがわかれば対応を考えやすいですか？」と尋ねた。

> 4歳の女児です。先生や友だちに対してほとんど話しかけません。非常に内気な感じの子どもです。いつも仲間から孤立していて，遊びの中にはいっていくことがありません。先生に甘えてくるというのでもありません。一緒に他の子と遊ばせようとするのですが，すぐ一人になってしまいます。一斉の活動や身のまわりのことは誰かがやるのを見てそれから始めるため，時間がかかります。しかし自分でやろうとする気持ちはあります。絵を描くことが好きで，毎日のように自由画帳を広げて描きます。

表14-4　経験者のスキャニングの特徴

保育者のあげた状況・場面および幼児のとらえ方
①幼稚園へくることは？ 　　喜んでいるのか／嫌がっているのか／
②登園してきた時の様子は？ 　　ひどく時間がかかるのか／自分の場所のところにいるのか／玄関からはいってくるのに時間がかかるのか／時間はかかっても自分の身のまわりのことはやるのか／まわりのことを気をつけてみているのか／
③身のまわりのことはどうか？ 　　自信がないからできないのか／やりかたがわからないのか／もしかしたらどう動いたらよいのかわからないのかもしれない／
④絵を描くことが好きというが？ 　　本当に絵が好きなのか／家でやっているから安心できる活動なのか／
⑤絵を描くとあるが？ 　　同じものを繰り返し描いているのか／実際は何を描いているのか／
⑥好きなことは絵を描くことだけか？ 　　どんなところでニコッと笑うか／どんなことで足が前に出るのか／保育者が話しかけた時にどういう反応をするか／
⑦遊びの中にはいっていくことがないとあるが？ 　　友だちや遊びに向ける目をもっているのか／全くそことは関係なくひとりでいることが多いか／はいりたくてはいれないでいるのか／自分の世界はもっていて，「そっちは今のところは関係ないよ」という感じなのか／
⑧孤立した状況とは？ 　　「一緒に他の子と遊ばせようとするのですが，すぐひとりになってしまいます」というのは，保育者が抜ければ抜けるのか／保育者がいても抜けるのか／他の子におかれてしまうのか／
⑨先生に甘えてこないというのは？ 　　子どもというのは割と保育者をたよりにしてくるものだが／保育者がこわいのか／保育者に問題があるのかもしれない／どういう風に変えれば甘えてくるのか／
⑩家庭での様子はどうか？ 　　家でどんな遊びをしているのか／母親との関係がどうなのか／近所の子どもたちとのかかわりはどうなのか／もしかすると一緒に遊べている子どもがいるかもしれないが／

経験者の反応を表14-4に示した。経験者は選択肢を用意して幼児を見ている。ある特定の状況に焦点を定め、そこで出現しそうな幼児の行動をいくつかあげているからだ。しかもその状況は一通りではない。これらは、幼児の状態をとらえるには、何を、どのように見たらよいかという対応上の手がかりとも考えられる。このようなスキャニングの仕方は、対応しやすい幼児の場合には初心者や中堅者にも若干見られたが、むずかしい幼児の事例にはなかった。

つまり経験者は、見るべき場面や判断の基準をもっていると考えられる。そのスキャニングは、すでにもっている知識を使って、文脈と相互作用しながら幼児をとらえていく点に特徴がある。

4 保育者の対象理解の過程

対応のむずかしい幼児に出会ったとき、保育者は否定的な感情を抱く自分に気づく。そのような感情を抱く自分を許容できなければ、職業上の危機に結びつく可能性もあろう。しかし一方で、そのような出会いは保育者を成長させるチャンスにもなりえる。

1 対応のむずかしい幼児との出会い

まず対応のむずかしい幼児に出会って否定的な感情を抱いたが、徐々にその感情が変化していった保育者（経験2年目）の事例をあげる。

【事例1】 あゆみなんて嫌いだ（3歳女児）

> あゆみは"妖精シーズン"（物語の主人公）になりきり、私が「おはよう」と肩にふれると「あ、さわらないで。羽根が折れてしまうでしょ」という。あゆみは園庭を走りまわって、なかなか保育室にはいってこない。2学期の10月頃から毎朝この状態が繰り返されるようになり、クラスの一斉活動の際に、他児へ迷惑をかけることが多くなった。

当初私は「変わった子だな」という印象はもったが，ことさら問題を感じていなかった。10月以降この状態がひどくなって，「少し様子がおかしい」と感じるようになった。これ以後私とかみ合わないことが多くなり，「なぜいつも"妖精シーズン"になりきっているのだろう？」「どうすれば私のいうことを聞いてくれるのだろう？」と悩むようになった。
　1学期は"妖精シーズン"になりきっていても，それなりに楽しそうに遊んだり，自分のことは自分でできる子なので，あまり私からは関わりをもたなかった。10月になってからも，あゆみが何を考えているのかわからないので避けていた。私とあゆみとの間に食い違いばかりで日々悩み，正直いって「あゆみなんて嫌いだ」と思ったときもあった。
　思い切ってあゆみから"妖精シーズン"のお話のカセットテープを借りた。このとき，私のことを"妖精シーズン"の仲間だと思って，あゆみはとても喜んで貸してくれた。お互いの気持ちが通じ合ってうれしかった。あゆみと一緒に1年間過ごせてよかったと思う。

　対応に悩んでいた保育者は，外部の研究会でこの事例を報告した。他園の保育者が「お話のテープを借りてみることも，その子の遊びを知る一つの方法だ」と助言してくれた。これがきっかけで，あゆみへの対応を考え直すようになった。その後いろいろな研究会で他の保育者の話を聞くうちに，「あゆみに似た子はいっぱいいるんだな」と安心できるようになったという。保育者の対応を少し変えたことで幼児の行動に変化が引き起こされ，対象理解が進んだ例であろう。
　次は自分自身の関わり方の問題点に気づき，改めていく過程で対象理解が深まった保育者（経験5年目）の事例である。

【事例2】　だって意地悪されるんだもん（4歳男児）

　けんやは他児の遊んでいるところへいって，遊んでいるものをこわしたり，遊具を取り返したりする。相手が「けんやくん，だめだよ。ぼくが今遊んでいるんだから」というと，けんやは「ウー，けんやのこといじめたな！　いじめるやつはこうしてやる！」といって，たたいたり，かじったり，ひっかいたりするなどの行動に

出る。
　また，まわりにいる子どもたちを手当たり次第にたたいたり，「そうしてみんなは，のろわれて死んでしまうんだからな」と暴言をはいたりする。一度けんかをした相手を忘れることがなく，「この間けんやのことをいじめたやつだ」といってたたくなど執念深いところもある。
　けんやへの私の関わりは，注意することが多かったと感じた。一緒に遊ぶように心がけるうち，けんやとの会話に面白さを感じるようになった。またけんやがふっと発した「できないんだもん」「だって，意地悪されるんだもん」ということばから，どうしたらいいのかわからないけんやの気持ちをくみ取ることができるようになった。

　たたく，かみつくなどの行動を通してその幼児をとらえると，乱暴な子と認識しがちである。この保育者は，「けんやの行動にそっていくことで，けんやの気持ちがみえてきた」という。そして「たたく，ひっかくなどの行動があらわれる状態がどのようなときなのか」をよく見て，そのときの「けんやの気持ちをくみ取ろうと強く思うようになった」のである。保育者は「けんやの気持ちを私が代弁し，相手にわかってもらえるように援助していくことが必要だ」と考えるようになったのである。

2　幼児とその保護者との関係

　経験の少ない保育者は，自分より年長の保護者との関係を築いていくことがむずかしい。保護者会などは，できれば避けたいという気持ちをもつようだ。しかし保育とは，乳幼児との対応場面ばかりをさすのではない。保育者は，幼児を介して保護者と向き合っているのである。
　次は幼児への対応が親の反発を招いてしまった保育者（経験10年目）の事例である。

【事例3】 先生はうちの子を叱ったそうですね（3歳男児）

　たかおは身体が小さく，一日中部屋でごろごろと転がって，何をするにも気力が感じられない。毎日の食事の時間が大変で，準備や片づけはまったくやる気がなく，極端な表現をすれば口を動かすことさえ嫌なのかと思えるような状況だった。一方話すことは大人びていて，「まあね」とか「別に…」ということばづかいが私は気になった。

　ようすを見ながら過ごしてきたが，1学期の後半，ついに私はたかおを叱った。すると翌日「先生はうちの子を叱ったそうですね」とたかおの父親から抗議がよせられた。この後親子への対応に悩むことになったが，幸いにも母親はたかおのようすを冷静にとらえていた。

　たかおは行動と考えていることがアンバランスで，本人もイライラすることが多く，そうかといって何とか克服しようとか，やってみてわかっていくタイプでもない。このようなたかおの気持ちをフォローしていくのが，私にはとてもむずかしく感じられた。

　私の援助を受け入れようとしないかたくなな態度やことばとは裏腹に，人を求めているようなそぶりがみえたので，たかおが構えないで受け入れられる状態や場面（お弁当を片づける場面や絵本を読むとき）を選んで接するようにしていくうちに，少しずつ気持ちが通じ合うようになってきた。

　対応のむずかしい幼児に対して，保育者が関わりをもてそうな場面を探り，みいだしていくようすが示されている。ともすると保育者は，問題の出現する場面や状況をねらって対応しがちだが，そこでは幼児の反発にあうことがある。この事例では，幼児の反発が親の抗議という形をとったのかもしれない。

　この保育者は，「理屈っぽいたかおのことばの中にも一つひとつ理由があり，私が半ばあきれながらも聞いていると，たかおの気持ちや考えていることが少しずつわかるようになってきた」という。そして「たかおのかわいらしさも感じられるようになった」のである。一方で「親の理解や信頼をえることのむずかしさを教えられた」といい，これ以降保護者も含めた対応には，十分な配慮を心がけるようになったという。

5　保育者の個と集団の関係についての認識

　経験の少ない保育者にとって，幼児一人ひとりを理解することとクラスの経営を同時に考慮することはきわめてむずかしい。ともすると個と集団を対立するものとしてとらえてしまう。

　ところで，幼児は仲間関係から何を学び，仲間とのつきあいのなかでどのような面を成長させるのだろうか。これらを保育学科の学生と現職の保育者に尋ねた。第3位まであげてもらい，そのうちの第1位の内容を表14-5に示した。

　学生の半数以上が協調性をあげたが，保育者の半数以上は自他の存在をあげた。同様の傾向は，保育者の経験年数別に比較した結果でもみいだされた。経験10年以下では協調性をあげた者が多いが，11年以上では自他の存在をあげる者が多かったのである。

　これらは仲間関係についての信念であるが，どのような信念をもつかによっ

表14-5　仲間関係から学ぶこと・仲間関係の中で育つもの（第1位）

	学　生	保育者
協調性	17(53.1%)	8(25.8%)
協調性（協力・思いやり・仲良く）	13	6
気持ちの調整（がまんする・ゆずる）	2	2
規範・ルール	2	0
自他の存在	3(9.4%)	17(54.8%)
自他の存在・自他の違い 　　（自分の存在・他者の存在・自分と他者の違い）	2	12
考え・イメージ・視野の拡大	1	5
その他	12(37.5%)	6(19.4%)
楽しさ	5	4
信頼・友情・人との関わり方	5	2
言語表現・言語獲得	2	0
合　計	32名	31名

（高濱，2000）

て，実際の保育行動は変わる可能性があろう。おそらく保育者は，協調性の前提として自他の存在を重要と考えているのだろう。自分と他者とがぶつかり合うことによって，他者の存在だけでなく自分自身の存在をも意識するようになる。自分自身の存在は，他者の存在によって映し出されるからである。

　保育者が個へ対応しているつもりでも，その対応は周囲の幼児の視線にさらされる。次はある幼児への対応が，その幼児をとりまく仲間と保育者の関係やその幼児と仲間の関係にも影響することに気づいた保育者（経験9年目）の事例である。

【事例4】　先生はおこってくれる／先生はこわい（3歳女児）

　れいこはままごとで遊んでいたが，途中で何か必要になっておもちゃの棚の方へいった。たまたまその前に立っていたさきこの肩にかみつき，押しのけてものをとった。もどる途中，前を横切ったかずえの腕に爪をたててつねって泣かせてしまう。次に粘土で遊んでいる大好きなゆうたに近づくが，隣にすわっているやすしがじゃまなので，無理やり間にはいろうと手にかみついた。最後にはゆうたともけんかになり，ゆうたの頬をつねってしまう。そして「だってゆうたくんと一緒にすわりたい」とれいこも泣き出した。

　私は「こうしたかったんでしょ？」とれいこの気持ちを確かめ，「そういうときは口で『〜したい』っていうのよ」とそのつど話してきたが，変化はあまり見られなかった。次のれいこの行動がなかなか予測できず，日に何人もの犠牲者が出て，やがて登園を渋る子も出てきた。

　はじめはれいこの気持ちを受けとめて優しく接していたが，れいこの行動がエスカレートしていくので，途中から私は厳しく対応した。しかしうまくいかなかった。私の対応がまわりの子どもにも影響し，「先生はれいこちゃんをおこってくれるから安心だ」と思う子と，「先生はこわい」と思う子がでてきて，他の子との関係づくりもむずかしくなった。

　このことで悩み，保育をふりかえることによって，私自身のあり方を考えるようになった。れいことの会話を心がけ，話すことを楽しむようにした。そのうちにれいこは他児ともことばでやり取りできるようになり，「貸して」などもすんなりいえるようになった。トラブルが減って遊びの楽しさがわかるようになり，れいこが譲ったり待ったりする姿も見られるようになった。

この保育者は、「『子どもの気持ちをうけとめる』と簡単にいうが、それはむずかしいことであり、努力が必要だ」という。そして「子どもはいろいろな形で自分をあらわそうとしたり、守ろうとする。そのなかの望ましい姿だけを一方的に子どもに求めていくのではなく、子どもの思いと保育者の思いがあったところで援助することがいかに大事なのかがわかったように思う」と語っている。

個と集団は決して対立するものではない。一人ひとりとの関係づくりが集団の形成につながり、そのような関係のなかで幼児一人ひとりが成長していくのである。

6　保育者の成長と枠組みの変化

保育者のもつ枠組みを自ら意識する機会は、日常的にはそれほど多くないだろう。幼児への対応がうまくいかないと感じるときに、おそらく意識されるものではないか。次はそれを示す事例である。

この保育者（経験6年目）は、自分を表現しない幼児との出会いのなかで自らの枠組みに気づき、それを変えていこうとしたのである。

【事例5】　個性のあらわれ方は一様ではない（5歳女児）

> さおりは私が声をかけても話をしなかったり、視線をそらしてしまう。またやりたいことや思っていることがあっても、それを行動に表さない。私との接触を嫌っているかにみえる子であったが、私の一挙手一投足を観察し、家ではそれを親に伝えていた。
> 　5歳に進級後のある日、親からの連絡帳に次のようなことが書いてあった。「食事のとき、さおりが突然顔を赤くしてこう言い出しました。『先生ね、さおりのことを見てニコッと笑うんだよ。』本当は前から好きだったけど、いえなかったというところでしょうか。」
> 　私はさおりの園でみせる姿と家庭で話していることにギャップを感じたが、さお

> りが「内面でさまざまなことを感じているんだな」と実感させられた。
> 　私自身がさおりの内面を読みとれず，また自分の側で勝手なさおり像を築いていたことが問題であった。迷った末に，私自身の悩みや園でのさおりのようすを率直に連絡帳で親に伝えた。そのことによって，逆に親からさおりの内面や気持ちを伝えられ，そこからさおりへの理解が少しずつ深まっていった。

　この保育者は，「一人ひとりの個性のあらわれ方は一様でないことを，頭では理解したつもりになっていた。しかし実際になかなか自分を表現しない子に接すると，何とかそれを表現する方向へと期待する"自分"であることを自覚する。"表現する"とか"表現しない"ではなく，その子の今のありようから何を表現しようとしているのかを読みとる私自身の問題だ」ということに気づいたのである。

　すでにもっている保育者の枠組みは，このようなできごとによって見直しを迫られ，修正されたり再構成されたりする。新たな枠組みは，その幼児への対応にとどまらず，他の幼児への対応に使われていくのである。この修正・再構成の作業が保育者の成長には重要であり，これらがなければ成長はその時点で停滞すると考えられる。

7　保育者が関心を向ける課題

　保育者はさまざまな問題に関心を向けるが，その関心は表14-6のように，保育者の経験によって異なる。

　2～4年群の関心は，幼稚園文化への適応，クラスの組織・管理，幼稚園期の発達の様相，幼児の内面の理解である。養成校で一通りの教育や訓練を受けて就職しても，実際にはその幼稚園独自の文化を理解し，適応していかなければならない。幼稚園の行事がどのように計画されて実施されるのかも，実際に参加してみなければわからないのである。クラスの組織・管理は，日々の保育

表14-6 経験年数と保育者の関心

2～4年群	5～10年群	11年以上群
幼稚園文化への適応	抑制的な幼児の理解	多様な幼児の個人差
クラスの組織・管理	個と集団との関係	学級経営（個性発揮）
幼稚園期の発達の様相	幼児の家庭環境	衰退する側面の意識化
幼児の内面の理解	目標と対応との関連	

(高濱, 2000)

におけるもっとも重要な課題であろう。保育者がどのようなタイプの幼児に問題をみいだしやすいかを検討した結果（高濱, 1997）では, 2～4年群の多くが勝手・逸脱の幼児をあげた。この経験群の関心がクラスの組織や管理に向けられるとすれば, その枠組みに抵触するのは, そこからはみ出すような幼児であろう。勝手・逸脱タイプはまさにそのようなタイプなのである。

幼稚園期2～3年間の発達の様相を知ることで, 幼児の発達についての見通しがえられる。したがって, どのような年齢の幼児をどのように担任するのかが重要になる。幼児の内面の理解があげられるのは, 保育者が幼児の表出行動にとらわれがちなことを示した結果とも考えられる。初心者は単一の視点から幼児の状態をとらえるため, 問題を通して幼児を認識しがちである。保育者自身の報告にも, 当初は表面的だった幼児の見方やとらえ方が内面的になったとある。なぜそのように幼児が行動するのか, 本当はどのようなつもりでそうするのかを見極めるようになるのだろう。

5～10年群の関心は, 抑制的な幼児の理解, 個と集団との関係, 幼児の家庭環境, 目標と対応との関連である。保育者や仲間に意図を表出する幼児には対応できるが, 自己表出しない幼児への対応はむずかしいのである。

幼児の問題を, 個の課題と仲間関係における課題の両面からとらえる。家庭環境にも関心を向け, 幼児を多面的にとらえ理解を深めていく。

この経験群では, その場の問題解決はできるようになる。さらに, そのような対応の積み重ねが長期的には幼児の成長とどう結びつくか, あるいはある目標をめざすにはどのようなステップをふめばよいのかに関心が向けられる。目標と対応との関連に対する関心とは, いいかえれば長期的な展望をもつという

ことになろう。

　11年以上群の関心は，多様な幼児の個人差，学級経営，衰退する側面の意識化である。幼児一人ひとりに適切に対応すること，そのような多様な個性が発揮されるクラスを経営することに関心が向けられる。つまり個と集団とを包括的にとらえようとするのである。また保育者として自分が獲得した側面だけでなく，衰退する側面をも意識するようになる。

　これらの関心事は，保育者の発達課題としての側面をもつ。これらをクリアすることによって，保育者は成長していくと考えられる。

引用文献

秋田喜代美　1999　「教師が発達する筋道：文化に埋め込まれた発達の物語」　藤岡完治・澤本和子（編著）『授業で成長する教師』　ぎょうせい　pp. 27-39.

Benner, P. 1984 *From novice to expert : Excellence and power in clinical nursing practice.* Addison-Wesley Publishing Company.［井部俊子・井村真澄・上泉和子（訳）　1992　『看護論：達人ナースの卓越性とパワー』　医学書院］

高濱裕子　1997　「保育者の保育経験のいかし方：指導の難しい幼児への対応」『保育学研究』　**35**　304-313.

高濱裕子　2000　「保育者としての成長プロセス：幼児との関係を視点とした長期的・短期的発達」お茶の水女子大学学位論文

高濱裕子　2001　『保育者としての成長プロセス：幼児との関係を視点とした長期的・短期的発達』　風間書房

吉崎静夫　1998　「一人立ちへの道筋」　浅田匡・生田孝至・藤岡完治（編著）『成長する教師：教師学への誘い』　金子書房　pp. 162-173.

全国保母養成協議会専門委員会　1994　『保母養成校卒業生の就業実態と養成の課題：卒業後の仕事に関するアンケート調査をもとに』　社団法人全国保母養成協議会

《執筆者紹介》（執筆順，【　】内は担当部分）

無藤　隆（むとう　たかし）
　　　　　　　　【編者，第1章，第10章】
1946年生まれ。
白梅学園大学学長。
『協同するからだとことば』（金子書房）

吉村　香（よしむら　かおり）【第2章】
1966年生まれ。
東京家政大学助手。

福田秀子（ふくだ　ひでこ）【第3章】
1945年生まれ。
山脇学園短期大学助教授。

師岡　章（もろおか　あきら）【第4章】
1958年生まれ。
白梅学園短期大学保育科助教授。
『教育原理の探究』（共著，相川書房）

青木紀久代（あおき　きくよ）【第5章】
1963年生まれ。
お茶の水女子大学大学院人間文化研究科助教授。
『心を育てる保育』（共編，ミネルヴァ書房）

藤崎春代（ふじさき　はるよ）【第6章】
1955年生まれ。
帝京大学文学部教授。
『保育のなかのコミュニケーション』（共著，ミネルヴァ書房）

増田時枝（ますだ　ときえ）【第7章】
1940年生まれ。
聖心女子専門学校・千葉女子専門学校・東京工学院専門学校非常勤講師。
『こどもとたのしく』（共著，NHKサービスセンター）

丸山良平（まるやま　りょうへい）【第8章】
1952年生まれ。
上越教育大学学校教育学部助教授。
『保育内容環境の探究』（共著，相川書房）

森　司朗（もり　しろう）【第9章】
1961年生まれ。
鹿屋体育大学体育学部助教授。
『子どもの身体活動と心の育ち』（共著，建帛社）

掘越紀香（ほりこし　のりか）【第10章】
1970年生まれ。
大分大学教育福祉科学部講師。

石井光恵（いしい　みつえ）【第11章】
1952年生まれ。
日本女子大学家政学部講師。
『新保育と児童文化』（共著，学術図書出版）

仲　明子（なか　あきこ）【第12章】
1947年生まれ。
お茶の水女子大学生活科学部非常勤講師。
『実践・乳児の生活と保育』（共編著，樹村房）

伊吹山眞帆子（いぶきやま　まほこ）
　　　　　　　　　　　　　【第13章】
1952年生まれ。
お茶の水女子大学生活科学部非常勤講師。
『幼児と音楽』（共著，有斐閣）

高濱裕子（たかはま　ゆうこ）【第14章】
1950年生まれ。
お茶の水女子大学子ども発達教育センター教授。
『性格心理学ハンドブック』（共著，福村出版）

保育・看護・福祉プリマーズ⑥
幼児の心理と保育

| 2001年10月15日 | 初版第1刷発行 | 〈検印省略〉 |
| 2006年4月20日 | 初版第4刷発行 | |

定価はカバーに
表示しています

編　者	無　藤　　　隆
発行者	杉　田　啓　三
印刷者	江　戸　宏　介

発行所　株式会社　ミネルヴァ書房

607-8494 京都市山科区日ノ岡堤谷町1
電話代表 (075)581-5191
振替口座01020-0-8076番

Ⓒ 無藤隆ほか, 2001　　共同印刷工業・藤沢製本

ISBN 4-623-03428-3

Printed in Japan

保育・看護・福祉プリマーズ

保育学・社会福祉学・看護学に必要な基礎的教科目の最新テキストシリーズ。

Ａ５判／美装カバー／各巻230〜270ページ／予価2200〜2500円

1 社会福祉
吉澤英子・内田節子 編
本体2200円

2 児童福祉［第３版］
吉澤英子・小舘静枝 編
本体2200円

3 養護原理［第３版］
吉澤英子・小舘静枝 編
本体2200円

4 家族援助論
柏女霊峰・山縣文治 編
本体2200円

5 発達心理学
無藤 隆 編
本体2400円

6 幼児の心理と保育
無藤 隆 編

7 保育に生かす心理臨床
馬場禮子・青木紀久代 編
本体2400円

8 小児保健
高野 陽 編
本体2500円

9 精神保健
若林慎一郎・本城秀次 編
本体2500円

10 小児栄養
小松啓子 編
2006年刊行予定

11 社会福祉援助技術
小林育子・大嶋恭二・神里博武 著
2006年刊行予定

（以下続刊）

新・保育講座

新教育職員免許法・新幼稚園教育要領・新保育所保育指針に対応／全15巻

Ｂ５判／美装カバー／各巻200〜250ページ／2200〜2600円

1 保育原理
森上史朗 編
本体2200円

2 保育者論の探求
森上史朗・岸井慶子 編
本体2200円

3 幼児理解と保育援助
森上史朗・浜口順子 編
本体2200円

4 保育内容総論
森上史朗・大豆生田啓友・渡辺英則 編
本体2400円

5 教育課程・保育計画総論
柴崎正行・戸田雅美 編
本体2400円

6 保育方法・指導法の研究
森上史朗・渡辺英則・大豆生田啓友 編
本体2400円

7 保育内容「健康」
杉原 隆・柴崎正行・河邉貴子 編
本体2400円

8 保育内容「人間関係」
森上史朗・吉村真理子・後藤節美 編
本体2200円

9 保育内容「環境」
柴崎正行・田中泰行 編
本体2200円

10 保育内容「言葉」
高杉自子・柴崎正行・戸田雅美 編
本体2200円

11 保育内容「表現」
黒川建一 編
本体2400円

12 幼稚園実習 保育所・施設実習
森上史朗・大豆生田啓友 編
本体2200円

13 保育実習
大場幸夫・大嶋恭二 編
本体2400円

14 乳児保育
阿部和子・大場幸夫 編
本体2200円

15 障害児保育
大場幸夫・柴崎正行 編
本体2600円

ミネルヴァ書房
http://www.minervashobo.co.jp/